Karl Guido Rey

Du fehlst mir so sehr

Der Weg der Liebe durch Tod und Trauer

Kösel

Denn so wie die Liebe dich krönt, kreuzigt sie dich

(Khalil Gibran).

Wenn das Licht von einer anderen Welt
nicht auf deine Schritte fällt...

(A. Maurer, Kirchenlied, 1883).

ISBN 3-466-20434-8

Druck und Bindung: Kösel, Kempten
Umschlag: Elisabeth Petersen, München
Umschlagmotiv: Jan Töve Johansson, © Bavaria Bildagentur, Gauting

1 2 3 4 5 · 02 01 00 99 98

Gedruckt auf umweltfreundlich hergestelltem Werkdruckpapier
(säurefrei und chlorfrei gebleicht)

Inhalt

Wenn Mann trauert

Mann trauert nicht. Er kann gar nicht trauern, heißt es, weil er seine Gefühle nicht zulässt. Ich bin ein Mann. Vor fünf Jahren starb meine Frau. Da überfiel mich wie eine schwere Krankheit die Trauer. Ich möchte von meiner Trauer erzählen. Sie war so schrecklich, dass ich glaubte, selber an ihr sterben zu müssen. Sie war wie ein Reif, der alle Hoffnung einfror und Leblosigkeit in meine Seele säte. Sie marterte meinen Körper. Wie ein Erdbeben suchte sie mich heim. Ich hatte Angst vor ihr. Ich versuchte, vor ihr zu fliehen. Ich wusste nicht wohin. Es gab keinen Zufluchtsort. Ich fing an, sie zu ignorieren. Ich spürte jedoch, dass sie mich von innen heraus umbrachte, wenn ich sie verdrängte. Ich musste mich ihr stellen. Ich entschloss mich, ihren Schmerz auszuhalten. Ich wollte ihn ausdrücken. Ich sprach mit Menschen. Ich führte Selbstgespräche. Ich redete mit der Toten. Ich betete und fluchte. Ich weinte still in mich hinein und schrie. Später schoss ich meine Gefühle mit Farben aufs Papier. Ich trainierte zweimal in der Woche im Fitnessstudio meine Muskeln und radelte durch die Wälder, um mir Kraft für den Kampf anzueignen. Schließlich fing ich an zu schreiben. Als es mir gelang, was ich empfand und dachte aufzuzeichnen, konnte ich in meiner Trauer Schritte tun. Ich stocherte zwar mit jedem Satz in

Wunden herum und riss Vernarbtes schmerzvoll wieder auf. Ich hoffte aber, auf diese Weise den an sich unbeschreiblichen Verlust annehmen und als fruchtbaren Bestandteil in mein Leben einbauen zu können. Es gelang mir schlecht und recht. Der Prozess ist nicht abgeschlossen. Er wird bis zu meinem eigenen Tod weitergehen. Die Partnerschaft mit meiner Frau bedeutet mir so viel, dass ich bereit bin, mich mit ihr bis zum letzten Tag auseinanderzusetzen.

Dieses Buch ist eine Sammlung von Gedanken und ausgewählten Tagebuchnotizen, die ich während der letzten Jahre niederschrieb. Was bewegt mich dazu, sie zu veröffentlichen? Zunächst ist es die Einladung des Engadiner Kollegiums, an seiner Tagung im Herbst 1996 über das Thema »Identität und Begegnung« zu sprechen. Das Engadiner Kollegium veranstaltet jeden Herbst eine öffentliche, interdisziplinäre und überkonfessionelle Studientagung in St. Moritz. Im Mittelpunkt steht jeweils ein jährlich wechselndes, über die Tagesaktualität hinausweisendes Grundsatzthema. Ich nahm meine Trauererfahrung zum Gegenstand meines Referates[1]. Denn ich hatte gerade in ihr Identität und Begegnung eindrücklich erfahren. Aus Rückmeldungen schloss ich, dass es Menschen gibt, denen ich mit meinen Erfahrungen helfen kann, ihre eigenen Trauererlebnisse anzugehen. Deshalb gebe ich sie in diesem Buch einem noch größeren Kreis preis. Wer Trauer selber erlebt, kann heilend zum Herzen Trauernder sprechen. Die meisten Bücher, die ich über Trauer las, waren für mich zu kopflastig, zu belehrend und kaum aus eigenem Erleben geschrieben. Deshalb haben sie mir nicht geholfen. Es ist vielleicht anmaßend, wenn ich mit meinen Überlegungen hilfreicher sein möchte. Ich hoffe jedoch, dass es mir gelingt, Leserinnen und Leser zu ermuntern, sich Trauernden vermehrt zuzuwenden und sich ihren Schmerz anzuhören. Jemandem das Traurige erzählen zu dürfen, der zuhört, lindert den Schmerz. Schon beim Ausbruch der Krankheit begann die Trauer uns beide zu umnachten. Ich hatte das

Bedürfnis, anderen von ihr zu erzählen und so ein Stück von ihrer Schrecklichkeit abzustreifen. Ich spürte manchmal einen nahezu unwiderstehlichen Drang, das Schreckliche, das wir erlebten und von dem wir nicht wussten, wie es noch enden sollte, mitten in die Menschenmassen hineinzuschreien. Etwa im Gedränge auf dem Zürcher Haupbahnhof, den ich täglich auf dem Weg zum Arbeitsplatz zu durchqueren habe. Am liebsten hätte ich alle Menschen angefleht, uns in der Not zu helfen und das unvorstellbar Traurige von uns zu nehmen. Ich habe es aus verständlichen Gründen unterlassen. Dieses Buch ist der Schrei, der mir damals in der Kehle stecken geblieben ist.

Ich bin mir bewusst, dass Trauer nicht versteht, wer sie nie erfuhr. Kann überhaupt einer die Trauer eines anderen verstehen? Meine Trauer ist der Trauer anderer zwar ähnlich. Und doch ist sie unvergleichbar. Jeder trauert um Ähnliches. Das Ähnliche wird jedoch durch die nur ihm eigene Struktur und Erlebnisart, durch seine persönliche Biografie und den ganz besonderen Menschen, den er verlor, zu etwas ganz anderem. Jeder trauert anders und um anderes, wenn er den Menschen verliert, den er liebt. Jede Trauer hat ihre eigene Geschichte. Meine Trauer ist aus unendlich vielen kleinen Erfahrungen zusammengesetzt. Sie besteht aus Bildern und Prägungen. Sie besteht aus dem, was wir von einander empfingen und dem, was wir einander schenkten, aus dem, was wir gemeinsam hofften und vor dem wir mit dem gleichen Herzschlag bangten. Meine Trauer beinhaltet, was wir an einander verwundeten und womit wir schuldig wurden und das, was wir uns verziehen und an uns heilten. Sie umfasst, was jedes dem anderen ermöglichte und an ihm entfaltete. Sie umschließt die zahllosen zur Erinnerung gewordenen Zärtlichkeiten und Liebkosungen. In meiner Trauer ist unser Ringen um das Leben während der Krankheit enthalten, der Abschied, das Aufbäumen, die Verzweiflung und die Ohnmacht, dem Schicksal nicht entgegentreten zu können. Meine Trauer ist ein Geflecht unzähliger emotionaler und rationaler Einzelheiten, die uns zu dieser einmaligen und unaustauschbaren Liebesgemeinschaft zusammenfügte. In ihr ist dies alles und noch vieles mehr so vielfältig und unsichtbar miteinander vernetzt, dass es selbst mir nur bruchstückhaft verständlich ist. Wenn schon ich es nicht verstehe, wie sollen es dann andere verstehen? Ist es da überhaupt sinnvoll, wenn jemand versucht, die Trauer eines Mitmenschen zu verstehen? Ist es sinnvoll, jemandem von seiner Trauer zu erzählen, wenn er sie doch nicht verstehen kann? Besteht Trauer letztlich nicht darin, alles, auch das Verständnis der anderen, verloren zu haben?

Am ehesten verstanden mich unsere Kinder, die mir beistanden. Sie sind für mich bis heute Oasen, in denen ich auf meiner Wüstenwanderung immer wieder ausruhen darf. Auch ich durfte ihnen in ihrem Schmerz beistehen. Ich versuchte, sie zu verstehen, wobei ich spürte, dass es etwas anderes ist, wenn jemand seine Mutter oder wenn er seine Partnerin verliert. Ich darf mich nicht an die Kinder heften. Deshalb suchte ich andere Menschen, die bereit waren, mich nicht unbedingt zu verstehen, aber mich in meinem Zustand anzunehmen und zu begleiten. Es gab wenige, denen ich mich ganz anvertraute. Ich erinnere mich eines Priesters, den ich in der größten Not um ein Gespräch bat. Er war mir als innerlicher Mann in Gottesdiensten aufgefallen, die wir früher jeweils besuchten. Er empfing mich und setzte sich im Sprechzimmer mir gegenüber an den Tisch. Ich erzählte ihm, mir mühsam Wort für Wort abringend, meine ganze Geschichte: von meiner Frau, von unserem gemeinsamen Leben, von unserer Liebe und von ihrem Sterben. Ich übergab ihm etwas von meiner Verzweiflung und meiner Angst vor jedem neuen Tag, etwas vom Heimweh nach der Verlorenen, in dem ich wie in einer schweren Krankheit Tag und Nacht fieberte. Er sprach kein Wort. Er hörte mir zu und schaute mich an. Er war einfach da und nahm teil. Dann schwiegen wir beide miteinander. Er versicherte mir, an mich zu denken. Er versprach mir, meine Trauer im Gebet mitzutragen. Er fasste meine Hand und segnete mich. Anderntags rief er mich in meiner Praxis an und wünschte mir einen guten Tag. Es tat gut, meine Trauer jemandem mitteilen zu dürfen, der offen war, an ihr teilzunehmen. Ich erwartete nicht, dass er sie verstand. Es genügte mir, dass er mir zuhörte. Später suchte ich einen Berufskollegen auf, bei dem ich auf der Couch sprechend und schluchzend mein Elend entlud. Es war für mich als Helfer nicht einfach, während eines Jahres diese zuhörende Hilfe in Anspruch zu nehmen. Es verlangte Demut, mich auf die Couch zu begeben, um dort meine Nacht auszuweinen und meine Schwäche offen zu legen. Ich verlangte dabei kein Verständnis, obwohl ich meine, wenigstens ansatzweise von meinem Therapeuten verstanden worden zu sein. Diese Erfahrung vermittelte mir ein vertieftes Einfühlungsvermögen gegenüber meinen eigenen Patienten.

Ich wurde mir während dieser Therapie bewusst, dass ich in meiner Trauer versuchte, das Verlorene festzuhalten oder das Geschehene in Gedanken und Vorstellungen rückgängig oder ungeschehen zu machen. Die Trauer war wie ein Zwang, das zerstörte Glück immer wiederherzustellen und das Vergangene zu vergegenwärtigen, um es nicht zu vergessen. Trauer war für mich der einzige Weg, der Verstorbenen nahe zu sein. Sie sollte die Liebe ersetzen, die ja nicht mehr möglich war. Ich erkannte, dass Trauer kein Ersatz für Liebe ist. Und dass es ein Fehlschluss ist, zu denken, ich könne, je mehr ich trauere, die Liebe in mir umso sicherer bewahren und das Verlorene zurückholen. Wenn ich die Liebe in Trauer umwandle und mich an ihr wie an einer Nabelschnur verstricke, wird sie mich erwürgen. Ich muss bis zum heutigen Tag durch die Trauer hindurchschreiten, immer weiter durch alle Schmerzen und zurückgreifenden

Sehnsüchte, dass ich sie eines Tages wie eine Haut abstreifen kann. Nur so wird es mir möglich, die verlorene Geliebte aus einer hellen Zukunftshoffnung heraus weiter zu lieben, statt mich an die dunkle Vergangenheit des leidvoll zu betrauernden Verlustes zu klammern. Ich muss zu einer neuen Liebe reifen, die vom Traurigen gereinigt ist und mich statt hemmt beflügelt. Ich will lernen, meine Frau ohne Tränen zu lieben, dankbar, dass sie mir geschenkt wurde. Denn leidenschaftliche Trauer verbindet uns nicht mit den Toten, sondern schneidet uns von ihnen ab. Je weniger ich um sie trauere, umso näher wird sie mir sein. Ich kann das kaum einfach wollen. Ich denke, dass ich zuerst den Pfad der Trauer, auf den mich das Schicksal gezwungen hat, unentwegt gehen muss. Er ist nicht sinnlos. Er hat eine Bedeutung. Er hat mich bis jetzt zur tieferen Erkenntnis meiner Identität geführt. Er erschloss mir ganz neue Bereiche des Menschseins. Ich bin durch die Trauer ein anderer geworden: fühlender, mitfühlender, geduldiger, massvoller und aufs Wesentlichere gerichtet. Viel Unnützes ist abgefallen. Die Trauer schält den Kern meines Wesens heraus. Sie schleift meine Ecken ab und gleicht Unebenes aus. Ich bin kein vollkommener Mensch. Aber ich glaube, dass ich ganzheitlicher geworden bin. Sie lehrt mich, dass es Situationen gibt, in denen ich nichts machen, sondern nur geschehen lassen kann. Das bewirkt Bescheidenheit. Indem Trauer meine bisherigen Standpunkte verrückt, erkenne ich neue Lebensperspektiven, die an meiner Persönlichkeit unentdeckte Eigenschaften entwickeln. Meine Trauer zwingt mich, mich täglich an der Härte und am Schmerz des Verlustes neu zu definieren. In ihr begegne ich mir so ganz im Kern meiner Person wie noch nie zuvor. Meinem Ursprung, meinen Kinder- und Jugendtagen, die sich mir in Erinnerung rufen; unserer Ehe mit allen Einzelheiten ihrer Stern- und Krisenstunden; meinem Versagen, meinen Mängeln und meiner Schuld. In der Trauer widerspiegeln sich das Leben im Tod und im Tod die Hoffnung auf Leben. Ich begegne in ihr der Brutalität der Vergänglichkeit ebenso wie der Souveränität, mit der man sterben kann. Es ist, wie wenn manchmal in ihr die Zeit stehen bliebe und der enge Raum unseres Hauses zur Ahnung einer zeit- und raumlosen Ewigkeit würde. Ich rückte in der Trauer dem Unfassbaren näher, das wir mit dem Begriff Gott umschreiben. Es mag anmaßend klingen, wenn ich behaupte, ich sei Gott begegnet. Ich glaube jedoch, dass er in einem so zentralen Ereignis wie beim Sterben und Tod eines Menschen ganz nahe an uns vorübergeht und uns berührt. Sein Vorübergang war für mich allerdings weniger eine Berührung als ein Faustschlag, der mich bis auf Mark und Bein erschütterte. Er zerschlug mein bisheriges Bild vom Freund und Bruder, von dem ich mich verraten fühlte und dem ich mit verzweifelter Wut antwortete. Gott wurde mir unbegreiflich, weil er mich so maßlos prüfte und über die Grenzen meiner Kräfte herausforderte. Dennoch muss ich eingestehen, dass er mich letztlich vor dem Abgrund bewahrte und alles zum Guten wendete. Auch wenn ich die Paradoxie nicht verstehe, dass er mich zuerst leiden ließ, um mich dann zu lieben, und mich zuerst verwundete, um mich dann zu verarzten, und dass er mich beschenkt hatte, um mich nachher zu berauben. Bei aller Unvereinbarkeit seiner Gegensätze vermag ich ihn angesichts des Todes als das verheißene Leben zu erkennen, das nie aufhört und in dem die Verlorenen als Lebende vollendet werden. Ich bin dankbar, dass es mir deshalb durch ihn möglich ist, meine Frau weiter zu lieben, obwohl sie gestorben ist. Die Gnade, an die Auferstehung der Toten zu glauben, macht es mir möglich. Ich kann die Auferstehung nicht beweisen. Niemand kann sie beweisen. Ich glaube jedoch ihre Tatsächlichkeit im Glauben als große Hoffnung zu erfahren. Sie ist nicht immer gleich stark. Manchmal wird sie wieder von Zweifeln zugeschüttet. Ich besitze sie nicht. Aber wenn sie da ist, macht sie mich glücklich. Dann weiß ich, dass das, was ich verlor, keineswegs endgültig verloren ist.

Wenn ich, was ich in der Trauer erlebte und noch immer erlebe, veröffentliche, möchte ich Menschen mit einem ähnlichen Schicksal Hoffnung auf ein Leben geben, das nie zu Ende geht und auf eine Liebe, die nie aufhört. Ich möchte Trauernden mitteilen, wie notwendig es für sie ist, dass sie sich aussprechen und ausschreiben und das Gift der Verzweiflung ausschwemmen. Es werden sich ihnen von innen heraus viele Hindernisse dabei entgegenstellen. Sie müssen sie geduldig und ausdauernd immer wieder neu überwinden. Angehörige und Freunde von Trauernden möchte ich durch dieses Buch daran erinnern, dass oftmals nur die Geduld endlosen Zuhörens deren Wunden zu heilen vermag. Es sind nicht die guten Ratschläge, es ist vielmehr ihr Schweigen, das sie zum Helfen befähigt. Ihre zärtliche und unaufdringliche Nähe wird wie Balsam auf sie wirken. Ich möchte vor allem Männer aufrufen, ihre Liebe erschöpfender, hingebungsvoller und kreativer auszuschöpfen. Sie sollten die Beziehung zur Partnerin bewusster leben. Erst dann sind sie imstand, unverzeihliche Fehler zu vermeiden. Denn jedes Wort, das sie nicht sprechen, jede Zärtlichkeit, die sie verweigern, jede Stunde, die sie nicht nutzen, jede Versöhnung, die sie ausschlagen, ist endgültig verloren. Für jeden von ihnen wird die schmerzliche Zeit kommen, in der er Versäumtes nicht mehr nachholen kann. Nicht wieder Gutzumachendes bildet die spitzigsten Dornen der Trauer, die sich kaum je entfernen lassen und ein ganzes Leben lang immer neu wehtun.

Ich möchte zunächst über die Paradoxie von Identität und Verwandlung in Liebe und Trauer schreiben. Dann werde ich meine eigene Liebes- und Trauergeschichte erzählen. Es ist jedoch für Leserinnen und Leser unumgänglich, wenn sie meine Erfahrungen annähernd verstehen möchten, auch meine Frau kennen zu lernen, die ich liebte und um die ich trauere; zu erfahren wer sie war, aus was und wie sie lebte. Ich stelle deshalb meinen eigenen Erfahrungen einen Abschnitt voran, in dem sie kurz vor Ausbruch ihrer Krankheit selber von sich und ihrem Leben erzählt. Ich hatte sie schon früh ermuntert, etwas über sich zu schreiben. Es war nicht leicht, sie dazu zu bewegen. War sie doch eine verschlossene Frau, die ihr Innenleben nicht veräußerte. Immerhin führte sie seit Jahren regelmäßig ein Tagebuch. Ich war überrascht, als sie mir eines Abends nach meiner Rückkehr von der Arbeit das Manuskript ihrer Kurzbiografie überreichte. Ich las es sogleich und war betroffen. Vernahm ich doch darin Gefühle und Innerlichkeiten, die sie bis anhin als ihr Geheimnis gehütet hatte. Ich umarmte sie. Sie lächelte verlegen. Es handle sich nur um einen Versuch, mir eine Freude zu bereiten. Leider müsste sie die Geschichte beim Traum vom Krankenwagen abbrechen, bemerkte sie, weil sie die Kraft nicht mehr hätte, sie fortzusetzen.

Was meine Frau damals schrieb, trägt nicht mehr den Glanz ihrer gesunden Persönlichkeit. Der Schatten der Krankheit liegt bereits auf ihren Worten. Zwischen den Zeilen sprechen zunehmend Zweifel am Sinn des Lebens, Melancholie und sogar Hoffnungslosigkeit. Es gab auch andere versteckte Zeichen unheilvoller Veränderungen in ihrem Verhalten, die wir jedoch nicht wahrnehmen wollten, weil wir damit nicht hätten leben können. Ich leide deshalb oft unter dem quälenden Gefühl, in meiner Liebe gerade dort versagt zu haben, wo sie am nötigsten gewesen wäre. Dennoch darf ich meine Aufgabe während jener Zeit nicht überschätzen. Meine Möglichkeiten wurden durch das hereinbrechende Schicksal eingeschränkt. Eine unsichtbare Hand begann uns voneinander zu trennen und aus der Gemeinschaft miteinander herauszulösen. Wir vermochten uns nicht zu wehren. Ihr Weg war zu Ende. Sie musste wieder zu ihrer usprünglichen und einsamen Individualität zurückkehren, um innerlich ganz allein, so wie sie geboren worden war, zu sterben.

Sie verfasste ihre Geschichte sachlich und distanziert. Deshalb wählte sie die Form des Märchens, um von sich im Abstand der dritten Person schreiben zu können. Aus dieser Sachlichkeit könnte der Eindruck entstehen, sie sei eine zu rationale Frau gewesen und hätte eine bloß kühle und leidenschaftslose Beziehung zu mir gehabt. Ich füge deshalb ganz am Schluss eine kleine Auswahl von Briefen an, die sie mir im Lauf der Jahre geschrieben hat. Sie werden diesen Eindruck korrigieren und ihr Wesen und unsere Liebe in einem noch deutlicheren Licht erscheinen lassen.

Die Aufzeichnungen aus meinem Tagebuch bilden den Hauptteil des Buches. Sie halten meinen Trauerprozess fest und zeigen auf, wie dieser mich schließlich über die Grenzen des Sichtbaren in die Nähe einer unsichtbaren Wirklichkeit führte.

Identität und Verwandlung in Liebe und Trauer

Identität und Verwandlung

Wer bin ich eigentlich? Diese Frage drängt sich mir immer wieder auf. Oft meine ich mich im Spiegel zu erkennen. Sehe ich mich jedoch auf einem Videoband, zweifle ich an meinem Spiegelbild. Manchmal denke ich zurück an die Zeit, als ich noch ein Kind war. Ich spielte am Bach mit Papierschiffen oder fütterte die Hasen und suchte für meine gezähmten Krähen Würmer unter den Steinen. Mein Schulweg führte mich durch Kornfelder. Die Ähren wiegten sich wie Baumkronen über meinem Kopf, so klein und versteckt war ich. Und heute muss ich mich ernsthaft fragen, ob ich wirklich derselbe bin wie damals am Bach und im Kornfeld. Ich bin derselbe. Bei aller Wandlung durch die vielen Jahre bin ich identisch mit dem blonden Knaben von damals. Ich bin nur größer geworden. Meine Haare sind weiß. Unzählige Erlebnisse haben sich in mein Gesicht geschrieben. Meine Identität ist das Resultat meiner bisherigen Erfahrungen. Dass ich mich freute, dass ich hoffte und litt, dass ich Angst hatte und verzweifelte, machte mich zu dem, was ich jetzt bin. Was mich lachen ließ, was mich Tränen kostete, mich prüfte, mich kränkte, was mich beflügelte und was ich verzieh, machte mich zu dem, was ich jetzt bin. Ich bin das, was ich jetzt bin, durch Vorbilder, Freunde und Feinde. Ich bin es durch die Auseinandersetzung mit meinen Eltern und Geschwistern, durch Gespräche mit meiner Partnerin und unseren Kindern. Durch das Leben, das ich lebte und durch die Tode, die ich starb, bin ich der, der ich heute bin.

Wenn ich so über mich nachdenke, spüre ich, dass ich, noch immer derselbe wie damals, doch ein ganz anderer geworden bin. Identität ist etwas Paradoxes. Sie wird einerseits, indem ich an mir selbst festhalte, mich bewahre und behaupte. Andererseits wird sie, indem ich mich verwandle. Identität ist deshalb schwer zu definieren. Vielleicht ist sie ein bloß hypothetischer Begriff, den wir zu Hilfe nehmen, um das Geheimnis unseres Menschseins durchschaubarer zu machen. Wenn ich ihn hier dennoch gebrauche, meine ich beides: Beständigkeit und Verwandlung, Stabilität und Dynamik, in sich und zugleich auf dem Weg sein, derselbe bleiben und doch ein anderer werden.

Am deutlichsten erfahre ich das Geheimnis meiner Identität, wenn ich Menschen begegne, die mich beim Namen rufen; wenn sie mich ansprechen, damit ich antworte oder wenn sie mich bewegen, weil sie mir von sich erzählen. Wenn ich sie wahrnehme, spüre ich, dass ich bin. Und sie spüren wohl, dass sie sind, weil sie wahrnehmen, dass ich bin. Wir erfahren uns, wenn wir uns begegnen, wie in einem Spiegel, in dem wir einander gegenseitig unser Wesen offenbaren. Ich glaube mich nie unvermittelt selbst erfahren zu haben, sondern immer im Spiegel der anderen. Das Ich der anderen formte die Umrisse meiner Identität. In der Erfahrung des Du oder des Wir erlebte ich mich als das was ich bin. In der Liebe und in der Trauer habe ich mich am identischsten erfahren. Liebe ist ein unaussprechlich großes Geschenk. Trauer ist der höchste Preis, den sie einfordert. Sie ist die bitterste Frucht an ihrem schönen Baum. Um Trauer zu verstehen, müssen wir über die Liebe nachdenken, vor allem über die Liebe zwischen Mann und Frau in der Partnerschaft.

Identität und Verwandlung in der Liebe

Freud meint, der Zauber der Liebe zwischen Mann und Frau sei eine kurzzeitige Trübung der Vernunft, sozusagen eine List der Natur, um ihre genetischen Zwecke durchzusetzen. Wahrscheinlich jedoch gründe sie auf den ungelösten Bindungen des Kindes an die Mutter[2]. Nach C. G. Jung[3] gibt es so etwas wie einen Archetyp der Liebe, in dem die Liebeserfahrungen der Vorfahren weiterleben und in uns Bilder von Beziehung und Liebesglück schaffen, die danach drängen, sich an einem konkreten Menschen zu verwirklichen. Die Liebe des Mannes ist von der Anima bestimmt, die die Erfahrungen der männlichen Ahnen mit dem Weiblichen enthält und mit einer rätselhaften Sehnsucht nach der Begegnung mit einer konkreten Frau verbunden ist. Wir können annehmen, dass der Mann in seiner Liebe zur Frau auch einem ganz verborgenen »Teil« seiner Seele begegnet und in der Geliebten die Schwester des eigenen Ich erkennt. Im Grimmschen Märchen »Die Kristallkugel« wird der Suchweg des Mannes nach seiner Anima als äußerst gefährlich und abenteuerlich beschrieben. Wenn er die verwunschene Prinzessin auf dem goldenen Schloss sucht, um sie zu erlösen, setzt er sein Leben, wir könnten auch sagen, seine Identität aufs Spiel. Die Begegnung von Mann und Frau in der Liebe ist nach Mythen und Märchen ein göttliches Mysterium, in dessen Tiefe sie ihre Identität als Kostbarkeit finden, aber sie ebenso gänzlich dort verlieren können. Die

Liebe ist ein Wagnis. Einmal von ihr erfasst, kann der junge Mann im Märchen seiner Sehnsucht nach der Geliebten und nach der Erfüllung seiner Liebe trotz tödlicher Gefahren nicht widerstehen. Die Liebe ist letztlich ein Geheimnis. Niemand kann sie weder durch die unpersönliche Mechanik der Psychoanalyse noch durch den archetypischen Begriff des kollektiven Unbewussten erfassen. »Sie ist immer das Wunder der einmaligen Begegnung zweier Menschen, die nach langem Suchen sich finden und auf ewig untrennbar miteinander verschmelzen möchten und müssen«[4]. In dieser Einheit widerfährt ihnen ein einmaliges und nur ihnen eigenes Identitätserlebnis. Sie erleben sich als Liebende und Geliebte, als Bergende und Geborgene, als Gemeinschaft im Wir und als Ich gegenüber der Individualität des Du. Sie erfahren sich als Grenzgänger zwischen zwei Welten: Als aufeinander Angewiesene und doch Freie, als Ähnliche und doch Fremde, als Begrenzte und doch Grenzenlose, als in Raum und Zeit Gebundene und doch ins Ewige Hineingehobene. Sie erfahren sich als ineinander Verwobene und doch als sich nur Begleitende. In einem ihrer spontanen kleinen Briefe schrieb mir meine Frau einmal : »Ich danke dir für Deine Liebe, für das Leben mit dir bis hierher, dass du mit mir weitergehst und mich auf meinem Weg begleitest. Du verwöhnst mich. Du beschenkst mich. Ich danke Dir«. Ich erkannte erst viel später, welch tiefe Einheit diese Worte enthalten, aber auch welch erschreckende Trennung in ihnen verborgen ist. Ich war zwar der Geliebte, aber doch nur der Begleiter auf einem zwar gemeinsamen, aber doch ganz anderen Weg. Diese Spannung quälte uns manchmal. Sie hielt uns aber auch wach für einander. Die Augenblicke, in denen alles Gegensätzliche und Unvereinbare zu einer Harmonie verschmolz, wurden für uns zu Sternstunden der Erlösung von uns selbst und zu einer nahezu absoluten Geborgenheit in der Heimat des anderen. Drewermann[5] beschreibt die Liebe einmal treffend als »Mischung von traumhafter Ichverlorenheit und vollkommener Identität mit sich selbst.« Die Begegnung von Mann und Frau in der Liebe ist für sie eine Quelle der Identitätserfahrung. Sie ist das für sie wohl wichtigste Konstitutivum ihrer Identität.

Identität und Verwandlung in der Trauer

Wir können nur erahnen, was geschieht, wenn der Tod in die Liebe zweier Partner einbricht. Wir können uns kein Bild von der Zerstörung machen, die er bewirkt. Die Zirkularität der gegenseitigen Belebung und Bestärkung bricht ab. Das herausfordernde, unterstützende und begrenzende Gegenüber geht verloren, das die Ichkräfte strukturierte und die Identität sinnvoll bestätigte. Es nützt Trauernden wohl kaum, wenn sie wissen, dass Freud die Trauer als einen mühsamen und schmerzlichen Prozess der Ablösung der an ein verlorenes Objekt gebundenen Libido bezeichnet[6]. Aber seine Feststellung kann für sie hilfreich sein, dass die Reaktionen eines Trauernden dem Verhalten eines Kleinkindes ähnlich sind, das die abwesende Mutter sucht, weint und ängstlich und zornig bemüht ist, sie wieder herbeizurufen[7]. Es ist auch gut zu wissen, dass die Trauer um den Verlust eines geliebten Menschen die Trauer früherer Verlusterlebnisse aus der Kindheit aktualisiert, sodass sich gegenwärtiger und vergangener Schmerz zu einer Depression entwickeln kann, die ärztliche Hilfe erfordert. Wer den geliebten Partner verliert, verliert die lebensnotwendig gewordene Gemeinsamkeit mit ihm. Es ist wie wenn er seine Seele verlöre. Er droht bis ins archetypische Fundament hinein zu zerbrechen. Sein Glück wird zerstört. Seine Harmonie zerreißt. Das goldene Schloss wird zur Ruine und das Wunder zur Katastrophe. Diese Erschütterung der Persönlichkeit zu erfahren und zu bewältigen, bedeutet Trauern. Glück, Harmonie,

Wunder, goldenes Schloss sind Sinnbilder der Identität. Trauer ist der Versuch, die durch solchen Verlust entstandene Identitätskrise zu überstehen. Wem der Versuch gelingt, geht gestärkt aus ihm hervor. Manche schaffen es nicht. Sie sollten sich helfen lassen, um weiter leben zu können.

Das Mädchen mit der Glückshaut

Träume vom Glück und Prüfungen des jungen Lebens

Es war einmal ein armer Bauer. Zusammen mit seiner Frau arbeitete er jahrelang fleißig, sodass sie sich ein kleines Anwesen in der Nähe eines großen Dorfes kaufen konnten. Trotzdem waren sie noch immer arme Kleinbauern. Sie wohnten am Abhang eines hohen Berges, der sich drohend im Süden des Dorfes auftürmte. Der Berg war so steil und hoch, dass im Winter während vier Monaten kein Sonnenstrahl ihre Wiesen berührte. Mit viel Fleiß, harter Arbeit und Schweiß konnte der arme Bergbauer den Ertrag seiner mageren Wiesen verbessern, sodass es ihm möglich wurde, zu den vier Kühen und der Ziege eine fünfte Kuh zu kaufen. Das war notwendig, denn inzwischen musste er schon fünf Kinder ernähren. Die Zukunft hätte nicht schlecht ausgesehen, wenn nicht immer drohende Kriegsgerüchte aufgekommen wären. Zudem rückte die Geburt des sechsten Kindes näher. An einem heißen Sommertag war es soweit. Die dicke Hebamme kam ganz schön ins Schwitzen, weil sie eine halbe Stunde den Berg hinauf stapfen musste. Die Geburt war jedoch keine harte Arbeit für sie. Um ein Uhr mittags zeigte sie das schreiende Kind der Mutter und sagte: »Es ist ein Mädchen. Ein besonderes. Es hat eine Glückshaut.« Die Glückshaut verheißt dem Kind ein besonderes Schicksal. Schon zwei Tage nach der Geburt brachten sie das Kind zur Taufe in die Kirche. Es bekam den Namen Anna: Die von Gott Begnadete.

Kurze Zeit später brach ein großer Krieg aus, der fünf Jahre dauerte. Not und Elend kamen über die bisher glückliche Familie. Der Vater verbrachte den größten Teil dieser Jahre im Militärdienst. Die Mutter musste die Familie allein durchbringen. Sie war Mutter, Vater, Bauer, Knecht und Magd zugleich. Sie arbeitete oft bis zu achtzehn Stunden am Tag. Sie gab während der fünf Kriegsjahre noch drei Knaben das Leben und geriet dabei zweimal in Gefahr, ihr eigenes Leben zu verlieren. Die kleine Anna war ein stilles, unproblematisches Kind. Die lange Abwesenheit des Vaters und die Krankheit der Mutter waren für sie jedoch schwieriger als man annahm. Es waren wohl die unbewältigten Probleme, die ihr am Kopf und am Oberkörper ein hartnäckiges Ekzem verursachten, das sie über viele Jahre mit quälendem Juckreiz plagte. Nach dem Krieg folgten für den Vater Zeiten harter Arbeit, um die inzwischen zehnköpfige Kinderschar zu ernähren. Die Sorge, ob er jeweils bis Martini den Zins zusammenbrächte, brachte ihm schlaflose Nächte.

Es war wieder ein heißer Sommer, als die siebenjährige Anna mit geplatztem Blinddarm ins Spital eingeliefert werden musste. Die Ärzte machten wenig Hoffnung, dass sie wieder gesund werden könne. Die Mutter saß oft verzweifelt an ihrem Bettchen. Sie dachte dabei sicher an die Jahre der Not zurück. Sie sah wohl den Zweitältesten vor sich, der durch die Kinderlähmung bis zu den Hüften gelähmt war. Würde das Elend nie ein Ende nehmen? Anna war doch mit einer Glückshaut zur Welt gekommen. Sollte der frühe Tod ihr besonderes Schicksal sein?

Und Anna, fühlte sie den Tod nahen? In Fieberträumen schwebte sie mit einem Segelflugzeug über das elterliche Anwesen. Sie sah eine schwarze Schlange neben ihrem Bett zusammengerollt am Boden liegen. Diese kletterte aber auf einmal ins Bett des Kindes nebenan. Es vergingen Wochen zwischen Traum und Wirklichkeit. Eines Nachts wurde sie bewusster wach als sonst. Sie fror. Die Decke war scheinbar heruntergerutscht. Sie wollte sie höher ziehen, aber sie schien am Fußende eingeklemmt zu sein. Sie setzte sich auf, um sie zu lösen. Ein eisiges Entsetzen packte sie, als sie unten am Bett ganz deutlich den Sensenmann stehen sah. Sie legte sich lautlos in die Kissen zurück und wagte kaum zu atmen. Es schien eine Ewigkeit zu dauern bis endlich die Nachtwache, eine gütige Klosterfrau, ins Zimmer trat und das Licht anzündete. Vorsichtig zupfte Anna an der Decke, um festzustellen, ob sie wirklich eingeklemmt sei. Sie war erstaunt, dass sie sich ganz leicht hochziehen ließ. Auch der Sensenmann war verschwunden. Seit jener Nacht begann sie sich zusehends von der Krankheit zu erholen.

Im nächsten Frühjahr musste sie zur Schule gehen. Sie freute sich. Vom ersten Schultag an ließ sie sich nicht bei den Hausaufgaben helfen, im Gegensatz zu den Brüdern, die immer faul waren und dauernd kontrolliert werden mussten. Die Kleine entwickelte sich von Jahr zu Jahr zu einem hübschen, sanften Kind mit blonden Locken und blauen Augen. Es genoss überall Sympathien und fühlte sich von jedermann geliebt. Schon früh war ihr ein ausgeprägter Sinn für Gerechtigkeit eigen. Sie wirkte deshalb oft besänftigend auf die Streitigkeiten zwischen ihrem älteren, hitzigen Bruder und dem eher aufsässigen jüngeren. Sie war während ihrer Schulzeit ein fleißiges, pflegeleichtes Kind, wie es sich Eltern nur wünschen können. Vielleicht war es die große Armut der Familie, die sie in Versuchung brachte, ständig in ihre Fantasie zu flüchten. Sie verbrachte ihre Jugendjahre in einer Scheinwelt. Deshalb fühlte sie sich nicht so sehr in die Gesellschaft der anderen Kinder gezogen. Sie las viel lieber Bücher, deren Geschichten ihre Fantasie noch lebendiger und attraktiver machten. Sie träumte von den schönen Dingen, die die reichen Leute besitzen. Sie sah sich schön gekleidet in prächtigen Häusern. Prinzessinnen und Könige spielten eine große Rolle ebenso wie Liebe und Zärtlichkeit mit Körperkontakt, die sie in ihrer Familie nicht erleben durfte. Nur die Traumwelt konnte ihr eine erstrebenswerte Zukunft anbieten. In Wirklichkeit war sie in eine Bauernfamilie mit sehr wenig Zukunftsperspektiven hineingeboren: Schulpflicht erfüllen, den Haushalt erlernen, nach einem anständigen Burschen Ausschau halten, heiraten und Kinder bekommen. Das war etwa der Lebensrahmen, der sich ihr bot und der schon seit Generationen vorgegeben war.

Niemand fragte sie, ob sie weiter zur Schule gehen möchte. Es war selbtverständlich, dass sie mit 15 Jahren die Schule verließ, um der Mutter zu Hause zu helfen. Von den inzwischen dreizehn Kindern war das jüngste jetzt zwei Jahre und die älteste Schwester einundzwanzig Jahre alt. Niemand sah die heimlichen Tränen, als sie zu Beginn des neuen Schuljahres eine jüngere Schwester zum ersten Schultag begleitete, selber aber dann nach Hause gehen musste. Sie war klug genug, um zu erkennen, dass nicht die Eltern daran schuld waren, sondern das Schicksal den Lauf der Dinge bestimmte. Ihre Lehrerin, eine Klosterfrau, warf ihr sogar vor, sie verschleudere ihre Talente, wenn sie die Schule so früh verlasse.

Als Anna siebzehn war, wurde sie von den Eltern während der Wintermonate als eine Art Mädchen für alles zu einer Familie geschickt, die ein Lebensmittelgeschäft führte. Dort öffnete sich ihr eine größere Welt. Das Verkaufen im Geschäft machte ihr Spaß. Sie lebte im Umgang mit so viel verschiedenen Menschen richtig auf. Sie trat zusehends aus ihrer Introvertiertheit heraus und wurde ein aufgeschlossenes, lebenslustiges Mädchen. Als der Frühling nahte und sie wieder in die

Eintönigkeit des kleinen Bergbauernhofes zurückkehren musste, verfiel sie erneut und immer mehr in eine seltsame Melancholie. Während des ganzen nachfolgenden Sommers zog sie sich noch mehr als vorher in ihre Traumwelt zurück. Die nächsten Jahre verliefen ähnlich. Im Sommer zu Hause bei den Eltern, im Winter Ladentochter, Zimmermädchen in einem Hotel, dann Serviertochter in einem Café. Immer mehr fühlte sie sich in ihrer Existenz in Frage gestellt. Sie empfand es als Mangel, keine richtige Berufsausbildung zu haben. Die Aussicht auf eine Heirat bot ihr noch die besten Zukunftschancen. Sie knüpfte da und dort zaghafte Kontakte zu Männern. Ihr Ideal von Liebe und Ehe war jedoch in ihrer Fantasie so hoch stilisiert, dass sich kein junger Mann finden ließ, der diesem entsprechen konnte. Auf der Suche nach dem Sinn des Lebens spielten sich in ihr innere Dramen ab. Äusserlich putzte sie sich auf, um sich selber immer wieder zu bestätigen. Innerlich strebte sie nach mehr als nur nach Fassade. Da sie nie gelernt hatte, über Inneres mit irgendeinem Menschen zu sprechen, fühlte sie sich immer isolierter und unverstandener. Sie sah oft keinen Weg und keinen Ausweg in die Zukunft. Sie wechselte schließlich alle paar Wochen die Stelle. Einmal lief sie sogar ungekündigt aus einem Arbeitsverhältnis davon.

In einem schönen Kaffeehaus am See bekam sie schließlich sehr verständnisvolle Vorgesetzte. Die Chefin war ihr sehr ähnlich. Sie las wie sie unendlich viele Bücher. Sie bekam alle diese Bücher auch zu lesen. Es ergaben sich Gespräche, die über das gemeinsam Gelesene hinausführten. Es folgten Monate voll Fröhlichkeit mit den Kaffeehausgästen. Viele unverbindliche Flirts gaben dem Leben Würze. Aber immer wieder meldeten sich Leere und Melancholie. Sie fragte sich, wie sie ihrem Leben mehr Gestalt und Sinn geben könnte.

Es kam ein Lebensabschnitt, in dem sich Anna immer häufiger abgespannt und müde fühlte. Sie litt an ständigen

Rückenschmerzen. Nach einem ersten Arztbesuch wurde sie wochenlang wegen chronischer Nierenbeckenentzündung behandelt. Ohne Erfolg. Erst der Besuch bei einem Spezialarzt brachte Klarheit. Die damalige durch den geplatzten Blinddarm verursachte Bauchfellentzündung machte eine Operation notwendig. Nach der Genesung kehrte sie wieder ins Seehaus zur Arbeit zurück, wo sie sich geborgen und verstanden fühlte. Schon nach zehn Monaten verordnete ihr der Arzt dringend eine weitere Operation. Diese Botschaft war für sie ein furchtbarer Tiefschlag. Er warnte sie, dass rasch gehandelt werden müsse, um etwas Bösartiges zu verhindern. Anna war sehr einsam in ihren Nöten. Zur gleichen Zeit lag auch ihr invalider Bruder im Spital. Es bestand kaum Hoffnung, dass er noch länger als ein Jahr leben würde. Die wenigen Tage bis zur Operation vergingen schnell. Sie begann sich zu fragen, ob die Glückshaut, von der ihr ihre Mutter erzählt hatte, auch eine Unglückshaut gewesen sein könnte.

Es stand also die dritte große Bauchoperation bevor. Bei der ersten war sie sieben Jahre alt. Niemand glaubte damals, dass sie am Leben bleiben würde. Bei der zweiten kurz vor ihrem zwanzigsten Geburtstag erlitt sie einen Kreislaufzusammenbruch. Sie erlebte den Kampf um Leben und Tod bei vollem Bewusstsein, obwohl Ärzte und Krankenschwestern glaubten, sie liege im Koma. Sie hatte unbeschreibliche Angst. Sie befand sich im dunklen Tunnel. Sie sah auch das helle Licht an dessen Ende, konnte jedoch nicht dorthin gelangen. Mit dieser Todesangst von damals musste sie nun die dritte Operation antreten. Sie hatte Angst vor jener Angst und war zudem verzweifelt wegen der Krankheit des Bruders. Kurz vor dem Eintritt ins Spital stand sie auf der Luzerner Reußbrücke und starrte ins dunkle Wasser. »Komm, mach Schluss!« dachte sie. »Es hat alles keinen Sinn mehr«. Dann rannte sie panikartig davon und setzte sich auf eine Bank, wo sie sich wieder fand und klare Gedanken zu fassen vermochte. Sie sah Grab und Sarg in Bildern vor sich. Regennass suchte sie das nahe Kapuzinerkloster auf, um dort zu beichten. Das Beichtgespräch machte sie ganz ruhig, und sie verließ mit Frieden im Herzen die Klosterkirche. Tod und Leben, sie konnte jetzt zu beidem ja sagen. Mit dieser Zuversicht ging sie ins Krankenhaus.

Wenn der Arzt zur Visite kam, war er freundlich und machte seine Späße. Er erzählte ihr jedoch nie, was er während der Operation in ihrem Bauch vorgefunden hatte. Sie wagte keine Fragen zu stellen. »Wir haben den Bericht über die Gewebeproben erhalten,« teilte er ihr am vierten Tag mit. »Es ist nichts Bösartiges. Sie können beruhigt sein. Ich habe schließlich mein Möglichstes getan. Aber Kinder, das muss ich Ihnen leider sagen, werden sie künftig keine bekommen können...« Mit diesem Resultat wurde sie nach zwei Wochen Spitalaufenthalt kommentar- und gesprächslos entlassen und allein gelassen.

Nach ihrer Genesung wurde sie im Seehaus mit großer Freude wieder aufgenommen. Sie fand aber nicht mehr zu ihrer früheren Fröhlichkeit zurück. Sie war dünn und zerbrechlich geworden. Sie fühlte sich schwach und vom Schicksal enttäuscht. Sie begann mit Gott zu hadern. Strafte er sie, weil sie in Zeiten der Ausgelassenheit und überschäumenden Jugendvergnügens ihre religiösen Pflichten immer mehr vernachlässigt hatte? Sie hatte zwar den Glauben nicht über Bord geworfen, Gebet und Kirchgang gehörten jedoch nicht mehr selbstverständlich zu ihrem Leben. Der Schock des Todeserlebnisses nach der Narkose hatte in ihr jedoch eine Umkehr bewirkt. Sie begann wieder täglich zu beten und regelmäßig in die Kirche zu gehen. Sie versuchte, ein Gott wohlgefälliges Leben zu führen. Eifrig unterstützte sie gute Werke mit Geld und ließ für die Verstorbenen Messen lesen. Das schenkte ihr die Gewissheit, dass Gott sie nie wieder in eine solche Dunkelheit führen würde. Dennoch fühlte sie seine Nähe nicht.

Im Gegenteil, sie glaubte sich von ihm verlassen. Sie stand mit 23 Jahren verunsichert, desorientiert, allein, ohne Beruf und Lebenssinn in der Welt. Sie war entsetzt darüber, was in diesem einen Jahr an ihr alles geschehen war. Sie zog sich nach früherer Gewohnheit ganz in sich zurück und isolierte sich vom Rest der Menschheit. Gerade in dieser Zeit verschlimmerte sich auch die Krankheit ihres Bruders. Ende November starb er, 27 Jahre alt. Plötzlich, still und ohne Todeskampf. Sie war unendlich traurig, dass sie die letzten Wochen seines Lebens nicht bewusst mit ihm hatte teilen können. Hatte sie ihm doch vor kurzem einen Brief geschrieben, in dem sie ihm versprach, ihm nach seiner Genesung beim Aufbau seines eigenen Geschäftes mitzuhelfen. Nun ist er gestorben. Einfach so. Als sie ihn im Sarg sah, konnte sie ihn nur immer wieder anschauen. Er war so jung. Wie gerne hätte er gelebt! Da wurde ihr ganz klar: Ich lebe und ich muss aus meinem Leben etwas Sinnvolles machen. Auf einmal hatte sie keine Angst mehr vor der Zukunft.

Der Tod des Bruders wirkte befreiend auf sie. Es war, wie wenn ein Samenkorn gestorben und daraus für sie eine neue Frucht entstanden wäre. Sie entschloss sich, Krankenschwester zu werden. Sie wollte im Dasein für andere ihrem Leben einen Sinn geben. Vorerst blieb sie aber noch im Seehaus, bis sich ein klarer Weg abzeichnete. Sie sah sich bei verschiedenen Schulen um und überlegte, wie sie eine Ausbildung finanzieren konnte, da ihre Eltern nicht in der Lage waren, für sie aufzukommen.

Die große Liebe und der Alltag.

Im Dezember 1962 trat unverhofft etwas ganz Neues in ihr Leben. Er saß an einem frühen Sonntagnachmittag am hintersten Tisch im Café. Er war charmant, ganz anders als die Einheimischen. Er versuchte, mit ihr ins Gespräch zu kommen. Ein paar Tage später kam ein Brief von ihm. Dann rief er an. Eine Hartnäckigkeit, die sie neugierig machte. Sie trafen sich zu einem Nachtessen in der Stadt. Nachher fütterten sie die Enten und Schwäne am See mit Brotresten. Sie besuchte ihn an seinem Arbeitsort. Er erzählte ihr von sich und seinem Beruf. Sie erzählte ihm von ihrem Wunsch, Krankenschwester zu werden. Er brachte sie spät in der Nacht nach Hause. Zum Abschied gab er ihr einen zärtlichen Kuss.

Sie träumte in der Nacht, sie sei an einem unbekannten Ort allein. Sie wusste aber, wo Guido zu finden war. Sie suchte ihn auf. Er bemerkte sie nicht und saß in seinem Wagen hinter einem Haus. Sie wollte einsteigen, aber die Türe war verschlossen. Er schaute auf die Uhr. Sie fühlte, dass er auf jemand anderen wartete. Sie ließ den Türgriff los. Ihr Herz krampfte sich zusammen. Sie war traurig. Sie wird ihm sagen müssen, dass sie nie Kinder bekommen kann, dachte sie, und dass er seine Zeit mit ihr verschwendet. Morgen...

Am andern Morgen schrieb sie ihm einen Brief. »Es gibt etwas in meinem Leben, das Du noch nicht weisst. Ich kann keine Kinder bekommen. Ich denke, dass es keine gemeinsame Zukunft für uns gibt.« Die Mitteilung traf ihn hart, war aber für ihn kein Grund, seine Beziehung zu ihr abzubrechen. Im Gegenteil, sie versuchten nun gemeinsam ihre Zukunft zu planen und die Ausbildung als Krankenschwester in Angriff zu nehmen. Sie meldete sich zur Aufnahmeprüfung an einer städtischen Krankenschwesternschule. Trotz vieler Jahre Abstand vom letzten Schulunterricht gelang ihr diese überraschend erfolgreich. Schon im Herbst 1963 trat sie in die Schule ein.

Es begann eine wichtige und interessante Zeit. Die theoretischen Fächer bereiteten ihr zuerst große Mühe. Sie war oft verzweifelt und dachte, sie werde es wohl nie schaffen. Nachdem sie aber ihre Anfangsschwierigkeiten überwunden hatte, machten ihr Rechnen, Deutsch, Anatomie, Medizin und viel anderes Schwieriges geradezu Spaß. Chemie blieb freilich für immer ein großes Kreuz, das sie nie abwerfen konnte. Wenn sie glaubte, etwas wirklich verstanden zu haben, stellte sich bei der Prüfung heraus, dass vieles keineswegs stimmte. Anna schaffte die Probezeit überaus gut. Und sie freute sich auf ihren ersten Einsatz im Spital. Man teilte sie einer älteren Schwester im Privatspital der Schule zu. Was sie bis jetzt im Schulzimmer theoretisch an Kolleginnen geübt hatte, sollte sie jetzt praktisch an den Patienten anwenden. Zuerst einfacheres wie Betten machen, Kissen schütteln, Beine und Rücken mit Franzbranntwein einreiben, Beine einbinden. Als sie bereits am ersten Morgen von ihrer Vorgesetzten den Auftrag bekam, an einem älteren Herrn eine Ganzwaschung vorzunehmen, musste sie zuerst leer schlucken. Sie hatte solche Waschungen im Schulzimmer wohl trocken geübt, aber ausgezogen wurde dabei niemand. Der Herr war zudem ein Araber und verstand kein Wort deutsch. Ohne verbale Kommunikation ließ sich ihre Verlegenheit schlecht überspielen. Ganz sich selber überlassen, richtete sie im Krankenzimmer Wasser, Seife, Waschlappen, Handtücher und begann, wie gelernt, dem Kranken Hände, Brust, Gesicht und Rücken zu waschen. Scheu wie sie war, schaffte sie es nur mit großer Anstrengung, auch seine Geschlechtsteile, wie gelernt, sauber zu machen. Mit vor Aufregung roten Wangen tat sie, was getan werden musste. Und der Patient ließ sie ruhig und zufrieden gewähren. Sechs Wochen lang war es nun ihre Aufgabe, jeden Morgen diesen alten Herrn zu waschen.

In einem Spital gibt es nicht nur Kranke, die wieder gesund werden, sondern auch solche, die sterben. Anna fürchtete sich vor dem Augenblick, wo sie erstmals einen Toten im Bett antreffen würde. Viele Kolleginnen hatten ihr schon von ihren Erfahrungen berichtet. Eines Tages musste sie unversehens der Vorgesetzten beim Herrichten und Anziehen eines Toten helfen, der kurz vor ihrem Arbeitsantritt gestorben war. Aber sie empfand nichts Schlimmes dabei. Der Körper war noch warm und nicht anders anzufassen als bei einem Bewusstlosen. Diese gute Erfahrung ließ sie die Angst vor Toten nicht nur für immer verlieren, sondern sie machte immer von neuem die Erfahrung, dass der Tod etwas Großes sein musste. Schmerzen, Zorn, Auflehnung und Verzweiflung können unsäglich hart sein. Der Tod, so erlebte sie es, trat jedoch oft ganz sanft an den Kranken heran, lächelte ihn geradezu an, nahm ihn an der Hand und führte ihn lautlos weg. Merkwürdig entspannt, oftmals beinahe glücklich, blieb dann der Körper zurück, fast wie ein Wachsabdruck, der die wirkliche Persönlichkeit des Weggegangenen noch für eine Weile den Angehörigen sichtbar bewahrte.

Anna durfte nicht nur das Sterben, sondern im Gebärsaal auch das Geborenwerden miterleben. Immer mit der Spannung: Ist das Kind gesund? Ist es ein Junge oder ein Mädchen? Sie bewunderte dabei besonders die Tapferkeit der Väter. Obwohl es dann und wann auch Ausnahmen gab. Während ihres Praktikums konnte sie Nieren-, Magen- und Darmoperationen aus nächster Nähe mitverfolgen. Sie sah Brust- und Beinamputationen. Einmal starb ein Patient bei einer Herzoperation. Sie sah den Chirurgen niedergeschlagen den Operationssaal verlassen. Es berührte sie besonders, auf der Neurochirurgie jungen Menschen zu begegnen, die mit Schädelverletzungen nach Unfällen nur mehr geistlos dahinvegetierten. Sie war tief betroffen zu sehen, wie hochintelligente Menschen nach Tumoroperationen ihre ganze Persönlichkeit verloren. Sie konnte sich aber auch ganz glücklich darüber freuen, wenn Kranke nach tagelanger Bewusstlosigkeit ins Leben zurückkehrten und kaum Schaden davontrugen.

Frisch Operierte vermochte sie besonders einfühlsam zu pflegen. Sie wusste aus eigener Erfahrung, wie schmerzlich Schmerzen sein können und wie wenig nach außen sichtbar wird, was im Innern eines Menschen vor sich geht. Operative Eingriffe am Körper verletzen auch die Seele. Einen besonderen Reiz hatte die Nachtwache für sie. Da konnte sie den Kranken Sicherheit und Geborgenheit vermitteln. Die tiefsten und quälendsten Ängste kriechen nachts aus allen Ecken und Winkeln. Es wird einem nachts viel bewusster, welche Schicksale sich hinter den einzelnen Türen ansammeln. Im Nachtdienst erfuhr sie jenen Sinn besonders deutlich, den sie in diesem Beruf suchte. Und wenn jeweils der neue Tag anbrach, war sie nicht nur müde, sondern auch reich beschenkt.

Die Ausbildung dauerte drei Jahre. Es war keine einfache Zeit. Anna musste dreizehnmal umziehen. Oft teilte sie ihr Zimmer mit einer Kollegin. Männerbesuche waren streng verboten. Es kam vor, dass Schülerinnen entlassen wurden, weil bei ihnen ein Mann entdeckt worden war. Oft schleppte sie sich nach Feierabend ins Zimmer, fiel wie tot auf ihr Bett und stöhnte: »Ich kann nicht mehr. Ich schaffe es nicht.« Die hormonellen Störungen, die von ihrer Operation herrührten, schwächten manchmal ihren Körper so sehr, das sie sich den harten Anforderungen des Berufes nicht mehr gewachsen fühlte. Wenn sie es nicht mehr aushielt, ließ sie sich von ihrem Arzt eine Hormonspritze verabreichen, wobei er es nie versäumte, zu bemerken: »Spritzen Sie nicht zu oft, sonst bekommen sie den Stimmbruch und einen Bart.« Aber es gab damals kein anderes Medikament.

Guido, ihr Freund, erlebte Freud und Leid und die vielen Stationen des äußeren und inneren Wechsels mit. Es kam mehrmals vor, dass sie in einem Krankenhaus arbeitete, das ganz in der Nähe seiner Wohnung lag. Dann besuchte sie ihn während der Mittagszeit, putzte ihm schnell die Schuhe oder wusch ihm einen Berg schmutzigen Geschirrs, das sich in der

Küche stapelte. Er begleitete sie abends ins Kino oder ins Theater. Sie entdeckte mit ihm eine neue und faszinierende Welt. Sie hatte jetzt einen Menschen, den sie liebte und der sie zärtlich immer wieder in seine Arme nahm. Es war, als ob sich die Türen ihrer früheren Fantasiewelt öffneten. Sie durfte jetzt wirklich vieles erleben, wovon sie einmal geträumt hatte. Seine Nähe war für sie jedoch nicht immer nur beglückend. Gerade dann, wenn es mit ihm am schönsten war, beschlich sie Angst, er würde sie vielleicht wegen ihrer Unfruchtbarkeit doch noch verlassen. Dass sie unfruchtbar war, deprimierte sie oft. Sie fühlte sich nicht als vollwertige Frau und litt unter einem oft quälenden Minderwertigkeitsgefühl, das die Beziehung zu ihrem Freund zuweilen zu belasten drohte. Die Liebe zueinander war aber größer als alle Befürchtungen. Und als sie die Schwesternschule verließ, konnte sie nichts mehr daran hindern, das Leben zu zweit zu wagen. Zwei Wochen nach dem letzten Examen feierten die beiden an einem sonnendurchfluteten, farbig leuchtenden Herbsttag im Oktober ein rauschendes Hochzeitsfest. In den Märchen heißt es an dieser Stelle: und wenn sie nicht gestorben sind, leben sie noch heute..

Es begann mit der Hochzeit ein ganz neuer Lebensabschnitt. Die beiden bezogen eine geräumige Altwohnung mitten in der Stadt. Sie waren jedoch nicht lange allein miteinander. Nach kaum zwei Monaten zog der 14-jährige Neffe Guidos bei ihnen ein. Seine Probleme mit der Stiefmutter verursachten ihm Konzentrationsstörungen beim Lernen. Die Fortsetzung seiner Studien war deshalb gefährdet. Sie nahmen ihn deshalb bei sich auf, damit er das Elternhaus verlassen und in der Nähe eine neue Schule besuchen konnte. Die junge Frau tat sich zuerst schwer mit dem Knaben. Nicht zuletzt, weil sie sich durch seine Anwesenheit in ihrer Beziehung zum Mann beeinträchtigt fühlte. Zudem versuchte Mark sie immer wieder in die Rolle seiner Stiefmutter zu schieben. Bald bekam sie ihn aber lieb wie einen eigenen Sohn. Ein Jahr später erzählte ihnen eine bekannte Sozialarbeiterin von einem elternlosen neugeborenen Mädchen. Sie entschlossen sich spontan, das Kind zu sich zu nehmen, um es vielleicht später zu adoptieren. Drei Tage vor Weihnachten holten sie die Kleine bei eisigem Schneetreiben in ihre warme Stube. Sie hatten nur gerade zwei Wochen Zeit gehabt, sich auf das abenteuerliche Ereignis vorzubereiten. Jetzt bewegte große Freude ihr Herz, aber auch die bange Frage, ob sie fähig seien, dem Kind immer genug Liebe und Geborgenheit zu schenken, damit seine ersten Verwundungen heilen und ein starker, gesunder Lebensbaum würde heranwachsen können. Am ersten Abend weinte sich das Kind verloren in den Schlaf. Aber schon am nächsten Morgen war es fröhlich und strahlte mit seinen großen dunklen Augen aus den Kissen. Die Säuglingspflege war für Anna kein Problem. Sie hatte auf der Säuglingsabteilung des Spitals Erfahrungen gesammelt. Sie erinnerte sich auch, wie sie zu Hause ihre jüngste Schwester gewickelt und gefüttert hatte. Auch bei ihrem Mann war es Liebe auf den ersten Blick. Er war sofort von dem Mädchen begeistert und dieses wickelte ihn mit seinem Charme vom ersten Augenblick an systematisch um den Finger. Auch vom Neffen wurde sie wie eine kleine Schwester geliebt.

Nachdem Mark neue Möglichkeiten der Weiterbildung entdeckt hatte und somit Platz in der Wohnung frei wurde, entschlossen sich Anna und ihr Mann, der kleinen Christa einen Bruder zu suchen. Guido hatte zwar Bedenken, dass er kein weiteres Kind so werde lieben können wie Christa. Gerade nach ihrem zweiten Geburtstag vernahmen sie jedoch die kurze Geschichte eines kleinen Jungen, der seit über zwei Monaten auf der Säuglingsabteilung eines großen Spitals auf Eltern warte. Es war wiederum ein Glücksfall, so rasch auf diese Möglichkeit zu stoßen, da es bereits damals schwierig war, ein Kind zugesprochen zu erhalten. Die Eltern fuhren sogleich ins Spital, um den Kleinen zu sehen. Sein Anblick erschreckte sie. Das Leben schien für ihn bereits abgeschlossen zu sein. Er schaute seine Besucher ganz resigniert und traurig an. Anna hätte ihn gerne in die Arme genommen. Aber ihn zu berühren sei aus hygienischen Gründen nicht erlaubt, bemerkte die Schwester. Sie wollte das Kind sofort herausholen. Sie hatte schlaflose Nächte, bis alles geregelt war. Nicht einmal die Aussage der Ärzte, der Junge könnte einen Geburtsschaden haben, verunsicherte sie, ihn bei sich aufzunehmen. Es war wieder nur wenige Tage vor dem Weihnachtsfest, als sie den Jungen zu sich holten. Ein unvergessliches Erlebnis von schicksalshafter Bedeutung! Solche Augenblicke sind schwer zu schildern. Nicht naturgegebene Lebenswege, sondern fremde Schicksale werden von unsichtbarer Hand zusammengeführt. Die Verantwortung scheint deshalb noch schwerer zu wiegen.

Wie sich herausstellte, ging Peter, so nannten sie ihn, im Säuglingszimmer allen auf die Nerven, weil er Tag und Nacht weinte. Niemand hatte ihn gern. Er war während seiner ersten Lebensmonate ohne Liebe aufgewachsen. Ungeborgen und in die Welt geworfen. Er brauchte unendlich viel Zuwendung, dass er seine Erstarrung lösen konnte. Er weinte auch jetzt noch stundenlang. Anna fragte schließlich ihre Mutter um Rat. Sie meinte, sie soll ihm etwas Nahrhafteres zu essen geben und nicht nur das, was ihr nach Schema richtig erscheine. Von da an kochte sie ihm Brei. Und es war unglaublich, wie der drei Monate Alte erstmals im Leben heißhungrig vom Löffel aß. Erschöpft von der Anstrengung schlief er in den Armen der Mutter ein und schlief volle vier Stunden, ohne nur einmal zu weinen. Das war der richtige Weg, auf dem nun Peter im guten Rhythmus zu essen und zu schlafen begann und seine innere Ruhe finden konnte. Er begann aufzublühen und wuchs zu einem kräftigen und fröhlichen Kind heran.

So erfüllten sich weitere Träume aus Annas kindlicher Fantasiewelt. Sie war Ehefrau, Hausfrau und Mutter von zwei reizenden Kindern, die sie hingebungsvoll pflegte. Tag und

Nacht und immer, wenn es erforderlich war. Sie verbrachte unzählige Stunden an ihren Bettchen, um ihnen Märchen zu erzählen, Fragen zu beantworten, Fieber zu messen, Wickel zu machen und Händchen zu halten. Sie ging mit ihnen spazieren, damit sie genug Sonne und Luft bekamen. Sie fühlte sich selber gesundheitlich besser. Es gab inzwischen die Pille. Sie nahm sie nicht, um eine Schwangerschaft zu verhüten, sondern um ihren gestörten Hormonhaushalt zu beruhigen. Sie verursachten ihr allerdings öfter Übelkeit, Venenbeschwerden und Zwischenblutungen. Der Arzt dosierte zuerst viel zu hoch. Er glaubte, nur die stärkste Pille könne die richtige sein. Anna wollte nicht nur eine gute Mutter, sondern ebenso eine gute Ehefrau sein. Eigentlich verlangte sie sich überall und immer nur das Beste ab. Sie versuchte ihrem Mann jeden Wunsch von den Lippen abzulesen und möglichst rasch zu erfüllen, um ihn glücklich zu machen. Sie vernachlässigte die früheren Beziehungen zu Freundinnen, Geschwistern und Elternhaus immer mehr, um seinen unzähligen Freunden, Verwandten und Bekannten gerecht zu werden.

Das Leben als Hausfrau war recht beschwerlich. Ein Zimmer der Wohnung beanspruchte ihr Mann. Als Psychotherapeut brauchte er nicht mehr Platz. Da er keine Apparate benötigte, genügte ihm der bescheidene Raum, in dem er anfing, seine Praxis aufzubauen. Das Wohnzimmer diente seinen Klienten tagsüber als Wartezimmer. Die Kinder durften nicht zu laut werden, da sie sonst den Vater bei der Arbeit störten. Es gab kein spezielles Badezimmer. Die Badewanne stand in der Küche. Das WC befand sich einen Stock tiefer im Treppenhaus. Da im Haus keine Waschküche zur Verfügung stand, schleppte die Mutter jede Woche Berge von Wäsche in den nahen Waschsalon.

In Annas Kinderfantasien spielte ein schönes Haus immer eine große Rolle, wo sie viel Platz hatte und alles wunderbar einrichten durfte. Nun begann auch diese Fantasie konkret zu werden. Ihr Mann nahm Kontakt mit einem befreundeten Architekten auf und fing an zu planen und die nötigen Bewilligungen einzuholen. Ein wunderschönes Landhaus war geplant; mitten in der freien Natur zwischen Obstbäumen und Wäldern. Es dauerte aber zwei Jahre, bis mit dem Bau begonnen werden konnte. Anna wurde trotz der vielen Arbeit, die sie zu bewältigen hatte, in die vielen Anstrengungen, die ein solches Vorhaben umfasst, eingespannt. Da sie niemanden kannte in der Nachbarschaft, der ihr die Kinder hätte hüten können, musste sie sie zu allen Besprechungen mit dem Architekten, bei dem sie Guido vertreten musste, und später bei der Auswahl der Materialien, mitnehmen. Es war eine aufregende Zeit. Manches war mühsam und kräfteverzehrend. Ihr Mann fuhr jeden Tag einmal zum Bauplatz, um die Arbeiten zu überwachen. Trotzdem konnte er nicht verhindern, dass eines Abends die geplante Türe von der Stube zur Küche zugemauert war. Ein anderes Mal fand er zwei Zimmer mit zugemauerten Fenstern. Er musste dafür sorgen, dass anderntags alles korrigiert wurde.

Die Übersiedlung rückte näher. Manchmal freute sie sich, mit der ganzen Familie aufs Land ziehen zu können. Der Lärm der Stadt und die Enge der Wohnverhältnisse belasteten sie zuweilen sehr. Aber der Gedanke machte sie nicht nur glücklich. Die Vorstellung des neuen Lebens im eigenen Heim machte ihr auch Probleme. Kann ein Haus nicht auch ein Käfig werden? Ein Ort, an dem man sich für immer festlegt? Aus dem es kein Entrinnen mehr gibt? »Da werde ich nun festgehalten, bis ich einmal sterben werde«, dachte sie. Sie hatte nämlich in ihrer Jugend nicht nur von einem eigenen Haus geträumt, sondern, vor allem später, immer mehr von fernen Ländern und Abenteuern. Und nun sollte sie also ihr Leben auf dem Land in einen festgefügten Rahmen zwingen. In ein festgelegtes Programm, das Überraschungen unmöglich machte. Sie hatte sich doch vom eintönigen und oft so kleinkarrierten Landleben weggewünscht. Kehrte sie wirklich freiwillig in etwas zurück, das sie doch eigentlich verlassen wollte?

Es war wieder Weihnachten. Schneeflocken fielen. Es herrschte eisige Kälte. Und Anna zog mit Mann und Kindern in das Haus auf dem Land. Sie genoss es, durch die hellen Räume zu gehen und zu denken, dass ihnen hier niemand Vorschriften machen oder sie gar aus irgendwelchen Gründen wieder wegschicken konnte. Es war ein richtiger Winter. Sie erlebte Schneetreiben, Wind und Sonnenschein ganz neu. Und es wurde ihr bewusst, wie schnell sie als Stadtmensch das Bewusstsein für die Natur verloren hatte. Keine Straßenlampen, umgeben von Hügeln und Wäldern, entdeckte sie den Zauber der langen Mondnächte und des mondlosen Sternenhimmels. Die Sterne waren viel näher als in der Stadt, und der nahe Wald wirkte im Mondschein geheimnisvoll und unheimlich. Sie lauschte dem Rauschen der Blätter im Wind. Das Rufen des Uhu und die Laute der anderen Nachttiere passten in ihre Bilder von Gespenstern, Hexen und Feen. Das Geheimnisvolle, Unendliche und Unerklärliche bekam für sie auf einmal wieder eine große Bedeutung. Zauberhaftes, Unheimliches und Magisches spielen auf dem Land eine größere Rolle als in der Stadt. Die Leute sprechen von Wasseradern, die der Gesundheit schaden, vom Pendeln, von Spuk, Geistern und mancherlei Zaubersprüchen. Der Aberglaube treibt oft dort Blüten, wo der wirkliche Glaube verschwunden ist. Das religiöse Leben war in letzter Zeit durch all das Neue und die vielseitige Geschäftigkeit abgestumpft. Anna ging noch regelmäßig zur Kirche. Vertrauensvoll zu Gott zu beten hatte sie jedoch indessen verlernt. Es gelang ihr höchstens noch in Augenblicken der Not, mit ihm in Verbindung zu treten. Dann beschimpfte sie ihn aber, weil sie seine Liebe zu den Menschen bei so viel Leid, das er ihnen geschehen ließ, vermisste. Sie bezichtigte ihn der Parteilichkeit, in der er für seine Liebe nur ihm sympathische Menschen aussuchte. Eigentlich hätte sie sich nicht zu beklagen gehabt, weil sie auch zu diesen gehörte. Hatte sie doch von ihm eine Glückshaut geschenkt bekommen. Zufällig, wenn es überhaupt Zufälle gibt, lernte sie durch Bekannte ein Medium kennen. Viele fragten die Frau um Rat. Sie behauptete, über Lebende und Verstorbene, über Zukunft, Vergangenheit und Krankheiten Auskunft geben zu können. Sie erhalte nachts von Toten Besuch und müsse für sie leiden, um sie zu erlösen. Konnte man nicht vielleicht einmal froh sein um eine solche Beziehung zu einer Frau, die nach ihren Aussagen sogar Krebs heilen konnte? Anna hatte schon früher für aussergewöhnliche Phänomene großes Interesse gezeigt, das nun im Rahmen dieser Bekanntschaft neu entfacht wurde. Die Beziehung verstärkte sich. Die beiden Familien gingen sogar miteinander in die Ferien. Bis es eines Tages zu einer Auseinandersetzung kam, bei der Anna in Ungnade fiel. Sie hatte die Bekannte während dieser Ferienzeit näher kennen gelernt. Kritisch wie sie war, fielen ihr Ungereimtheiten in deren täglichem Leben auf, die sie mit ihr besprechen wollte, was diese jedoch nicht nur nicht ertrug, sondern sogar äußerst aggressiv werden ließ. Zweifellos besaß diese Frau ungewöhnliche Kräfte, die sie aber, wie sie einmal bemerkte, gegen jene einzusetzen pflegte, mit denen sie sich zerstritt. Nach diesen Ferien geschahen merkwürdige Dinge. Unerklärliche ekelhafte Gerüche breiteten sich plötzlich im Haus aus. Unbegründete Streitereien unter Verwandten brachten Unruhe in die Familie. Körperliche Krankheiten begannen sich zu häufen. Und Guido klagte über depressive Verstimmungen, die immer häufiger auftraten. Man konnte beobachten, wie die Haustiere plötzlich vor irgend etwas Unsichtbarem wie vor einer Gefahr flüchteten. Es war unheimlich. Man suchte ein neues Medium auf, um sich vom Einfluss des alten zu befreien. Es gelang diesem in der Tat, die Unheimlichkeiten aufzulösen. Anna ging in den folgenden Jahren daran, sich ganz systematisch in die parapsychologische Literatur einzuarbeiten, um sich Klarheit über

Hellsehen, Telepathie, Spuk, mediale Begabung und entsprechende Einflussmöglichkeiten zu verschaffen. Sie lernte viele Menschen kennen, die auf diesem Gebiet Erfahrungen gesammelt hatten. Sie befasste sich eingehend mit Hypnose und Suggestion und erfuhr, welch ungeheure Kräfte der Fremd- und Selbstbeeinflussung darin enthalten sind. Sie glaubte zu erkennen, dass die Überzeugungskraft der Menschen Wunder bewirken kann. Nach vielen Monaten geistiger Auseinandersetzung mit parapsychischen Phänomenen wandte sie sich anderen, handfesteren Interessen zu, die ebenso abenteuerlich waren.

Ganz in der Nähe ihres Wohnortes wurde ein Bienenhaus samt Zubehör zum Kauf angeboten. Sie ließ sich von einem Imker über das Leben im Bienenstaat informieren. Er tat dies so begeistert, dass sie, angesteckt, das Bienenhaus kaufte. Sie erlebte Interessantes mit Bienen und verbrachte jetzt viel Zeit im Bienenhaus, um das Leben der faszinierenden Tiere zu beobachten. Bienen zu halten nimmt viel Zeit in Anspruch. Und es kostet große Arbeit von seiten der Bienenmutter wie der Bienen, bis der Honig duftend auf dem Frühstückstisch steht. Christa ging indessen in die Schule. Der Weg zum Schulhaus war zu Fuß mindestens vierzig Minuten weit. Das war viel zu weit für das Kind und zu gefährlich. Die Mutter führte es deshalb täglich mit ihrem roten Mini zur Schule. Sommer und Winter, bei Regen, durch Schnee und Eis, durch Stürme, Blitz und Hagel. Bald am Morgen, bald am Mittag oder am Abend. Oftmals morgens, mittags und abends, fünf Kilometer hin und fünf Kilometer zurück. In der Zwischenzeit hatte sie das große Haus, einen Garten, einen Hund, manchmal sogar vier Katzen und 20 Bienenvölker zu betreuen. Die Kinder mussten ja nicht nur zur Schule, sondern auch dann und wann zum Arzt oder Zahnarzt gebracht werden und an den schulfreien Nachmittagen zur Klavierstunde. Die Schwiegermutter, die ganz in der Nähe wohnte und zuweilen die Kinder gehütet hatte, war inzwischen weit über achtzig Jahre alt geworden und konnte sie immer weniger in Obhut nehmen. Im Gegenteil, sie litt unter gesundheitlichen Zwischenfällen und war immer mehr auf Annas Hilfe angewiesen. Guido half zwar überall, wo er helfen konnte und es ihm sein Beruf erlaubte. Die damalige Wohnung diente ihm jetzt als Praxis. Er fuhr jeden Tag dorthin zur Arbeit. Seine Frau war eine so genannte grüne Witwe. Langeweile kannte sie allerdings nicht. Im Gegenteil, sie stürzte sich immerzu in neue Aktivitäten. Es gab viele gesellschaftliche Verpflichtungen. Einladungen verpflichteten zu Gegeneinladungen. Sie geriet zusehends mehr in Stresssituationen. Erste Ermüdungen begannen sich in ihrem Tagebuch abzuzeichnen: »Ich bin immerzu auf Höchsttouren beschäftigt. Aber etwas wirklich Wertvolles leiste ich dabei nicht. Oder kann man Putzen, Kinder umherführen, Einladungen organisieren oder an solchen teilnehmen als wertvolle Leistungen bezeichnen? Die Zeit kommt, die Zeit geht. Ich werde älter. Ich bin schon 35. Halbzeit? Mein Spiegel spricht eine deutliche Sprache. Das Spiel der Liebe wird auch spärlicher, weil ein übermächtiges Gefühl der Abgespanntheit die Lust dazu gar nicht aufkommen lässt. Der ganze Winter zieht sich in langen, trüben Nebeltagen dahin. Kein Schnee, keine Sonne. Mein Kopf brummt. Die Schultern schmerzen. Ich weiß nicht, wo der Schmerz beginnt und wo er aufhört. Ich fühle mich krank. Heute bin ich mit Blasenschmerzen aufgewacht. Guido ist lieb und hat mir einen Tee zubereitet und ans Bett gebracht...«

Eine Amsel flog in die Fensterscheibe. Christa hatte den Vorgang beobachtet und eilte zu Mutti: »Ein Vogel hat sich etwas hingelegt«, berichtete sie ihr. »Ist ihm schlecht geworden?« Beim Mittagessen sagte sie zuversichtlich zu ihr: »Er kann dann schon wieder aufstehen, wenn Du ihn geflickt hast.« Mutti konnte ihn aber nicht flicken, und er stand nicht mehr auf. Sie beerdigten ihn feierlich im Garten und schmückten sein Grab mit Blumen. Das war die erste Begegnung der

Kinder mit dem Tod. Sind solche Zeichen Vorboten? Es gab noch ein anderes erschütterndes Zeichen des Todes, das die ganze Familie betraf. Als Guido und Anna eines Nachts in der Morgenfrühe von einer Hochzeitsfeier heimkehrten, lag Mikesch, der Schmusekater und Liebling aller, tot auf der Straße. Er war an der gleichen Stelle verunglückt wie vor einem Jahr seine Großmutter Muschi, die silbergraue, stolze vielfache Katzenmutter. Und jetzt Mikesch, der kleine Tollpatsch und Familienclown. Der Sinn seines kurzen Lebens war es, auf Zuwendung zu warten. Er hatte an jenem Abend schon lange auf sie gewartet. In Erwartung ihrer Heimkehr lief er vor ein falsches Auto. Anna nahm ihn traurig auf die Arme. Tot noch wirkte er drollig mit seinen kurzen stämmigen Beinchen, dem zu großen Kopf, den riesigen, bernsteinfarbenen Augen und dem getigerten, seidenweichen Fell.

Die Kinder weinten, als sie ihnen am Morgen die traurige Nachricht eröffneten. Vor allem Peter. Denn Mikesch war sein Kater, den er innig liebte. Mikeschs Bruder, auch ein Tigerli, gehörte Christa. Die Mutter der beiden heißt Mitze. Sie ist schwarz wie die Nacht mit gelben, leuchtenden Augen. Anna hängte ihr eine kleine Glocke um den Hals, damit die Vögel gewarnt wurden, wenn sie sich anschlich. Sie begleitet sie jeden Morgen ins Badezimmer und schaut ihr bei ihrer Toilette zu. Der Airdale »Sämi« und Mitze sind dick befreundet. Sie wäscht ihm jeweils mit der Zunge die verschmierten Augen und das ganze Gesicht dazu. Manchmal bringt sie ihm Mäuse nach Hause und legt sie ihm vor die Schnauze. Sie konnte ihn freilich noch nie dazu bewegen, sie auch wirklich zu verspeisen. Als die Kinder am folgenden Tag von der Schule nach Hause kamen, fand die traurige Katzenbeerdigung statt. Mikesch wurde in einer Schuhschachtel neben dem Grab der Amsel beigesetzt. Es befindet sich nämlich dort ein kleiner Tierfriedhof, wo inzwischen ein Mäuschen, eine Kohlmeise und sogar ein Maikäfer begraben sind. Weil dieser Sommer besonders warm und sonnenreich war, konnte Anna dreimal Honig ernten. Dann musste sie die Bienen mit Zuckerwasser füttern. Das Hin und Her mit dem kleinen Leiterwagen auf dem holperigen Feldweg war recht anstrengend. Trotz des schönen Wetters waren die Kinder öfter krank. Erst Bronchitis mit wochenlangem Husten Tag und Nacht. Dann erkrankte Peter an einer Mittelohrentzündung mit Durchbruch ins Trommelfell. Christa wurde auf dem Spaziergang von fünf Wespen gestochen. Anna selber erkrankte an einer Magen-Darmgrippe und schließlich wachte Guido morgens mit einer heftigen Nierenkolik auf. Zum Glück handelte es sich um einen kleinen Stein, der noch am gleichen Tag ausgeschwemmt werden konnte. Im Spätherbst auf dem Heimweg von einem Einkaufsbummel hatte die ganze Familie ein merkwürdiges Erlebnis. Sie erblickten eine seltsame Erscheinung am Himmel. Zuerst glaubten sie, es sei der Mond. Dieser erschien ihnen aber so außerordentlich, dass sie ihren Wagen stoppten und ausstiegen. Ein deutlich sichtbares rötliches Licht bewegte sich aus südöstlicher Richtung am Nachthimmel auf sie zu. Über dem Licht war eine Rundung, die aussah wie ein Ballon oder eine Scheibe. Die Scheibe war weiß und nur schwach beleuchtet. Einmal schien das Flugobjekt still zu stehen, dann machte es eine tolle Zickzackfahrt auf kleinem Raum, bald hin und her, bald tiefer, bald höher und kam dabei immer näher. Es war nichts zu hören. Plötzlich bewegte sich das Ding mit großer Geschwindigkeit über sie hinweg. Es war unheimlich, und alle fürchteten, es könnte abstürzen oder über ihnen explodieren. Das Phänomen entfernte sich rasch nach Norden und war, obwohl es in den Wolken verschwand, noch lange sichtbar.

Die unberührte Naturlandschaft, in der die kleine Familie jetzt wohnte, wurde vielfach bedroht. Störende Gebäude wurden erstellt. Schutt- und Pneuablagerungshalden verwundeten Wiesen und Wälder. In einer Entfernung von nur wenigen Kilometern wurde ein Sportflugplatz gebaut, von wo aus sich eine Lärmbrühe über die ganze Region ergoss. Guido liebte die Stille und Unberührtheit dieses einmaligen Naturreservates so sehr, dass er nicht tatenlos zusah, wie sich die Verwüstungen ausbreiteten. Er ließ in der Zeitung ein Inserat erscheinen, um Gleichgesinnte zu suchen, die bereit waren, mit ihm zu kämpfen. Es gelang ihm, eine aktive Mannschaft um sich zu bilden. Sie organisierte schon bald eine Pressekonferenz, an der sie über die Vorgänge orientierte. Das Fernsehen interessierte sich, und der Rundfunk strahlte ein Interview mit Guido aus. Alles zu einer Zeit, wo noch selten jemand von Umweltschutz sprach. Es regte sich Widerstand von Seiten wirtschaftlicher Kreise und der Flugplatzbesitzer. Sie waren nicht zimperlich in ihren Angriffen. Anna selber wurde, ob sie wollte oder nicht, mit in den Strudel der Auseinandersetzungen hineingerissen. Sie trug die Unannehmlichkeiten mit und verstrickte sich in das Für und Wider der unzähligen Unternehmungen.

Sie sammelte mit dieser Mannschaft, die übrigens nur aus Männern bestand, in der ganzen Gegend Unterschriften, die später der Regierung als Petition unterbreitet werden sollten. Sie durchstreifte an schönen Sonntagen mit Guido die Wälder, um Ausflügler anzusprechen und sie von der Notwendigkeit zu überzeugen, dieses Erholungsgebiet zu schützen. Sie begleitete die Mannschaft zu Oster- und Pfingstmärkten in verschiedenen Dörfern, wo sie die Menschen über Sinn und Zweck der Unterschriftensammlung orientierte und das Bewusstsein für die Umwelt wachrief. Sie vermochte einige Frauen zu bewegen, mit ihr zusammen Kuchen zu backen, um sie am Marktstand zu verkaufen und die Leute, so wie die Bauern die Mäuse mit Speck fangen, mit Süssigkeiten anzuziehen. Mit dem Verkauf des Gebäcks konnten die Unkosten gedeckt werden. Es gab immer wieder Volksansammlungen vor ihrem Verkaufs- und Informationsstand, wo heftig diskutiert und zum Teil sogar gestritten wurde. Es war neben allen anderen Aufgaben eine für sie bewegende und ebenso kräfteverzehrende

Tätigkeit, durch die sie mit vielen Menschen in Berührung kam, aber auch in die Abgründe menschlicher Aggressivität, Uneinsichtigkeit und Bosheit hinabschauen musste. Auch wenn die ganze Familie unglaublichen Gemeinheiten ausgesetzt wurde, lohnte sich der Einsatz doch. 5000 Unterschriften ergaben zusammen mit der gezielten Öffentlichkeitsarbeit ein Gewicht, das auf die Behörden einen beträchtlichen Druck ausübte. Die zerstörerischen Einflüsse wurden in der Tat eingeschränkt, und der Rest der Landschaft konnte unversehrt erhalten werden. Wie ein Blitz aus heiterem Himmel traf sie eines Tages, als sie gerade das Mittagessen kochte, der Telefonanruf der Schwester, dass ihre Mutter wohl sehr schwer erkrankt sei. Sie konnte seit Tagen nicht mehr essen. Sie suchte den Arzt auf, der ihr riet, sich sofort operieren zu lassen. Es handelte sich offenbar um einen bösartigen Magentumor.

Jetzt begann für Anna eine Zeit ängstlicher Sorge um ihre gute Mutter. Eine stille Frau, die immer bescheiden und zufrieden ihre Pflicht in der großen Familie getan hatte. Der Magen musste ganz entfernt werden. Es wurden zudem Lungenmetastasen festgestellt. Sie durfte trotzdem das Spital wieder verlassen. Nach anfänglicher Besserung des Zustandes traten erneut Störungen auf. Anna entschloss sich im Einvernehmen mit ihrem Mann, zur Mutter nach Hause zu fahren, um ihr wieder einmal ganz nahe zu sein und ihr in ihrer Krankheit beizustehen. Als sie ihr erstmals begegnete, spürte sie ihre Not und erkannte sogleich das nahende und wohl unabänderliche Ende. Der Vater war hilflos. Er wusste weder der Mutter beizustehen, noch sich selber zu helfen. Die beiden konnten nicht miteinander über ihre Elend sprechen. Keiner wusste vom anderen, wie gut es über den Ernst der Situation orientiert war. Anna versuchte, sie ins Gespräch zu bringen. Aber die Stimmung war so gedrückt, dass auch sie nicht die richtigen Worte fand. Und wenn sie mit dem Vater am viel zu groß gewordenen Familientisch das Essen einnahm, konnten beide oft nur unter Tränen das Spärliche hinunterwürgen, das sie gekocht hatte. Mutter saß stundenlang am Fenster und schaute Totenbildchen Verwandter und Bekannter an. Sie erzählte dabei immer wieder von ihrer Stiefmutter. Wie sehr sie ihre eigenen Kinder bevorzugt und sie selber benachteiligt und schlecht behandelt hatte. Sie versuchte ihre Stiefmutter zu verstehen und wollte die schweren Verletzungen ihrer Jugend abstreifen. Der Umstand, dass diese ohnehin ein klägliches Dasein gefristet und es mit den alltäglichen Sorgen schwer gehabt hatte, schien sie mit ihr zu versöhnen. Sie quälte sich aber mit Schuldgefühlen anderer Art. Immer wieder fragte sie, ob sie schuld daran sein könnte, dass Beppo nach der Kinderlähmung nicht wieder ganz gesund geworden war. Ob sie mit ihm vielleicht doch zu spät zum Arzt gegangen sei? Dass das Kind, das sie tot zur Welt gebracht hatte, nicht getauft worden war, machte ihr ebenfalls zu schaffen. Anna hörte zu. Das war jetzt das Wichtigste: Da sein und Zuhören. Sie erfuhr von ihr, dass ihre Hauptsorge nicht das Sterben, sondern vielmehr der Vater sei, der es wohl schwer habe, ohne sie auszukommen. Anna wurde mitten in der Nacht geweckt und ans Sterbelager gerufen. Als sie das Zimmer betrat, hob die Mutter wie ein Priester die rechte Hand zum Segen und sprach: »Der Herr segne alle meine Kinder«. Man hörte den Stundenschlag der Uhr. »Wieviel Uhr ist es?« fragte sie die Anwesenden. »Zwölf Uhr«, antwortete jemand. »Dann möchte ich mich jetzt von euch verabschieden. Ich werde sterben« gab sie zu verstehen. Zum Vater gewandt sagte sie: »Für dich ist es noch nicht Zeit. Jemand muss dableiben. Ich werde jeden Tag bei dir sein.« Unterdessen waren die meisten Kinder im Zimmer versammelt. Jedes reichte der Sterbenden die Hand und sagte auf Wiedersehen. Sie kannten die Mutter gar nicht von dieser souveränen Seite. Sie war weit über sich selbst hinausgewachsen. Sie verbreitete eine feierliche Atmosphäre um sich und saß wie eine Königin im Bett, bis sie sich nach dem letzten Händedruck in die Kissen zurücklegte. Sie winkte immer wieder mit beiden Händen zum Abschied. Als der Morgen dämmerte, verfiel sie in die letzte Phase der Agonie. Im Lauf des Tages fanden sich schließlich alle am Sterbebett ein. Genau um halb sechs Uhr abends hob sie ein wenig den Kopf, wie wenn sie aus dem Fenster schauen wollte und sank wieder in die Kissen zurück. Zwei von Annas Schwestern, die erst an diesem Morgen nach Hause gekommen waren, hatten in der Nacht seltsame Erfahrungen gemacht. Die ältere von ihnen hörte, wie jemand in die Stube trat, sodass sie erwachte. Sie vernahm ganz deutlich die Stimme der Mutter: »Ich gehe jetzt!« Sie glaubte, darin ihr letztes Zeichen zu erkennen. Eine andere Schwester erzählte von einem traumähnlichen Erlebnis in derselben Nacht. Das Telefon läutete. Sie nahm den Hörer ab. Die Mutter meldete sich und teilte ihr mit, dass sie nunmehr alles Schlimme ihrer Krankheit hinter sich gelassen hätte und nur noch ein kleines Stück Weges geradeaus gehen müsse. Wer weiß, welche Möglichkeiten Menschen beim Übergang ins Niemandsland zwischen Himmel und Erde gegeben sind?

Gleich nach der Beerdigung kehrte Anna mit Mann und Kindern wieder ins Landhaus zu Garten und Tieren zurück. Alles sollte wieder wie vorher weitergehen. Sie kam aber als eine andere nach Hause. Vieles kam ihr jetzt als unnützer Kleinkram vor im Verhältnis zu den dramatischen Ereignissen von Leben und Tod, denen sie in den vergangenen Tagen beigewohnt hatte. Sie verspürte das Bedürfnis, immer und immer wieder über alles zu sprechen, was sich rund um das Sterben ihrer Mutter zugetragen hatte. Aber niemand schien an einem Gespräch über den Tod interessiert zu sein. Allmählich behielt sie ihre Gedanken für sich. Und es wurde ihr bewusst, wieviele Menschen nach dem Verlust eines lieben Angehörigen mit ihrem Schmerz und mit all den Fragen, die sie bewegen, allein gelassen werden. Die Zeit verstrich. Es wurde Anna nun immer deutlicher, dass sie ihre Mutter nie mehr sehen würde.

Sie überlegte immer von neuem, ob sie wohl alles richtig gemacht oder das Leben der Verstorbenen doch noch mit etwas hätte verlängern können. Zuweilen fiel die Vorstellung eines möglichen ewigen Lebens wie ein Lichtstrahl ins Dunkel ihrer Selbstvorwürfe und Heimwehgefühle. Der Alltag vermochte die Wunde, die durch den Verlust der Mutter geschlagen wurde, nicht so schnell zu heilen. Das äußere Leben funktionierte zwar weiter, obwohl das Herz blutete. Auch Maria und Peter fehlte die Großmutter, hatte sie sie doch ganz besonders ins Herz geschlossen. Das Schicksal der Hilflosigkeit und Verlorenheit, in der die Kleinen während der ersten Wochen ihres Lebens ohne Vater und Mutter und ohne jede Liebe aufgewachsen waren, hatte sie tief berührt. Sie hatte auch Guido mit ganz besonderer Aufmerksamkeit und Zuneigung dafür belohnt, dass er ihre Tochter so sehr liebte und die Größe hatte, um ihretwillen auf leibliche Kinder zu verzichten. Erinnerungen, die ihre Trauer bald vertieften und bald wieder milderten. Jedenfalls war es gut für sie, schon bald mit der Familie zur Erholung in die Berge zu fahren. Das lange Wandern in der würzigen Bergluft, die Begegnungen mit Kühen und Ziegen auf den Alpweiden ließen ihren grüblerischen Geist zur Ruhe kommen und schenkten ihrem erschöpften Körper neue Kraft. Die Kinder überschütteten sie mit Liebe und kleinen Aufmerksamkeiten. Sie waren inzwischen alt genug, um zu erkennen, wie schlimm es auch für sie wäre, ihre Mutter zu verlieren. Wieder nach Hause zurückgekehrt, schien das Leben zunächst in geordneteren und ruhigeren Bahnen zu verlaufen. Ruhe und Geordnetheit waren jedoch trügerisch. Während der nächsten Wochen zeichnete sich ein neues Drama ab. Die Schwiegermutter erkrankte ernsthaft. Gallenkoliken zehrten zunächst an ihrer Gesundheit. Eine schwere Lungenentzündung schwächte ihre Kräfte. Ein leichter Schlaganfall verschlimmerte den Zustand. Es vergingen Wochen, bis sie wieder allein gehen konnte. Guido setzte der allmähliche Zerfall seiner Mutter heftig zu. Es beruhigte ihn, ganz in ihrer Nähe zu wohnen und sie immer wieder besuchen zu können. Vor allem aber, dass Anna mit ihrer Erfahrung als Krankenschwester, mit Ruhe und Sanftheit alles im Griff zu haben schien.

Trotz großer Gegensätze und fast 50 Jahren Altersunterschieds verband die zwei Frauen eine erstaunliche Übereinstimmung. Die Schwiegermutter war klein und füllig, lebhaft, extravertiert und allen schönen Dingen zugetan. Sie lachte spontan mit den Fröhlichen und trauerte in Tränen mit den Trauernden. Sie fürchtete sich vor unrealistischen Gefahren genauso wie sie vorerst alles kritiklos glaubte, was man an sie herantrug. Anna selber war schlank und groß gewachsen, eher zurückhaltend und allem gegenüber kritisch eingestellt. Sie begegnete jeder Situation ruhig und gelassen. Sie gab kaum Einblick in das, was in ihr vorging. Die Beziehung beider war durch gegenseitige Achtung gekennzeichnet. Jede akzeptierte das Anderssein der anderen. Jede erkannte gerade in den Unterschieden die Vorzüge und Stärken der anderen.

Die Schwiegermutter nahm in ihrem hohen Alter immer noch am Geschick des Bauernhofes teil, auf dem sie wohnte. Kaum hatte sie nach einer Krankheit das Bett verlassen, stürzte sie sich wieder voll in den Haushalt und andere Arbeiten. Sie beschenkte in weitem Umkreis Verwandte und Bekannte mit selbstgebackenem Kuchen, feinen Zöpfen aus dem Holzofen oder mit Gemüse aus dem eigenen Garten. Als Guido mit seiner Familie in ihre Nachbarschaft zog, nahm sie alle sogleich wie eine Glucke unter ihre Flügel. Mitten in einem heftigen Gewitter stand sie auf einmal vor der Haustüre ihrer Schwiegertochter, um nachzusehen, ob sie sich bei diesem Blitz und krachenden Donner nicht fürchte, da ja Guido nicht zu Hause war. Anna fürchtete sich jedoch nie vor Gewittern und musste herzlich lachen, als sie die tropfnasse Frau zitternd und bei jedem Donnerschlag zusammenzuckend vor sich sah. Das war bezeichnend für die liebenswürdige Frau, die die Kinder Grosi nannten, wie sie eigene Ängste oft überwand, um anderen in ihrer, wenn auch nur vermeintlichen Angst beizustehen. Nachdem sie sich davon überzeugt hatte, dass alles in Ordnung und das Gewitter vorbei war, begleitete Anna sie mit dem Regenschirm nach Hause. Genau so spontan wie sich die Schwiegermutter um die Schwiegertochter und ihre Familie kümmerte, eilte diese, wenn es ihr notwendig erschien, ins Nachbarhaus, um zum Rechten zu sehen.

Es war etwa zwei Uhr nachts, als Guido und Anna durch einen Telefonanruf aus dem Schlaf geweckt wurden. Guidos Schwester meldete sich ganz verzweifelt. Der Mutter sei etwas zugestoßen. Sie wisse sich nicht zu helfen. Sie sollten doch so rasch als möglich zu Hilfe kommen. Anna war bereits angezogen, als Guido den Hörer auflegte. Sie eilte durch die neblige Nacht und stand nach zwei Minuten am Bett der Kranken, die mit vor Angst weit aufgerissenen Augen vergeblich zu sprechen versuchte. Anna erkannte sogleich, wovon sie ihr erzählen wollte. Sie wollte ihr mitteilen, dass jetzt das Schlimmste eingetreten sei, was sie je befürchtet hatte: Sie habe die Sprache verloren. Und so war es. Es gelang, sie allmählich zu beruhigen. Aber es zeigte sich bald, dass Grosi durch einen zweiten Schlaganfall getroffen worden war, durch den sie zudem rechtsseitig gelähmt wurde. Sie konnte weder essen noch trinken. Der Zustand war sehr ernst, und man musste mit dem Tod rechnen. Der herbeigerufene Arzt wies sie ins Krankenhaus ein. Die dortigen Ärzte machten keine Hoffnung auf Besserung. Dennoch durfte sie nach sechs Wochen das Spital wieder verlassen, weil Anna ihr bei sich zu Hause ein Zimmer einzurichten und sie dort mit Hilfe ihrer Schwägerin zu pflegen bereit war. Man musste auch jetzt weiterhin mit dem Tod rechnen. Anna wollte ihr diesen aber in vertrauter Umgebung und in der Obhut ihrer liebsten Menschen ermöglichen. Die Tage vergingen zwischen Hoffen und Bangen. Was Anna in den kommenden sechs Monaten erlebte, überstieg bei weitem alle Belastungen ihres bisherigen Lebens. In den ersten Wochen war die Kranke hilflos wie ein Säugling. Sie musste fast ununterbrochen rund um die Uhr betreut werden. Zunächst wurde sie durch Infusionen ernährt. Mit unendlicher Geduld kam sie mit Hilfe ihrer Tochter wieder soweit, dass sie durch den Mund ernährt werden konnte. Der Lebenswille der erstaunlichen Frau ermöglichte es ihr sogar, wieder etwas gehen zu lernen. Die Sprache aber wurde ihr nicht wieder geschenkt. Auch schriftlich konnte sie sich trotz immer neuer Versuche nicht wieder mitteilen. Sie lernte jetzt die Sprache der Hände und der Augen. Sie vermochte vieles mit dem Gesicht auszudrücken, in dem sie Anteilnahme, Verstehen und Trauer lebendig widerzuspiegeln verstand, sodass eine Kommunikation mit ihren nächsten Angehörigen immer besser möglich wurde.

Am Ende der Kräfte – der böse Traum.

Annas Kräfte verzehrten sich. Körper, Seele und Geist ermüdeten. Ihre Persönlichkeit verlor Licht und Glanz. Sie war nicht mehr imstand, weder sich zu freuen noch zu leiden. Sie war zu müde, sich gegen Schmerzen, die sie überall plagten, aufzulehnen oder mit jemandem darüber zu sprechen. Der lang andauernde Kräfteverschleiß ließ sie in eine unendliche Erschöpfung geraten. Guido musste immer länger auf ein Zeichen der Liebe oder Hingabe warten. Er drängte sie nie. Sie spürte jedoch, wenn er enttäuscht war. So geschah es eines Abends, dass er nicht mehr mit ihr sprach und ihr den Rücken kehrte. Am nächsten Morgen erschien er nicht zum Frühstück. Er fuhr weg, ohne ihr wie sonst zu winken. Traurigkeit überfiel sie. Warum glaubt er mir nicht, wenn ich ihm sage, dass ich am Ende bin. Warum hilft er mir nicht, meine Probleme zu formulieren? Warum liebt er mich nur, wenn ich hübsch und strahlend, tapfer, tüchtig, selbstlos und bewundernswert bin? Was, wenn ihm eines Tages eine hübschere, tüchtigere und bewundernswertere Frau begegnet...? Anna fragte sich, ob sie es verantworten konnte, sich bei der Pflege der Schwiegermutter, so sehr sie sie liebte, so zu ruinieren, dass sie ihrem Mann nicht mehr Frau und ihren Kindern nicht mehr Mutter zu sein vermochte. Die Sorgen um Leib und Seele, um Ehe und Kinder zermürbten sie und ließen sie eines Nachts ihre Situation ganz deutlich in einem Traum erkennen. Sie befand sich zuoberst in einem Hochhaus bei einem Friseur, der ihre Haare nicht einfach frisierte, sondern richtig ordnete. Er ging auf einmal weg und ließ sie allein zurück. Sie entdeckte, dass ihre Handtasche leer war. Geld, Pass und Führerschein waren verschwunden. Sie entschloss sich zu fliehen. Als sie mit dem Fahrstuhl unten angekommen war, um das Haus zu verlassen, war alles zugesperrt. Sie zertrümmerte die Glastüre und entkam. Sie rannte durch Straßen. Die Taxis waren alle besetzt. Sie floh durch die Stadt und fühlte sich von allen vorbeifahrenden Autos bedroht. Sie rettete sich mit einem Sprung vor einem Lastwagen, dessen Fahrer wie wild hinter ihr herfuhr und sie überfahren wollte. Sie versuchte als letzte Möglichkeit, sich zu retten, ein Ambulanzfahrzeug anzuhalten. Erst nach langem Betteln und als man sah, dass sie am Ende ihrer Kräfte war, liess man sie einsteigen.

Die Glückshaut im Märchen

Das Märchen »Der Teufel mit den drei goldenen Haaren« erzählt die Geschichte eines Knaben, der mit einer Glückshaut geboren wurde. Die Eihaut umgibt das Kind im Mutterschoß und wird beim Geburtsvorgang normalerweise abgestreift. Wenn sie jedoch, nachdem die Fruchtblase aufgegangen ist, erst in letzter Minute gesprengt wird und wie ein Häubchen auf dem Kopf des Neugeborenen liegen bleibt, spricht man von einer Glückshaut. Sie muss dann vom Gesicht entfernt werden, damit das Kind atmen kann. Das kommt nur selten als etwas ganz Besonderes vor und weist deshalb auch auf ein besonderes Schicksal hin. Nach isländischem Volksglauben wird zum Beispiel die Lebenskraft, die in der Glückshaut steckt, zu einem guten Geist, der das Kind durchs Leben begleitet. Ein Glückskind wird nicht nur reich und berühmt, sondern zeichnet sich dadurch aus, dass ihm alles gelingt. Es kann sogar nach dem Handwörterbuch des deutschen Aberglaubens »geistersichtig« werden[8].

Wenn die Glückshaut als guter Geist gedeutet werden kann, dann meint Geistersichtigkeit, dass das Kind der Welt, aus der die Glückshaube kommt, immer noch verbunden bleibt. Es gehört weiterhin der geheimnisvollen Sphäre des Lebens an: dem Umhüllenden, dem nährend und bewahrend Mütterlichen. Es ist mehr als andere schicksalshaft mit dem mütterlich Unbewussten verbunden, aus dem es schöpft und Dinge sieht, die die leiblichen Augen nicht zu sehen vermögen. Ein solches Kind ist deshalb ein Leben lang von einem guten mütterlichen Geist begleitet, aus dem heraus es sich dem Leben selbstbewusst, vertrauensvoll und mutig stellt und dabei Glück erlebt. »Es war einmal eine arme Frau,« heisst es im »Märchen vom Teufel mit den drei goldenen Haaren«. »Die gebar ein Söhnlein, und weil es eine Glückshaut um hatte, als es zur Welt kam, so war ihm geweissagt, es werde im vierzehnten Jahr die Tochter des Königs zur Frau haben. Es trug sich zu, dass der König bald darauf ins Dorf kam und als er die Leute fragte, was es Neues gäbe, so antworteten sie: Es ist in diesen Tagen ein Kind mit einer Glückshaut geboren worden: was so eines unternimmt, das schlägt ihm zum Glück aus...

Der König aber wollte nicht, dass der Knabe je seine Tochter erhielt. Er legte ihn in eine Schachtel und setzte ihn im tiefen Wasser aus. Die Schachtel aber ging nicht unter und blieb an der Wehr einer alten Mühle hängen. Das Kind wurde entdeckt und von den Müllersleuten großgezogen. Es geschah, dass es vom König wiederum gefunden wurde. Er schrieb einen Brief und trug dem Jungen auf, ihn der Königin zu überbringen. Darin stand, dass er, sobald er den Brief am Hof abgebe, getötet werden sollte. Auf der Reise zur Königin geriet er in einem dichten Wald unter Räuber, die aber Mitleid mit ihm hatten und seinen Brief dahingehend fälschten, dass er, sobald er der Königin den Brief überbrachte, die Tochter sofort heiraten soll. Das geschah denn auch. Als der König nach Hause kam und die Tochter mit dem Jungen vermählt vorfand, entbrannte sein Zorn. Er befahl dem Knaben, in die Hölle zu gehen und ihm drei goldene Haare des Teufels zu bringen, dann gehöre die Tochter ihm. Er versuchte ihn auf diese Weise endgültig loszuwerden. Das Glückskind aber antwortete: ›Die goldenen Haare will ich wohl holen, ich fürchte mich vor dem Teufel nicht.‹ Es gelang ihm denn auch, dem König die drei goldenen Haare zu bringen und ihn zugleich durch einen Trick unschädlich zu machen.

In unserem Fall handelt es sich nicht um einen Knaben, sondern um ein Mädchen, dem die Glückshaut geschenkt wurde und das nach dem ihm verheißenen Königssohn sucht. Der König erscheint hier meines Erachtens als die negative Seite des Schicksals. Ich bin im doppelten Sinn ein Königssohn. Zuerst bin ich auch ein Sohn des Schicksals und seiner doppelgesichtigen Unberechenbarkeit unterworfen. Dann aber bin ich wohl auserwählt und in die Lage versetzt, dem Mädchen als sein Prinz geheime Wünsche und Sehnsüchte zu erfüllen. Es wird jedoch wie der Knabe im Märchen auf der Suche nach mir immer wieder auf gefährliche Weise vom Tod bedroht. In der ersten, der zweiten und dritten Operation, die die gefährlichste war und in der sie sowohl den Teufel als auch das Schicksal zu überlisten hatte. Es gelang ihr, und sie lebte 25 Jahre lang glücklich als Prinzessin mit mir, ihrem Königssohn, zusammen. Die letzte Bedrohung, jedoch, der wir schließlich ausgesetzt waren, vermochten wir trotz vereinter Kräfte nicht zu bewältigen.

Das Glück fällt dem Glückskind nicht in den Schoß. Es muss es immer aufs Neue erkämpfen. Es muss Gefahren überwinden und das Leben riskieren, um es zu finden. Seine Glückshaut wird ihm zur großen Herausforderung, die anzunehmen ihm erst zum Glück verhilft.

Anna wurde mit einer Glückhaut geboren. Sie war in der Tat eine Frau mit gesundem Vertrauen zu sich selbst, zu den Menschen und in ihr eigenes Schicksal. Sie packte das Leben vertrauensvoll und mutig an. Was ich an ihr besonders bewundere, war ihre Unerschrockenheit, alle schwierigen Lebenssituationen zu meistern. Sie fürchtete sich wirklich vor nichts. Sie fürchtete den Teufel nicht und war imstand, ihm mit denselben Tricks wie der Märchenknabe die drei Haare zu entlokken und ihn dazu immer wieder unschädlich zu machen. Sie schien auch Dinge, die andere nicht sahen, mit dem Herzen zu sehen. Es gibt jedoch Situationen im Leben eines Glückskindes, in denen der Schutz der Glückshaut versagt und es wie jeder Mensch der Not alles Vergänglichen ausgeliefert wird. Da helfen weder Mut, noch Selbstbewusstsein, noch Vertrauen ins Schicksal. Vertrauen ins Schicksal eines glücklichen Lebens wird dann zur Hoffnung eines geglückten Sterbens. Ich möchte versuchen, Annas Traum zu deuten, mit dem sie ihre autobiographischen Notizen gezwungenermaßen oder schicksalsbestimmt abbrechen musste. Ich weiß sehr wohl, dass die Deutung eines Traumes zuerst der Interpretation der Träumerin bedürfte. Ich konnte sie jedoch nicht mehr dazu befragen. Ich empfehle meinen Patienten, ihren Träumen Titel zu geben, um deren Kernanliegen herauszufiltern. Ich betitle den Traum mit: »Versuch, die Gedanken zu ordnen«, oder »Rationaler Bewältigungsversuch einer verzweifelten Lebenssituation«. Oder: »Verlassen«, »Erfolglos«, »Ausgeraubt«, »Flucht«, »Eingesperrt«, »Bedrohung«, »Verfolgt« oder: »Gedemütigt«. Alle Begriffe deuten auf eine schwere Lebenskrise hin. Im Hochhaus ihres Verstandes, im Gehirn, ist ein Chaos ausgebrochen, das sie zu ordnen versucht. Es glingt nicht. Denn ein Tumor wächst dort. Die Kraft ihres Geistes, mit dem sie es versucht, hat sie verlassen. Das war schlimm für sie, die das meiste mit ihrem scharfen Verstand löste. Sie erwartete, dass ich ihr helfe. Vielleicht bin ich ihr Friseur. Aber sie fühlte sich von mir verlassen. Ich floh und ließ sie allein. Ich wollte ja nicht sehen, was geschah. Ihre Handtasche war leer. Ihre Identität ging verloren, ihre Fähigkeit, Familie, Ehe, Haushalt und das eigene Leben zu führen, versiegte. Sie hatte keine Kräfte mehr zur Verfügung. Sie war ausgeraubt. Sie entschloss sich, in den unteren Bereich ihrer Gefühle und Kraftreserven zu fliehen. Dort fühlte sie sich jedoch jetzt wie im Gefängnis eingesperrt. Wo die Quelle ihrer

Geistersichtigkeit und Intuition entsprang, herrschte jetzt Verzweiflung. Sie bricht gewaltsam aus ihrer Introvertiertheit aus. Aber auch in der Außenwelt findet sie keine Hilfe und keinen Zufluchtsort, sondern nur mehr Gefahr und Bedrohung. Es ist, wie wenn sich ihre Glückshaut in eine Schlinge verwandelte, die sich immer enger um ihren Hals schnürte und aus der sie niemand befreien konnte. Die stolze Frau bettelt um Aufnahme in ein Ambulanzfahrzeug, das sie schließlich zur Endstation ihres Lebensweges fährt.

Noch während ihres kurzen, jedoch erfolglosen Klinikaufenthaltes bat sie den Arzt bei einem seiner Besuche, ihr doch in der Bibliothek das Märchen vom Teufel mit den drei goldenen Haaren zu beschaffen. Sie las es immer wieder und schöpfte dabei Mut, auch diese bis jetzt schwerste Krise und Prüfung ihres Lebens dank ihrer Glückshaut zu bestehen. Ihr Weg war jedoch zu Ende. Das letzte Glück, das ihr beschieden war, war die unbeschränkt liebevolle Pflege und Fürsorge, die sie über Monate zu Hause erfuhr. Wir lasen ihr jeden Wunsch von den Augen ab. Sie war rund um die Uhr von aufmerksamer Liebe und Zärtlichkeit eingehüllt... Bis in die letzten Tage war es ihr vergönnt, sich an der Zuwendung unserer Familie und ihrer Schwestern am Leben zu freuen, sogar zu lachen und sozusagen alles an Liebe zurückzuempfangen, das sie verschenkt hatte.

Wird ein Glückskind mehr herausgefordert als andere Kinder? Besteht Glück von Glückskindern vielleicht in der Fähigkeit, ein ganz besonders schwieriges Schicksal besonders gut zu meistern? Dass sie sich im Vertrauen auf ihr Schicksal den schwierigsten Herausforderungen von Leben und Sterben stellen, macht sie vielleicht zu Glückskindern. Glückskinder sind aber nicht nur selber glücklich. Sie machen durch ihr Glück auch andere glücklicher. Dass unsere Kinder und ich jahrelang ein überaus glückliches Leben erlebten, das uns trotz aller Trauer immer wieder einholt, verdanken wir der Glückshaut meiner Frau, die, wie mir scheint, uns bis heute bedeckt.

Meine persönliche Erfahrung von Liebe und Trauer

Was für den Einzelnen Identität ganz persönlich bedeutet, kann ich nicht theoretisch darlegen. Die Identität eines jeden von uns ist die Folge von Geschichten, in die er im Lauf seines Lebens verstrickt wurde. Sie sind ihm, ob er wollte oder nicht, schicksalshaft widerfahren. Wer seine Identität ergründen will, muss seinen eigenen Geschichten nachspüren. Er muss vor allem die Geschichte seiner Liebe und seiner Trauer vergegenwärtigen, die ihn von allen anderen abhebt und seine Einmaligkeit begründet. Ich möchte erzählen, wie ich ganz persönlich im Begegnungsprozess von Liebe und Trauer Identität erfuhr.

Die Geschichte meiner Liebe

Ich wurde auf einem abgelegenen, romantischen Bauernhof geboren. Tag und Nacht rauschte ein Bach an unserem Haus vorbei. Wälder bargen Geheimnisse und wehten die Melodien der Natur an meine Ohren. Ich war ein verbotenes Kind. Der Arzt hatte meine Mutter nach fünf Geburten wegen Herzbeschwerden vor einer neuen Schwangerschaft gewarnt. Wenn ich an meine frühe Kindheit denke, fallen mir zwei Erinnerungen ein. Ich sehe mein Kinderbett vor mir. Es stand im Elternschlafzimmer neben dem grünen Kachelofen. Ich dürfte etwa zwei Jahre alt gewesen sein. Es war Nacht. Der Vater und die Geschwister eilten aufgeregt durch das Zimmer. Sie versammelten sich immer wieder um meine Mutter. Ein fremder Mann war da. Es war der Hausarzt, der sich eifrig um sie bemühte. Ich hatte durch mein plötzliches Aufschreien bei ihr eine Herzkrise ausgelöst. Die turbulente Szene prägte sich unvergesslich als früheste Kindheitserinnerung in mich ein. Sie enthält die Angst, meine Mutter zu verlieren und das Schuldgefühl, beinahe ihren Tod verursacht zu haben. Beides verunsicherte mich gleich zu Beginn meines Lebens und entwickelte kompensatorisch ein starkes Bedürfnis, der Mutter immer nahe zu sein.

Es gibt eine zweite Kindheitserinnerung, die in engem Zusammenhang mit der ersten steht und etwa aus meinem vierten Lebensjahr stammt. Vater und Mutter trafen in der Stube mit einem Fremden zusammen. Sie besprachen mit ihm Geldfragen. Offenbar handelte es sich bei ihm um einen Versicherungsbeamten. Ich hatte auf einmal Angst, sie wollten mich um Geld dem Fremdling verkaufen. Ich fing an zu weinen und umfasste verzweifelt die Knie meiner Mutter. Erst nach eindringlichem Fragen konnte ich den Eltern den Grund meiner Verzweiflung erklären. Sie vermochten meine Verzweiflung nicht zu verstehen und beteuerten mir immer wieder, dass sie mich nie um alles in der Welt jemandem verkaufen würden, da sie mich sehr liebten. In der Tat hätte ich, aus ihrem Verhalten zu schließen, nie Grund gehabt, so etwas Schreckliches anzunehmen. Wahrscheinlich stand die Angst der Mutter, mich unter der Warnung des Arztes zu gebären, schon als bestimmendes Grundgefühl, eigentlich nicht leben zu dürfen, über meiner vorgeburtlichen Existenz. Dass ich ihren Tod beinahe verursachte hatte, machte mich zudem zu einer Gefahr, die man loswerden und mich deshalb verkaufen wollte. Als Kind schienen mir also weder Leben noch Liebe gesichert zu sein. Es gab da jedoch in unserer Familie so etwas wie eine allem übergeordnete Lebens- und Liebesversicherung. Ich meine den Glauben an Gott, der uns führte und in Gefahren schützte, weil er uns liebte. Ich spürte freilich, dass Vater und Mutter nicht ganz einig darüber waren, wer dieser Gott wirklich ist und wie er sich Menschen gegenüber verhält. Der Vater war ein großer hagerer Mann. Wortkarg und in sich gekehrt. Sein Gott war ein strenger Richter, der das Gute aus seiner Liebe heraus belohnte, aber Sünder aus demselben Grund bestrafte. Der Pfarrer, der uns unterrichtete, war derselben Meinung. Er erzählte uns einmal, dass ein Knabe und ein Mädchen, die miteinander sexuelle Spiele machten, vom Blitz getroffen und getötet worden seien. Die Mutter war von kleiner, rundlicher Gestalt und voller Gefühl. Sie glaubte an einen Gott der Zärtlichkeit und der Umarmung. Ich wusste selber nie genau, ob er nun streng und bösartig mit Blitz und Donner um sich schlug oder mich nachsichtig und verzeihend begleitete. Da ich mich eher an die Mutter hielt, an die ich auf Grund meiner frühkindlichen Erlebnisse recht stark gebunden war, baute ich auf die Liebe Gottes, die mir, weil sie eben göttlich war, unverlierbar und unfehlbar erschien.

Um diese Annahme abzusichern, erwachte in mir schon früh der Wunsch, später einmal Priester zu werden. Ich meinte, Priester zu sein mache es mir möglich, Liebe und Leben absolut abzusichern. Meine Eltern und eine Tante ermöglichten es, mich an einem katholischen Internat auf die Reifeprüfung vorzubereiten. Aus der warmen Stube des Elternhauses in die weiten, weißen Gänge der Klosterschule verpflanzt zu werden, beraubte mich als Vierzehnjährigen jeder Geborgenheit. Denn dort zählten Disziplin und Leistung. Die Schule umfasste 300 Schüler. Die Väter der meisten waren Ärzte, Juristen oder einflussreiche Politiker. Ich war ein einfältiger Bauernbub, der sich immer wieder in die Wärme des Kuhstalls und die Gemeinschaft der Familie, zu der meine Geschwister ebenso wie meine geliebten Pferde, Katzen und Hühner gehörten, zurücksehnte. An dieser Schule war nämlich, wer sich nicht durch einen berühmten Vater auszeichnete, eine Nummer. Ich war Nummer 117. Sie war an meine Hemden und Taschentücher geheftet. Ich fühlte mich in den weiten Räumen und der Anonymität der Masse verloren und litt unter quälendem Heimweh. Die Pubertät in dieser Umgebung zu erleben, war hart. Ein klein wenig Liebe hätte mich vor mancher Not gerettet. Ich meine nicht unbedingt sexuelle Liebe, sondern Zuneigung, Verständnis und ein wenig Zärtlichkeit. Zum Glück nahm sich einer meiner Lehrer um mich an, der die Krise wahrnahm. Er wurde in der schwierigen Zeit zu einem väterlichen Freund, dem ich vieles verdanke. Die Beziehung zu ihm schützte bis zu einem gewissen Grad mein Selbstwertgefühl. Vor allem vor dem Mathematiklehrer. Da ich ein schlechter Rechner war, suchte er mich als Opfer aus und hatte seinen Spaß daran, mich fast jeden Tag saddistisch vor der ganzen Klasse zu demütigen. Mit der Zeit fand ich mich in den hohen Mauern der spartanisch kalten Welt, in der es keine Liebe gab, doch zurecht. Heute bin ich auch dankbar dafür, dass ich dort etwas von der fast maßlosen Fülle von Kunst und Kultur der Mönche in mich aufnehmen durfte. Sie drohte mich zuerst beinahe zu erdrücken. Schließlich erschloss sie mir ein unersetzbares Verständnis ganz neuer Dimensionen. Kalte Rationalität und Askese prägten das tägliche Leben. Sie unterkühlten zwar meine Gefühe, bereiteten mich jedoch grade dadurch für mein priesterliches Berufsziel vor. Die Pracht der barocken Liturgie mit ihrer zelebrierten Feierlichkeit barg ein Geheimnis, das mich auf meinem Weg beflügelte. Die schwarze Madonna feierte Feste. Mit Brockatgewändern und goldener Krone geschmückt. Das Kindlein im Arm. Mönche gingen betend durch Gänge. Ein Geheimnis weihte die Mauern des riesigen Klosters, aus denen sich unsichtbar Ströme von Stille ergossen. Im Winter bedecken Schneemassen das erforene Tal. Die Nächte weckten Heimweh nach der warmem Stube der Mutter daheim.

Nach der Matura war ich reif für das Theologiestudium. Ich siedelte ins Priesterseminar um. Das sehr rationale und trockene Studium zerstörte das Geheimnis, das mich bis anhin an Gott gefesselt hatte. Die Theologie gab vor, alles über ihn zu wissen. Sie fasste ihn in dogmatische Gedankenkonstrukte und machte aus ihm einen buchhalterischen Moralisten. Ich denke an unsere Moralvorlesungen und an eine Prüfung zurück, die ich abzulegen hatte. Ich wurde vom Professor nach den ehrbaren, weniger ehrbaren und unehrbaren Teilen des Körpers befragt. In lateinischer Sprache, um Peinlichkeiten im Ausdruck zu vermeiden. Die meisten Professoren standen außerhalb des wirklichen Lebens und führten ihren Studenten ein Dasein vor Augen, das in mir Abneigung erzeugte, wenn ich daran dachte, es ihnen einmal gleichtun zu müssen. Es gab wenige Ausnahmen, an die ich mich gerne erinnere. Der Geruch von abgestandenem Essen und Bodenwichse im Priesterseminar mischt sich jetzt in meiner Erinnerung gleichzeitig mit den goldgerahmten Bischofsporträts, die mich von allen Wänden wie Symbole einer eingemotteten Vergangenheit anstarrten. Die Lust auf die Zukunft begann mich in dieser Umgebung auf einmal zu bedrängen. Ich spürte Leben in meinen Adern, das nach frischem Atem verlangte. Plötzliche Gefühls- und Triebausbrüche durchbrachen manchmal die Dämme der Verdrängung und brachten mich völlig aus dem Konzept. Der spindeldürre asketische Spiritual, ein alter Jesuit, überwachte uns mit scharfem Auge. Er lud mich immer öfter zu Gesprächen ein, um mich zu ergründen. Ich gab ihm keinen Einblick in meine Konflikte. Er hätte sie ohnehin nicht verstanden. Ich hatte den Eindruck, nur mehr aus dem Kopf zu bestehen. Mein früher fröhliches Wesen begann zu verrotten. Meine Persönlichkeit verlor Farbe, Profil und Spontaneität. Ich entschloss mich, ein Zwischenjahr in Paris einzuschalten. Dann ein zweites in Innsbruck. Die dortige Universität galt damals mit Karl und Hugo Rahner als Hochburg der theologischen Wissenschaft. Ich begegnete erstmals der Welt. Ich roch Freiheit. Ich begann aufzuleben. Es ereignete sich eines Tages ein entscheidendes Schlüsselerlebnis. Als ich an einem föhnig heißen Sommertag nach der Vorlesung in meine »Wohnung« zurückkehrte – ich »wohnte« für 27 Schilling pro Monat bei den Kapuzinern in einem Zimmer von 2 m^2 Fläche – sah ich, wie am Straßenrand ein Auto parkte. Ein Mann stieg aus, dann eine bildschöne, blonde, junge Frau. Ich blieb wie angewurzelt stehen. Die Frau öffnete die hinteren Türen des Wagens, aus dem zwei reizende Kinder von etwa 3 und 5 Jahren auf den Gehsteig hüpften. Mann und Frau gingen Arm in Arm, die Kinder an der Hand, zum nahen Kaffeehaus, in dem sie scherzend und lachend verschwanden. Der Anblick der Szene wühlte mich auf und löste zugleich einen Strom warmer Gefühle und eine schmerzliche Sehnsucht nach Glück in mir aus. Dieses Schlüsselerlebnis stellt die Initialzündung für die folgende Veränderung meines Lebens dar. Als ich mit meiner Familie einmal die alte Universitätsstadt besuchte, parkte ich meinen Wagen genau dort an der Maria Theresienstraße. Ich erzählte Frau und Kindern die Geschichte jener Begegnung. Anna, meine Frau, nahm mich lang in die Arme, deren Wärme ich jetzt bei der Erinnerung an meinem ganzen Körper verspüre.

Meine Mutter war, wie erwähnt, eine religiöse Frau und vermittelte mir das Bild eines Gottes, in dem ich mich für immer angstlos aufheben durfte, weil er ewig und deshalb unverlierbar war. Er war also wie nichts sonst geeignet, meine Angst, Leben und Liebe zu verlieren und das Gefühl an der Mutter schuldig geworden zu sein, in ihm aufzuheben. Dieser komplexhafte seelische Sachverhalt war für mein Theologiestudium wegleitend. Ich habe später meine Doktorarbeit über »Das Mutterbild bei katholischen Priestern«[9] geschrieben, in dem ich an Hand psychologischer Untersuchungen einen engen Zusammenhang zwischen Mutterbild und priesterlicher Berufswahl feststellte. Die intensive Bindung an eine starke und religiöse Mutterpersönlichkeit bildet demnach die natürliche Grundlage für die Berufswahl mancher Priester. Muttergebundene Männer sind in ihrer Liebesfähigkeit oft eingeschränkt und finden schwerer als andere eine gute Beziehung zu einer Frau, was sie in besonderer Weise zum Zölibat prädestiniert und den Seminarien als willkommene priesterliche Erziehungsgrundlage dient. Die Liebesfähigkeit wird durch Rationalität und Askese weiter eingegrenzt. Gefühle und Triebe werden eingefroren. Die eigene Geschlechtlichkeit wird unterdrückt und das andere Geschlecht verdrängt. Was der Geist ins Unbewusste entsorgt, ist jedoch nicht tot. Es lebt weiter und bildet eine eigendynamische Schattenexistenz, die sich vom Ganzen der Persönlichkeit abspaltet. Solche Menschen laufen Gefahr, in zwei Teile auseinander zu fallen, in den, den sie leben und den, den sie verdrängen. Vor dem, den sie nicht zu leben wagen, sind sie ständig auf der Flucht. Sie fliehen zum Beispiel vor dem »Niederen« in sich durch intellektuelle Höhenflüge. Ich erinnere mich, dass ich damals in meinen Träumen oft mit Flugzeugen über die Niederungen der Erde flog. Oft wuchsen mir im Traum Flügel, mit denen ich mich in geistige Höhen schwang. Ich wurde tatsächlich während meiner Theologiejahre zu einem rationalistischen Luftakrobaten und spirituellen Kunstflieger erzogen. Und ich war sehr darum bemüht, meinen Lehrern und mir selber zu beweisen, wie perfekt ich meine Körperlichkeit und die Schwerkraft der Erde zu überlisten vermochte. Ich meinte mir dadurch auch die Echtheit und Stärke meines Glaubens beweisen zu können. Von den gefährlichen Bruchlandungen, bei denen ich jedesmal tiefer im Meer des Verdrängten versank und danach umso höher fliegen musste, will ich jetzt nicht im Einzelnen berichten. Als ich später meiner Frau begegnete, träumte ich öfter, dass ich mit ihr im Segelboot durchs Meer pflügte; von den Fluten des Unbewussten getragen und vom Windhauch des Geistes getrieben, mit dem wir durchs Leben steuerten. Ein Sinnbild der Ganzheit, die ich wieder gefunden hatte.

Was ich hier schreibe ist kein Angriff auf den Zölibat der katholischen Kirche. Ich möchte diesen weder angreifen noch verteidigen. Ich stelle aber fest, dass manche meiner damaligen Kollegen, die im Priesterseminar zurückblieben, als ich es verließ, an dieser Lebensform scheiterten. Es gilt für sie, was für mich Geltung hat: Wäre ich damals im Priesterseminar psychologisch beraten und von einem Meister des spirituellen Lebens geführt worden, wäre mir manches Problem erspart geblieben. Heute stehen den Priesterausbildnern klarere psychologische Kenntnisse zur Verfügung. Dennoch fehlt noch immer weitgehend die Einsicht, dass das zölibatäre Leben eines Priesters einer Gemeinschaft Gleichgesinnter bedarf, wenn es gelingen soll. Einsamkeit programmiert chronische Entgleisungen. Es fehlen zudem nach wie vor auch die geistlichen Kenner und Könner, die es verstehen, die erschwerte seelische Entwicklung der Priesterkandidaten psychologisch zu begleiten und ihre Persönlichkeit durch die heute neuentdeckten meditativen Gebets- und Lebensformen glaubensmäßig in der Tiefe zu verankern, damit der Kopf entlastet und das Herz geöffnet wird. Die Sublimation als Priester im Zölibat fruchtbar zu machen, ist ohne mystische Gottesbeziehung unmöglich.

Wie meine Persönlichkeit damals gespalten und wunderbar wieder zusammengefügt wurde, fand ich im Märchen von der Kristallkugel bildhaft dargestellt: »Es war einmal eine Zauberin, die hatte drei Söhne, die sich brüderlich liebten; aber die Mutter traute ihnen nicht und dachte, sie wollten ihr ihre Macht rauben. Da verwandelte sie den Ältesten in einen Adler, der musste auf einem Felsengebirge hausen, und man sah ihn manchmal am Himmel in großen Kreisen auf- und niederschweben. Den zweiten verwandelte sie in einen Walfisch, der lebte im tiefen Meer, und man sah nur, wie er zuweilen einen mächtigen Wasserstrahl in die Höhe warf. Beide hatten nur zwei Stunden jeden Tag ihre menschliche Gestalt. Der dritte Sohn ging heimlich fort. Er hatte aber gehört, dass auf dem Schloss der goldenen Sonne eine verwünschte Königstochter säße, die auf Erlösung harrte. Es müsste aber jeder sein Leben daran wagen, schon dreiundzwanzig Jünglinge wären eines jämmerlichen Todes gestorben...«[10].

Es widerfuhr mir an der eigenen Seele, was dort den beiden Brüdern des Jünglings widerfuhr. Sie stellen zwei verschiedene psychische Seiten seiner Persönlichkeit dar, von denen die Mutter die eine in einen Adler und die andere in einen Walfisch verzaubert hatte. Der theologische »Bruder« in mir, der die Oberhand im psychischen Kräfteverhältnis gewann, identifizierte sich zunehmend mit dem Adler, der in den Felsschründen einer kalten Geistigkeit hauste. Der andere »Bruder«, der Trieb, Instinkt, Gefühl und intuitive Kraft umfasst, wurde sozusagen als Strafe für seine Ungeistigkeit in einen Walfisch verwandelt und ins tiefe Meer des Unbewussten verbannt. Meine Identität zerbrach in zwei Teile. Gut und Böse, Geist und Materie, Leib und Seele, Männlich und Weiblich zerfielen in unvereinbare Gegensätze, wobei sich Böse, Materie, Leib und Weiblich gegen Gut, Geist, Seele und Männlich verbündeten und gegenseitig bekämpften. War ich nun gut oder böse, Geist oder Materie? Wie sollte ich mich zum Weiblichen und damit zu meiner Männlichkeit verhalten? Bald floh ich in den Geist, bald verlor ich mich an die Materie und tauchte in die verdrängte Welt meiner Triebe und Gefühle unter. Gehörte ich nun in die Luft oder ins Meer? War ich ein Adler oder ein Walfisch? Ich wusste es nicht. Ich wusste jedoch, dass ich unter diesen

Umständen weder in mir selbst Ruhe, noch im Weiblichen Ergänzung und Heimat finden konnte. Um auf meine Fragen eine Antwort zu finden und in mir wieder Ordnung zu schaffen, studierte ich nach abgeschlossenem Theologiestudium Psychologie. Die Psychologie sollte mir helfen, meine zerbrochene Persönlichkeit wieder zusammenzufassen. Durch eine Freud'sche, später eine Jung'sche Analyse vermochte ich zwar deren zersplitterte Teile zu orten. Sie zusammenzufügen und meine gespaltene Identität zu heilen, gelang mir erst im Wunder der Liebe zu meiner Frau.

Als der dritte Jüngling das Wagnis, die Königstochter zu erlösen, einging, kamen ihm wie ein Wunder die beiden verzauberten Brüder zu Hilfe. Sie wurden dadurch selber aus ihrem Bann befreit und wieder in ihre menschliche Gestalt zurückverwandelt. »Da eilte der Jüngling zu der Königstochter, und als er in ihr Zimmer trat, so stand sie da im vollen Glanz ihrer Schönheit...«

Es war ein Sonntag im November. Regen peitschte an die Fenster. Nebelschwaden zogen über die Hügel. Ein Föhnsturm schlug meterhohe Wellen auf dem See und zerriss immer wieder die Wolkenfetzen, dass sich die schon schneebedeckten Berggipfel entblößten. Einige Sonnenstrahlen ließen die roten Wälder aufflammen. Ich war mit dem Wagen unterwegs und suchte die Wärme einer Kaffeestube. Am frühen Nachmittag war sie fast leer. Die Bedienerin, eine bildschöne junge Frau von etwa 22 Jahren, lehnte an einer Säule und träumte vor sich hin. Ihr Anblick faszinierte mich. Sie trug einen schwarzen Pulli und einen dunklen knielangen Rock. Sie war schlank und etwa 1.70 m groß. Ihr lockiges, glänzend blondes Haar hatte sie mäßig kurz geschnitten und auf der mir zugewandten Seite hinters Ohr geklemmt, sodass ich ihr klassisches Profil sehen konnte. Erst als ich mich räusperte, erwachte sie und kam wie von weit her, elegant, freundlich aber zurückhaltend auf mich zu. Ich schaute in ihre blauen Schlafaugen. Sie fragte mich nach meinem Wunsch. Ihre tiefe Altstimme überraschte mich. Als sie mich anlächelte, blitzten weiße Zähne aus ihren sinnlichen Lippen. Ihr Gesicht strahlte eine anmutige Schönheit aus, in der sowohl etwas zündend Erotisches und zugleich engelhaft Unschuldiges enthalten war. Es war nicht nur etwas Körperliches, was mich ansprach. Es war vielmehr etwas Inneres, etwas Seelisches. Ich war schon öfter Frauen begegnet. Ich war jedoch noch von keiner so zielsicher wie von einem Blitz bis ins Innerste getroffen worden. Die Begegnung öffnete mir in diesem Augenblick schlagartig das Tor in die mir noch fremde, märchenhafte Zauberwelt des Weiblichen. Wie verirrt sich ein solches Mädchen als Bedienerin ins Kaffehaus, fragte ich mich. Vielleicht ist sie Studentin und verdient auf diese Weise ihr Studium. Ihr natürliches Wesen und ihr Gesicht, das mich an eine blühende Bergwiese im Frühling erinnerte, deuteten eher auf ein Bauernmädchen hin. Ihre Eleganz und geistige Ausstrahlung auf einen akademischen Beruf. Wie dem auch sei. Ich war verliebt. Ich ging aufgewühlt und glücklich nach Hause und schrieb ihr sofort einen Brief, um sie zu einer Begegnung in der Stadt einzuladen.

In jenem Jahr kam der Winter früh. Schnee fiel in fetzigen Flocken und wirbelte in unsere Gesichter. Tannenbäume spiegelten ihre Lichter im Fluss. Wir aßen ein Fondue in einem Altstadtgasthaus. Als wir miteinander Brot aus der Schüssel in den Teller schöpften, berührten sich unsere Hände. Ich glaubte eine elektrische Leitung berührt zu haben. Ein Stromstoß durchfuhr mich vom Kopf durchs Herz bis in die Füße. Das war der Start in ein unfassbares Abenteuer.

Anna, so hieß das Mädchen, war tatsächlich ein Bauernmädchen, das aus einer bergbäuerlichen Großfamilie stammte. Es verdiente sich im Kaffehaus das Geld für eine Ausbildung als Krankenschwester. Zu gerne hätte es Medizin studiert. Das war aber finanziell aussichtslos. Es war neun Jahre jünger als ich. Es war dreiundzwanzig, als ich es kennen lernte. Und es machte mir Spaß, mir vorzustellen, dass es just 11 Jahre alt war, als ich die Matura machte.

So begann während jener kalten Wintertage ein Frühling in mir zu erwachen. Liebe durchwärmte mein eingefrorenes Herz. Ihre Kraft riss Mauern ein. Anna holte den Adler aus den Felsklüften und den Walfisch aus dem Meer. Es gelang ihr mit ihrer Zärtlichkeit, beide aus ihrer Trennung zu erlösen und mir zu helfen, sie als menschliche Werte zu einem runden Menschsein zusammenzufügen. Wir bastelten zusammen jenes Boot, dessen Segel sich prall zu füllen begannen und uns durch ein Leben voller Überraschungen tragen sollte. Die Faszination ihres Wesens schloss in mir Türen zu unbekannten Dimensionen auf. Unberührte Saiten begannen zu klingen. Verschattete Landschaften leuchteten auf einmal in bunten Farben. Verschwiegene Bilder der Seele traten ans Licht. Die Wüste begann zu leben. In mir fing es an zu sprießen, zu glänzen, zu tanzen und zu springen. Die Liebe pflügte mich an Leib und Seele um und entfesselte in mir ungeahnte Lebenslust. Ich war in einen neuen Menschen verwandelt. Erst jetzt wurde ich mir ganz bewusst, dass ich bin und wer ich bin. Dennoch litt ich unter Rückfällen. Ich entflog manchmal wieder in die Felsen. Dann tauchte ich von neuem in die Fluten. Das Glück flößte mir Angst ein. Ich glaube, es war Angst, es wieder zu verlieren. Die Geduld und das kluge Verhalten meiner Frau, die Nähe und Distanz ganz auf mich abstimmte, ließen schließlich alle Ängste und Widerstände zusammenbrechen, sodass wir nach vier Jahren intensiver Freundschaft beschlossen, einander zu heiraten.

In der Zeit der Ehe reiften unsere Beziehung und wir mit ihr. Sie sollte genau 25 Jahre, 5 Monate und zwei Tage dauern. Es war eine reiche, mit Glück und Auseinandersetzung gefüllte Zeit. Langeweile kannten wir nie. Wir wurden mit innerem Reichtum und äußerem Wohlstand gesegnet, mit zwei Kindern, die unseren Alltag mit immer neuen Überraschungen und

Abenteuern füllten. Sie waren für uns ein großes Geschenk. Wir lachten und weinten miteinander. Wir diskutierten stundenlang. Wir durchschritten tiefe Täler und erklommen hohe Berge. Wir reisten durch die schönsten Städte Europas. Zärtlichkeiten vergoldeten unsere Tage und Nächte. Anna und ich verstanden einander. Wir ruhten miteinander. Wir beschenkten einander. Wir stritten miteinander. Wir waren miteinander, füreinander, ineinander in Schmerzen, Lust und Prüfungen. Vielleicht zu sehr. Man nennt das in der Psychologie symbiotisch. Aber wer entscheidet oder urteilt denn, was zu viel oder eben symbiotisch ist? Ist zu viel nicht besser als zu wenig? Wer sich der Liebe ausliefert, riskiert doch alles.

Wir wohnten auf dem Land. Dort bauten wir auf einer Sonnenterrasse ein wunderschönes Haus. Mitten in alten Obstbäumen, die jedes Jahr im Frühling wie riesige Hochzeitssträuße blühten. Die Nächte dufteten nach Honig. Eulen riefen aus den nahen Wäldern. Tags spazierten Rehe an den Fenstern vorbei. An schönen Föhntagen leuchteten über den Gipfeln der Tannen die fernen Schneeberge. Wir lebten in einem Paradies. Alles war wie im Märchen.

Meine Frau begleitete mich durch den Alltag. Sie forderte wenig von mir. Sie war nie eifersüchtig, obwohl in meiner Praxis schöne Frauen aus- und eingingen. Ihre unbegrenzte Liebe schützte mich vor Fehltritten. Sie war mein Schutzengel. Ich arbeitete viel. Sie drängte mich nie nach mehr Zeit für sich. Sie nahm jeden Tag als Geschenk entgegen. Im Lauf der Jahre reifte sie zu einer immer noch stärkeren Persönlichkeit heran, sodass ich mich in allem unfehlbar auf sie verlassen konnte. Geistig stets hell wach, dachte sie glasklar logisch und überlegte scharfsinnig. Ihre geistige Präsenz, ihre praktischen Hände und ihr meditatives Dasein sicherten mich nach allen Seiten ab. Sie war meine Stütze und mein Reichtum und mein Stolz. Überall, wo ich mit ihr war, flogen ihr die Sympathien zu. Ihre Gesprächsfähigkeit entlastete mich oft bei Anlässen mit Fachkollegen und Freunden, mit denen sie sich souverän unterhielt. Sie freute sich, mich in der Öffentlichkeit zu begleiten, ohne sich je vorzudrängen. Man kannte sie in der Umgebung als bescheidene Frau. Sie gab kaum zu erkennen, wer und wie sie war. Sie blieb für die meisten ein unergründliches Geheimnis. Ich besprach mit ihr Berufsfragen, meine Bücher und Vorträge. Ihre Korrekturen und Ergänzungen trafen immer ins Schwarze. Anna war zuerst meine Frau, dann war sie die Mutter unserer Kinder. Sie war meine Freundin, meine Beraterin, meine Gesprächspartnerin und Sekretärin. Sie war mein Kumpel. Sie war unsere Krankenschwester und unser Arzt. Sie war beinahe bedrückend fehlerlos. Manche meinen, ich idealisiere sie. Es ist nicht wahr. Ich habe ihr oft gesagt, dass ich sie fehlerlos finde. Ein Bekannter hörte mir dabei einmal zu und meinte spaßhaft: »Dann ist sie also eine Heilige«. Sie antwortete ihm: »Wenn du möchtest, schenke ich dir gleich eine Reliquie?« Freilich war ihre Sturheit in gewissen Bereichen manchmal nahezu unerträglich. Ich möchte sie aber nicht als Fehler bezeichnen.

Unsere Ehe war nicht vollkommen. Es gab Auseinandersetzungen. Ich meine, solche gehören zu einer guten Ehe. Wir entwickelten uns in ihr durch Sterben und Werden. Das geschieht nie ohne Schmerzen. Es gab mit der Zeit manche Probleme innerhalb der Familie zu lösen. Anna fragte mich in den letzten Jahren des öftern, wie ich reagieren und was ich tun würde, wenn ihr etwas zustoßen sollte. Der Gedanke war mir unerträglich, und ich antwortete eigentlich nie. Das kam für mich überhaupt nicht in Frage, weil sie doch viel jünger war als ich. Sie je verlieren zu können, verdrängte ich in die hintersten Ecken meiner Seele. Sie hatte zwar diese oder jene gesundheitlichen Störungen zu beklagen. Sie sah aber trotz ihrer 50 Jahre sehr unverbraucht aus. Keine Falte im Gesicht, kein graues Haar auf dem Kopf. Kraftvoll, unternehmungslustig und von einem starken Selbstbewusstsein, das sie aus eben diesem körperlichen und seelischen Wohlgefühl schöpfte.

Eines Tages wurde ich sehr krank. Ich war dem Tod näher als dem Leben. Anna brachte mich in eine Klinik. Als sie sich von mir verabschiedet hatte und mit dem Wagen hinter der letzten Kurve verschwunden war, überfiel mich ein noch nie erlittener, unbeschreiblicher Schmerz, ich war beinahe von Sinnen. Eine heiße Septembersonne brannte vom wolkenlosen Himmel. Die Luft flimmerte über dem Asphalt. Ich setzte mich ans dürre Straßenbord und schrie in mich hinein. Ein heftiges Schluchzen schüttelte meinen Körper. Noch nie hatte ich solches Leid erfahren. Es war mir sterbenselend, und es dauerte eine lange Weile, bis ich erschöpft aufstehen und auf mein Zimmer in die Klinik zurückkehren konnte. Dieses schreckliche Erlebnis war ein Vorbote dessen, was mir wenige Jahre später an Abschiedsschmerz und Trauer bevorstand. Meine Frau erzählte mir nach meiner Heimkehr, wie sehr sie in der Zeit meiner Krankheit selber gelitten hatte. Ich erholte mich allmählich vollständig. In ihr blieb jedoch eine gefährliche Narbe zurück. Sie verlor etwas von ihrem strahlenden Glanz und ihrer unbekümmerten Kindlichkeit. Eine leise Melancholie, die zwar schon immer in ihr schlummerte, wurde deutlicher. Sie lachte seltener. Sie war nicht mehr so sprühend spontan und zog sich mehr als sonst in ihr Inneres zurück.

Eine alte Angst stieg in mir auf. Ich schrieb ein Buch, mit dem ich sie vertreiben wollte. Ich gabe ihm im Brustton der Überzeugung den Titel: »Aus Angst kann Hoffnung werden«[11]. Es begann so: »Letzte Nacht schreckten mich Angstträume aus dem Schlaf. Die plötzliche Krebserkrankung meines Freundes spukte wie ein Gespenst in meiner Seele. Bilder von Spitälern, Särgen und Gräbern verfolgten mich. Gedanken von Krankheit und Abschied und Schmerz und Sterben und Tod jagten durch meinen Kopf. Wer ist als Nächster an der Reihe?

Bin ich es? Ist es meine Frau? Die Kinder vielleicht? Wie könnte ich die Brutalität unseres Sterbens verkraften? ... Ich spürte die Schicksalsfalle, der ich wehrlos ausgeliefert war. Das Ungeheuer kroch durch die Dunkelheit. Enge würgte mich. Ich rang nach Luft und griff nach dem Schalter. Licht vermag Angst manchmal aufzulösen... Die Kinder erzählten heute am Frühstückstisch, dass einer ihrer Lieblingslehrer mit seinem Rad verschwunden und nicht mehr nach Hause zurückgekehrt sei. Anderntags hätten sie ihn verwirrt im Wald gefunden. Sie brachten ihn zum Arzt. Ein Hirntumor. Eine tiefe Angst vor dem, was Unglück ist, breitete sich in uns aus. Unglück ist mehr als bloß kein Glück. Unglück ist der Tod des Glücks. Vernichtetes Glück, Unglück, an das zu denken mich schon in Panik versetzte...«. Ich schrieb ein zweites Buch zu diesem Thema. Es sprach nur mehr zaghaft von einem »Licht der Hoffnung im Dunkel der Angst«[12]. Das erste Exemplar, das mir der Verlag zukommen ließ, schenkte ich meiner Frau. Ich habe es heute aus dem Regal geholt und gelesen, was ich ihr damals in meiner Widmung schrieb: »Dieses erste Exemplar meines neuen Buches gehört Dir. Aus Dankbarkeit! Du gabst mir Deine Liebe in schweren Stunden. Du hattest Geduld mit mir, wenn ich ungeduldig war. Meine Schwächen hast Du übersehen. Während ich verzweifelte, hofftest Du. In meiner Ohnmacht sprachst Du mir Mut zu. Dein Glaube an Gott ist mir Beispiel. Ich danke Dir! Lass uns miteinander im Licht vorangehn, in dem es keine Finsternis gibt! Ich liebe Dich! ER segne Dich! Von ganzem Herzen ...«

Als ich es kurz nach dessen Erscheinen in einer Buchhandlung vorstellte, war meine Frau nicht dabei. Sie war zu müde, um mich zu begleiten. Als ich spät in der Nacht nach Hause kam, lag sie wach im Bett. Sie bemerkte, wie sehr ich bedrückt war. Wir sprachen nicht darüber. Sie wusste, was mich quälte. Sie schlief in meinen Armen ein, während meine ersten Abschiedstränen in ihr blondes Haar tropften.

Die Geschichte meiner Trauer.

An einem schönen, aber kalten Frühlingssonntagmorgen im Mai 1991 machten wir uns nach dem Frühstück auf, um den Gottesdienst zu besuchen. Wir fühlten uns an diesem Tag in ganz besonders warmer Zuneigung miteinander verbunden. Wir umarmten und küssten uns auf dem Weg und gingen Hand in Hand zur Kirche. Im Augenblick, als ich die Türfalle des Kirchenportals ergriff, wankte meine Frau, lehnte sich an mich und rutschte seufzend an meiner Seite zu Boden.»Mir ist so elend«, klagte sie. Ich bettete sie auf den bloßen Kiesboden, legte ihr meinen Mantel unter den Kopf und kniete mich hilflos neben sie. Ich rief sie ununterbrochen beim Namen. Aber sie antwortete nicht. Sie war bewusstlos. Plötzlich fegte der Orkan eines großen epileptischen Anfalls über sie weg. Er verzerrte ihren Körper und verwüstete ihr schönes Gesicht. Ein vorbeigehender Nachbar blieb stehen und fragte mich: »Wer ist diese Frau?« Er hatte sie nicht wiedererkannt. Ich fühlte, wie ich sellber den Boden unter den Füßen verlor. Ich wusste nicht, was ich tun sollte. Ich wollte Anna zu Hilfe rufen, aber sie lag ja ohne Bewusstsein vor mir auf dem Boden. Eine eiserne, unbarmherzige Hand griff in unser Dasein ein. Es vollzog sich jetzt ein schreckliches Schicksal. Gegenwehr war chancenlos. Ich war gelähmt. Ich fühlte mich ohnmächtig wie noch nie in meinem Leben. Alles was bisher war, wurde in diesem schicksalshaften Augenblick ausgelöscht. Anerzogenes, Angeeignetes, Wert, Würde, Wissen, Rolle, Fach, Beruf, Ehre, Haus, Besitz fielen wie ein zu Zunder gewordenes Gewand von mir ab. Ich war nackt und nurmehr ein kläglicher Rest meiner selbst. Ein Abgeschnittener, vom Thron Gestürzter und Ausgeraubter. Geschlagen, verprügelt und gedemütigt. Unter unaussprechlichem Schmerz barst meine Identität wieder in Stücke auseinander. Eine unbekannte Frau nahm sich der Bewusstlosen an. Jemand hatte einen Arzt gerufen. Er verfügte die sofortige Einlieferung ins Krankenhaus. Fremde Männer fassten sie an und legten sie auf die Hintersitze unseres Wagens, mit dem uns Peter, der Gott sei Dank unterdessen benachrichtigt worden war, ins Spital brachte. Dort zog man ihr die Sonntagskleider aus, und steckte sie in ein Spitalhemd. Man gab ihr eine Spritze. Als sie aus ihrem Delirium erwachte, erbrach sie. Man brachte sie auf die Röntgenabteilung und teilte mir mit, dass sie gleich mit dem Krankenwagen in ein anderes Krankenhaus zur weiteren Untersuchung verlegt werde. Ich bat, mitfahren zu dürfen. Der Arzt lehnte ab. Das sei nicht üblich. Ich könne sie am Nachmittag besuchen. Von da an bemächtigten sich andere meiner Frau. Ich hatte nicht mehr viel zu sagen. Man fragte mich auch nicht. Man verordnete und befahl. Als ich mich später zuerst gegen eine Kortisonbehandlung sträubte, fuhr mich der Hausarzt an, dass ich mich da heraushalten solle. Man empfahl mir, arbeiten zu gehn, statt zu Hause herumzusitzen und Trübsal zu blasen. Ich führte aus, was man mir empfahl. Ich ließ schließlich alles geschehen. Es fehlte mir zusehends die Kraft, mich gegen irgendetwas zu wehren. Was sollte ich? Das Ende war nicht aufzuhalten. Ich war zu einem Schwächling geworden.

Ich träumte, dass in der Kuppel eines Domes wie an einem Seenachtsfest ein Feuerwerk explodierte. Es versprühte einen Strauß leuchtender Funken in den Kirchenraum. Während sie zu Boden schwebten, verwandelten sie sich in Knospen. Sie öffneten sich zu dunkelroten Blüten und schütteten mich zu. Ein Schauspiel von unaussprechlicher Farbenpracht! Als ich sie näher betrachtete, erkannte ich, dass es Passionsblumen waren. Ich erschrak zutiefst. Ich ahnte, dass sie mir die bevorstehende Passionszeit ankündigten. Sie sollte elf Monate dauern.

Ich finde die Worte nicht, um zu beschreiben, was unsere Kinder und ich während dieser langen Zeit erlebten, die der Tumor brauchte, um Annas Leben aufzufressen. Er tat es unbarmherzig auf grausame Weise. Gierig wie ein böses Raubtier. Zuerst begann sie am linken Bein leicht zu hinken, bis sie es nurmehr schwerfällig nachzuschleppen vermochte. Eines Tages fiel ihr während einer Mahlzeit der linke Arm vom Tisch. Trotz großer Anstrengung gelang es ihr nicht, ihn zurückzuholen. Ich nahm ihn behutsam in meine Hände und legte ihn wieder neben den Teller. Allmählich erlahmte die ganze linke Körperseite. Anna wurde ans Bett gefesselt. Ich schaffte es nicht mehr, sie allein zu betreuen. Eine Krankenschwester stand mir bei. Später kamen uns Christa und Peter zu Hilfe, schließlich auch meine beiden Schwägerinnen, ebenfalls Krankenschwestern und als Letzte die Krankenschwestern der Gemeinde. Wir waren ein gut funktionierendes Team. Wir lasen unserer Patientin jeden Wunsch von den Augen ab und verwöhnten sie Tag und Nacht. Wir nahmen die Mahlzeiten im Krankenzimmer ein, diskutierten und lachten sogar miteinander, um alles zu vergessen, bis wir durch irgendeinen Zwischenfall wieder in die harte Realität zurückgeholt wurden. Der Hausarzt verschrieb mir Medikamente. Ich wohnte dem Geschehen nur mehr wie aus weiter Ferne bei. Als Anna starb, stand ich regungslos am Bett und wartete das Ende des elenden Dramas ab. Nicht ich war es, der der Sterbenden liebkosend die Hände streichelte, sondern Christa. Nicht ich war es, der ihr zum Abschied zärtlich über das blonde Haar strich, sondern Peter und seine Freundin. Was war aus mir geworden? Ein Versager, der den schwersten und wichtigsten Stunden seiner Beziehung auswich. Hatte ich meine Identität verloren? Oder erfuhr ich erst jetzt, wer ich wirklich war? Während ich mich in der Ablösung von ihr in nichts zu verflüchtigen drohte, wurde ihre Identität immer leuchtender. Die schönsten Grundzüge ihres Wesens begannen sich zu verdichten. Sie sah dem Grausamen nahezu ausnahmslos mit Fassung entgegen. Bahnte sich einer ihrer schrecklichen Anfälle an, nahm sie meine Hand, nicht um bei mir Halt zu suchen, sondern um mir meine panische Angst davor zu nehmen: »Sei ganz ruhig«, sagte sie dann. »Es ist gleich vorbei.« Sie hielt ihren eigenen Abschiedsschmerz zurück, um mir zusätzliches Leid zu ersparen. Ihre Geduld und Gelassenheit waren beispielhaft. Besonders berührte mich, wie sich die ihrem Wesen eigene nahezu kindliche Lieblichkeit immer deutlicher über alles ausbreitete. Auf meine allerletzte Frage an sie: »Hast du Angst?« schüttelte sie lächelnd den Kopf und schaute mir lange und fest entschlossen in die Augen.

Als sie starb, wurde ich wie aus dem Schlaf gerissen. Ich sah mich eingereiht in den langen Zug der Masse der Verlassenen. Ich sah meine Frau im Meer der Namenlosen untergehen, die man vergisst. Während ich stundenlang bei ihr verweilte und sie in ihrer Regungslosigkeit betrachtete, war ich mit ihr in der gemeinsamen Anonymität in ganz unbekannter Weise neu verbunden. Als sie in ihrer Totenstille vor mir lag, erlebte ich sie erst als die, die sie wirklich war, als sie noch lebte. Ich nahm mich vor der Toten selbst in kaum je erfahrener Weise als Lebenden, aber auch als unendlich einsam Gewordenen wahr.

Am Tag des Frühlingsanfangs schütteten sie das ärmliche Samenkorn mit Erde zu. Das Licht erlosch. Es wurde finster in mir. Die Welt lag wieder im Schatten. Die Farben verloren ihren Glanz. Ich sah wie durch ein Milchfensterglas. Auf allem Schönen lag Asche. Der Birnbaum vor dem Stubenfenster, die Kaffeetassen auf dem Gestell in der Küche, die Bilder an den Wänden hatten ihre Bedeutung verloren. Meine Schritte widerhallten gespenstisch in den leeren Räumen unseres Hauses. Es ragte wie eine zerfallende Ruine aus dem Garten. Das Tageslicht schmerzte meine Augen. Das volle Leben der Natur empfand ich als gemeine Provokation. Alle, die lebten, machten mich zornig. Der Anblick von Paaren weckte in mir Eifersucht. Telefonkabinen lösten Tränen aus. Ich suchte in der Menge nach dem Gesicht der Verlorenen und fand es nicht. Es hatte keinen Sinn, sie zu suchen. »Ich möchte dich suchen«, schrieb ich in mein Tagebuch, »im Norden, im Süden, in Wüsten und Steppen, in der Tiefe des Meeres, in Verliesen und Schlössern, in Höhlen und Schluchten, in Hütten auf Bergen; in Wäldern und Sümpfen, in Städten und Straßen, im Gewimmel von Menschen bis ans Ende der Welt. Deine Augen, deine Lippen, dein Lächeln, deine Wangen, dein Leben, deine Hände... Ich möchte dich suchen bis ans Ende der Welt. Ich möchte dich suchen. Ich kann dich nicht finden. Ich weiß, du bist tot.« Wie Ebbe und Flut kam die Trauer und ging. Wenn sie da war, wurde alles geknickt. Sie spaltete die Erde unter meinen Füßen und schüttete mich mit Finsternis zu. Die Quelle meines innern Brunnens versiegte. Ich glich einem ausgetrockneten Land. In den Adern die Hitze von Heimweh, die Glieder gelähmt. Ich kam mir vor wie ein zertretener Wurm auf einem verlassenen Strand zwischen Ebbe und Flut.

Ich fragte mich immer wieder: Wer bin ich denn? Ein Fremder in einer fremden Welt. Letzte Nacht suchte ich, schlaflos, Trost in der Bibel. Wir sollen bitten, dass wir empfangen, anklopfen, damit man uns öffnet. Und der gute Vater werde uns keine Steine geben, wenn wir nach Brot hungrig sind (Lk 11,9-13). Die Trauernden seien selig, weil sie getröstet werden (Lk 6,21). Mich packte auf einmal Wut über diesen Schwindel, und ich schleuderte das heilige Buch mit all seinen Verheißungen in eine Ecke des Schlafzimmers. Dass wir uns vertrauensvoll in Gottes Hand begeben hatten, die hinterrücks wie eine Todesfalle plötzlich zuschnappte, versetzte mir einen gewaltigen Schlag, sodass ich, schwindlig geworden, unsicher durch die Zeit taumelte.

Identität ist das, was aus unserer Anlage durch die Lebengeschichte geworden ist. Identität hat so etwas wie einen unveränderbaren Kern und eine wandlungsfähige Peripherie. Sie ist mit dem Kern aufs engste verbunden und kann mit ihm zu immer größerer Ganzheit verschmelzen. So verstehen wir, weshalb wir immer dieselben bleiben, obwohl wir uns fortwährend verändern. Seele, Geist und Leib sind durch die Geschichte des Lebens in der Identität eine einmalig gestaltete, geschlossene Einheit geworden. Es stellt sich deshalb beim Tod eines Menschen notwendigerweise die Frage, was mit seiner Identität beim Tod geschieht. Ob sie zerstört wird oder in einer neuen Form und Dimension weiterexistiert. Diese Frage verfolgte mich ununterbrochen: Lebt sie noch? Wie lebt sie? Wo lebt sie? Wie sieht sie aus? Was tut sie? In welcher Beziehung steht sie zu mir? Gott besitzt sie jetzt. Er hat sie mir aus den Armen gerissen. Ich war eifersüchtig. Ich musste mich ihm trotzdem zu nähern versuchen. Er war der Einzige, der mir meine Fragen beantworten konnte. Zu wem sollte ich sonst gehen? Denn er allein, heißt es, habe Worte des ewigen Lebens. Von da an wurde Gott in einer neuen Weise zum Zentrum meines Alltags.

Wie die Liebe dich krönt...

Aus meinem Tagebuch

25. September 91

Anna ist erschöpft. Ihr Gesicht ist durchsichtig. Sie kehrt sich immer mehr in sich hinein. Ihr Blick ist liebevoll. In der Nacht waren wir beide auf einmal wach. Wir fassten uns an den Händen und schwiegen. Draußen raschelten die Blätter in einer sanften Brise. Mondlicht warf Licht ins Zimmer. »Wenn du sterben musst,« sagte ich, »dann wird Gott so wunderbar in seiner Schönheit sein wie diese Vollmondnacht. Kannst du dich etwas freuen darauf, ihm zu begegnen?«. Sie lächelte etwas verloren vor sich hin. Es geht nicht anders. Wir müssen über das Sterben sprechen.

»Du bist so schön«, sagte Christa heute zu ihr. »Wenn jemand nun mal schön ist, kann man nichts dagegen unternehmen,« antwortete sie lächelnd. Sie ließ ein Buch über Tumore kommen: »Ich muss wissen, um was es sich da handelt, das hilft mir«. Übermorgen begleiten wir sie in die Klinik nach Arlesheim. Es sind drei Wochen vorgesehen. Gott helfe, dass sich dort etwas zum Guten wendet. Ich weine mich an Annas Brust aus. Sie weint selten und nur ganz kurz.

26. September 91

Sie bittet mich, ihr einen Text aus der Bibel zu lesen. Ich lese: »Unser Gott ist voll Liebe. Er schickt uns das Licht, das von oben kommt. Es wird für alle leuchten, die in der Finsternis und im dunklen Land des Todes leben und wird uns auf den Weg des Friedens führen« (Lk 7,8).

29. September 91

Der gestrige Tag ist kaum zu schildern. Abschied, Trennung, Tränen. Ich bin verzweifelt. Es wird nicht mehr gut werden. Ich spüre es. Wir wollten miteinander frühstücken. Während Anna sich im Schlafzimmer umständlich anzog, saß ich am Küchentisch und blickte auf die weit ausladenden, mächtigen Birken und Fichten, die ich vor vielen Jahren als kleine Bäumchen im Wald ausgrub und hier setzte. Aus den wilden Rosenbüschen leuchteten knallrote Früchte. Die Wälder ringsum waren gelb, gedämpft im blauen Septemberdunst. Ein von Angst pechschwarzer Tag lag vor uns. Ich wusste nicht, wie wir ihn bewältigen sollten. Wie vieles haben wir gemeinsam schon bewältigt! Wie hilflos standen wir jetzt unserem Schicksal gegenüber! Ich deckte den Tisch mit Teegläsern, frischem Brot und Butter, mit Silberbesteck und legte rosa Servietten auf die Teller. Welch eine Illusion zu tun, als ob heute alles wie früher wäre! Es ist nicht mehr wie früher. Es wird nie mehr so wie früher werden. Wie wird es werden, wenn sie nicht mehr da ist? Unvorstellbar, unausdenkbar! Mich fror. Die Pfannen und Becken stehen sinnlos auf der Anrichte. Die Tassen, aus denen einmal der heiße Kaffee dampfte, liegen unbenutzt auf dem Regal. Und dort die Gläser, aus denen wir zu Käse und Brot am späten Abend beim Gespräch Wein schlürften. Sie haben ihren Sinn verloren, weil Anna sie nicht mehr berührt. Alles lebte aus ihrer Berührung. Ihre Hände haben es mit Leben erfüllt. Das ganze Haus lebte aus dem Atem ihrer Seele. Jetzt drohen alle Dinge, ja selbst wir, mit ihr zu sterben. Als sie endlich blass, wortkarg , ihr linkes Bein leicht nachschleppend am gedeckten Tisch Platz nahm, waren wir beide außerstand, nur einen Brocken zu schlucken. Ich nahm sie an der Hand und führte sie aufs Sofa in der Stube. Wir ummarmten uns, liebkosten uns, weinten uns aneinander aus bis ein heftiger Anfall sie aus meinen Armen riss. Das war der Augenblick, in dem wir voneinander und von einem schönen, unvergesslichen Leben Abschied nahmen. »Wie weh tut das, wie weh, wie weh!« schluchzte es immer wieder aus mir heraus. Wir beide waren vom Schmerz geschüttelt und erkannten, dass von jetzt an jedes von uns seinen eigenen Weg gehen muss, und dass die Stunde gekommen war, an der wir nicht mehr aneinander festhalten durften. In einem Kraftakt rissen wir die Wurzeln aus den Herzen. Mir war zum Sterben elend und als ob ich aus tausend Wunden verblutete. Sterben wäre besser gewesen, als die Qual dieser Trennung zu ertragen. Anna musste Ähnliches erlebt haben. Aber sie war auch jetzt gefasster, souveräner und stärker als ich. Sie stützte mich in schwierigen Situationen. Sie richtete mich immer auf, ermutigte und tröstete mich. Von jetzt an musste ich allein den Weg suchen. Ohne sie. Vielleicht finde ich in der Not die Kraft, sie zu stützen und zu tragen. Ich will sie auf Händen tragen bis sie stirbt. Sie wird sterben. Ich weiß es. Es gibt keine Hoffnung. Wir rüsteten uns auf die Reise nach Arlesheim. Strömender Regen wechselte mit grellem Sonnenschein, der meine Augen schmerzte. Im Tunnel vor Basel überfiel sie von neuem ein Anfall. Die Angst vor Anfällen quält mich Tag und Nacht. Wenn sie eintreten, stockt auch mir der Atem. Meine Frau wird mir fremd. Dann bin ich wie ein Ertrinkender bei einem Ertrinkenden. Ich kenne nichts Schrecklicheres und Ohnmächtigeres als die Minuten, in denen ich hilflos warte, bis alles vorbei ist.

Eine Schwester führte uns in die düstere Krankenkammer. Ausblick auf den Garten mit alten Bäumen und auf ein Gehege mit meckernden Zwergziegen. Die Ärztin erscheint mit einem Assistenten zu einem ersten Gespräch. Um 18 Uhr reißen Peter und ich uns zusammen, suchen nach tröstenden Worten, die wir nicht finden, und verlassen fluchtartig und ohne jeden

Hoffnungsschimmer das Spital, um in unser entleertes Zuhause zurückzukehren.

Im Schlafzimmer das leere Bett. Ich binde eines ihrer schönen Taschentücher zu einem Knoten zusammen und lege es auf ihr Kissen. Ich erwache ununterbrochen. Träume jagen mich. Ich zünde das Licht an. Ich ertrage es nicht und lösche es wieder aus. Bilder von Särgen und Gräbern schrecken mich. In der Früh trägt die Brise das Glockengeläut vom Nachbardorf über den Wald ins Zimmer. Totenglocken! Ich halte mir die Ohren zu und stecke mein Gesicht in die zerknüllten Kissen. Soll ich aufstehen? Wozu? Ich gehe ziellos umher. Um halb acht rufe sie mich an, hat sie gesagt. Ich kann es kaum erwarten. Es gehe ihr gut, teilt sie mir mit. Mittags ruft sie nochmals mit tränenerstickter Stimme an. Sie hat Heimweh nach mir. Ich nehme den nächsten Zug und fahre zu ihr, um ihr beizustehen. Wer steht wem bei?

1. Februar 92

Die Nacht ist vorgerückt.
Der Tag hat sich geneigt.
So lasst uns die Werke der Finsternis ablegen und anziehen die Waffen des Lichtes (Röm 13, 12).

3. Februar 92

Immer wieder wächst Hoffnung. Sie erlahmt schon im Keim. Ich gebe die Hoffnung auf. Anna ernährt sich bloß noch von Medikamenten. Trotzdem ein großer Anfall, den wir mit einer intravenösen Valiumspritze unterbrechen können.

4. Februar 92

Sie versucht mit Krücken zu gehen. Schlecht und recht. Unter dem geheuchelten Lob einer Gemeindeschwester.

10. Februar 92

Heute war die Physiotherapeutin zum ersten Mal da. Sie wird nun jeden Tag zur Massage kommen. Christa und Peter helfen jetzt bei der Pflege ihrer Mutter. Ich schaffe es nicht mehr allein. Sie machen das so liebevoll und mit einer bewunderns-werten Kraft und Selbstverständlichkeit. Ich bin dankbar und erleichtert. Wie gut, dass meine beiden Schwägerinnen, Helena und Agnes ausgebildete Krankenschwestern sind. Sie lösen uns abwechslungsweise ab, dass wir uns etwas entspannen können. Die Medikamente, die ich einnehme, machen mich etwas euphorisch und gaukeln mir Lichter vor. Seltsamerweise machen gerade jetzt die schwierigsten Patienten die größten Fortschritte. Vielleicht weil ich mit weniger Kraft ihre Selbstheilungskräfte mehr herausfordere. Jedenfalls scheint meine schwerste Lebensphase für viele eine besondere Gnadenzeit zu sein.

12. Februar 92

Ihre Kopfschmerzen werden immer heftiger. Freunde wollen sie besuchen. Wir müssen sie abweisen. Sie erträgt keine Gespräche. Geistige Anstrengung verursacht ihr rasende Schmerzen.

13. Februar 92

Gott sei Dank kann sie noch klar denken. Ihr Charakter hat sich nur wenig verändert. Sie ist noch ganz sich selber. Manchmal bricht wie ein Sonnenstrahl ihr trockener Humor durch das Elend.

14. Februar 92

Sie verwechselt Christa mit einer Krankenschwester. Sie bemerkt es und sagt zu mir: »Wenn ich dich dann nicht mehr erkenne, geht es mit mir zu Ende.« Die Bemerkung schmerzt. Sie verlangt einen Spiegel und schaut sich lange an. »Ich komme mir ganz fremd vor«, bemerkt sie und legt den Spiegel beiseite. »Ich möchte so sanft sterben, wie ich beim ersten Anfall vor der Kirche entschwebte«.

17. Februar 92

Wo soll ich Halt suchen? Gibt es irgendwo einen Hoffnungsschimmer? Ich lese in der Bibel: »Wir rühmen uns unserer Bedrängnis. Denn Bedrängnis bewirkt Geduld, Geduld aber Bewährung, Bewährung Hoffnung. Die Hoffnung aber lässt nicht zugrunde gehen; denn die Liebe Gottes ist ausgegossen in unsere Herzen durch den heiligen Geist...« (Röm 5,3). Wirklich?

20. Februar 92

Sie bemerkt heute: »Ich möchte sterben. Ich halte es nicht mehr aus, doch ich habe das Gefühl, meine Aufgabe noch nicht erfüllt zu haben.«

28. Februar 92

Es fällt mir ein Text in die Hände, den sie an ihrem letzten Geburtag ins Tagebuch schrieb:

»Irgendwann bleibt nichts von dir auf Erden;
vielleicht die Erinnerung an deine Augen,
dein Lachen, deine Hände in den Herzen
der Menschen, die dich liebten.
Liebe die Stille,
höre das Rieseln des Sandes
in deiner Lebensuhr,
damit du nicht aufschreckst,
wenn die letzten Sandkörner fallen«.

29. April 92

Ein regnerischer Morgen. Die Wolken hängen in den Bäumen vor dem Schlafzimmerfenster. Ich habe sie vor vielen Jahren selber gepflanzt. Birken, Ahorn und Weiden. Sie sind zum Maß geworden für alles, was jetzt nicht mehr ist. Jeden Tag erinnern sie mich beim Erwachen an den Tod meiner Frau. Als sie starb, summten die Bienen um die Weidenkätzchen und die Haselblüten stoben ihren Staub in den Wind. Alles was noch lebt, erinnert mich an das Wichtigste, das starb. Der bevorstehende Tag gähnt wie ein schwarzes Loch. Der Platz neben mir im Bett ist leer. Unser Haus ist ausgestorben. Bedrohlich. Eine Ruine. Alles ist still. Totenstill. Nichts rührt sich. Keine Freude, keine Seele, kein Leben. Überall Einsamkeit. Ich irre durch die Räume, weiß nicht, wo ich mich setzen und wo ich mich hinstellen soll. Alles ist fremd.

2. Mai 92

Der Schmerz ist jetzt ein anderer, als an jenem Morgen, als wir uns in der Stube voneinander trennten. Er ist anders, als damals als wir sie in die Klinik brachten und ich allein zu Hause zurückblieb. Damals war es die Qual eines glühenden Eisens auf meiner nackten Haut. Wie in der Folterkammer unter Schlägen. Jetzt leide ich unter dem Schmerz meiner Wunden. Ich bin am Ende meiner Kräfte. Ich bin bankrott. Unheilbar krank.

4. Mai 92

Jemand schickt mir ein Buch über Trauerarbeit. Trauerarbeit! Trauer ist keine Arbeit. Trauer ist ein Prozess, der an mir geschieht und den ich an mir geschehen lassen muss und den ich nicht leisten kann. Wie soll ich arbeiten? Ich bin erschüttert, verwundet, sinnlos und verlassen. Meine Fähigkeiten haben sich verflüchtigt, mein Wille ist gestorben. Ich bin schlaff und ausgetrocknet. Das Leben ist Tod. Der Tag ist grau. Die Zukunft ist ungewiss. Ich habe Angst. Wie soll ich damit arbeiten? Ich muss aushalten. Ich muss durchstehen. Hoffen, dass es wieder einmal erträglicher wird. Auf einen Morgen warten. Die Morgendämmerung kann ja nicht erarbeitet werden. Wir können nur hoffen, dass sie kommt. Wir müssen sie kommen lassen.

Die Leere unseres Hauses dringt mir durch Mark und Bein. Draußen brütet schon sommerliche Hitze. Ich irre klagend und schreiend wie ein Verrückter durch die Räume. Ich bohre Schmerz und Wut wie Pfeile in Wände und Möbel. Der Hund trottet mit gesenktem Kopf hinter mir her und winselt vor sich hin. Die Sonne sticht durch die Fensterscheiben. Das Licht ist unerträglich. Ich entschließe mich, endlich, das gestern geschnittene Gras auf dem Rasen zusammenzurechen. Das schneeweiße Haus wächst wie ein Grabmal aus dem Boden. Die Zeit scheint stillzustehen. Ich schaue zu den Türen, ob sie nicht doch irgendwo herauskommt. Mit der grünen wadenlangen Hose, an der die lustigen Schnüre baumeln und dem prallen weissen T-Shirt. Ich schließe die Augen und streiche ihr durch die blonden Haarlocken, liebkose ihre sonngebräunten Arme und berühre zärtlich ihre Lippen mit den meinen. Ich erwache und rieche das geschnittene Heu. Ein Flugzeug zieht einen weißen Streifen über mir an den blauen Himmel. Sie kommt nicht. Sie lebt nicht mehr. Sie ist tot. Ich muss es mir immer wieder sagen. Ich lasse den Rechen am Boden liegen und fahre zum Friedhof, um mich zu vergewissern. Ja, es steht auf dem Holzkreuz geschrieben: Anna Rey. Geburts- und Todesjahr. Die Tannenäste sind unter der ersten Frühlingshitze verdorrt und verlieren ihre Nadeln. Die nackte Erde kommt zum Vorschein. Die Blumen sind vertrocknet. Über das, was unter der Erde geschieht, verbiete ich mir nachzudenken.

5. Mai 92

Oftmals versuchte ich mir während ihrer Krankheit vorzustellen, wie sie sterben wird, um das Schreckliche vorwegzunehmen. Aber es fehlten mir die Bilder. Woher sollte ich sie nehmen? Das Geheimnis jenes bestimmten Augenblickes und die Umstände, in denen es sich vollziehen sollte, blieben mir verschlossen. Und dann geschah es. Ihre Hände und Füße wurden kälter. Die Schmerzen erreichten ein unerträgliches Maß. Der Arzt setzte Morphium ein. Kurz danach dämmerte sie in tiefen Schlaf, den Mund offen. Der Atem wurde unregelmäßig und setzte manchmal kurz aus. Aus ihrer Nase begann Eiter zu fließen. Ein kaum spürbares

Lächeln lag auf ihrem vom Cortison leicht aufgeblähten Gesicht, das in den letzten Tagen babyhaft liebliche Züge angenommen hatte. Draußen lichtete sich ein dichter Nebel. Christa kniete neben der Sterbenden und streichelte ihr die Hand. Auf der anderen Seite Peter und seine Freundin. Sie strichen ihr zärtlich übers Haar. Am Fußende unsere besten Freunde, mein Bruder mit der Frau und Annas Schwestern und ich, regungslos, keiner Geste oder Handlung fähig. Versteinert unter dem Einfluss von Medikamenten. Ich verfolgte zwar jede kleine Veränderung, das Unfassbare beobachtend. Wir beteten laut ihre Lieblingsgebete. Ich fühlte, dass sich jetzt das Schicksal vollzog. Ich war machtlos, dagegen etwas zu unternehmen. Ihr Atem setzte plötzlich aus. Dann kam er wieder, setzte nochmals aus und kam nicht mehr. Die Sterbende riss ihre Augen weit auf. Das Licht ihres Gesichtes erlosch und wich plötzlich einer gelblich wächsernen Blässe. Ein lauter Schluchzer entwich endlich meiner Kehle. Ein Schmerz stach wie ein Schwert durch meine Mitte. Unsere Kinder und ich suchten einander wie Blinde und umarmten uns zu einem festen Knäuel, aneinander Halt und Trost und Zukunft suchend. Hemmungslos laut klagten wir unser Leid laut aus unseren innersten Verborgenheiten. Als wir uns der Verlorenen wieder zuwandten, hatte ihr jemand die Augen zugedrückt. Es war zehn vor ein Uhr mittags. Auf die Minute genau die Zeit ihrer Geburtsstunde.

6. Mai 92

Der Montag ist immer ein besonders trauriger Tag. Er war seit Jahren mein freier Tag. Ich habe mich immer ganz besonders darauf gefreut. Gestern erwachte ich schon um sechs Uhr morgens. Draußen ist es Tag um diese Zeit. Mir graute vor dem Licht, das durch die Ritzen der Rollladen blitzte. Ein Wind pfiff um die Ecken des Hauses und schlug die Äste der Bäume an das Dach. Es war wie wenn ich die

Hand meiner Frau auf der Brust verspürte. Ich stellte mir vor, die Wärme ihres Körpers zu suchen, sie zärtlich zu berühren und die schlafenden Augen zu küssen. Wie schön war es, mit ihr zu erwachen, mit ihr den Tag zu beginnen, zu durchleben und den Abend zu erwarten, wenn die Nacht mit ihren Unheimlichkeiten herniederkam und ringsum aus den Wäldern durch die Fenster kroch und dann ganz unter unserem großen Dach und dem Schein der Lampen aneinander geborgen zu sein. Wie lange und wie sinnlos sind diese Montage geworden! Ich stand auf, duschte und rasierte mich. Tränen kollerten in den Seifenschaum. Ich sprach laut mit mir selber: Was soll ich hier? Ich schaffe das nicht allein, meine Tage, meine Nächte, mein bevorstehendes Alter, seine Beschwerden! Wie soll ich alt werden ohne Dich? Wie soll ich allein diese Prüfung bestehen? Ich mag nicht mehr. Ich will nicht weiter leben. Wie sagtest Du jeweils: »Du darfst nicht gleich verzweifeln!« Ja, ich will's versuchen. Ich zog die Rollläden an den Fenstern hoch, bereitete mir das Frühstück und ging mit dem Hund spazieren. So begann ich den grauen Tag, der mit Sicherheit wieder einen Abend bringen wir.

7. Mai 92

Es sind immer dieselben Fragen, die mich bedrängen. Lebt sie noch? Wo lebt sie. In welcher Beziehung steht sie jetzt zu mir? Gott besitzt sie. Ich bin eifersüchtig. Er hat sie mir entrissen. Er hat sie in seiner Gewalt Er könnte mir auf all die Fragen Antwort geben. Aber er schweigt. Vielleicht muss ich in der Bibel lesen. Dort sind doch seine Worte aufgeschrieben. »Kein Auge hat es gesehen und kein Ohr hat es gehört, was Gott denen bereitet, die ihn lieben...« (1 Kor 2,9), lese ich. Anna liebte Gott. Ich meine, das sagen zu können. Sie liebte ihn in Jesus, den sie als seinen Sohn anerkannte. Sie erzählte mir eines Tages, dass sie mit 13 Jahren regelrecht in einen dreißigjährigen Mann verliebt gewesen sei. Sie habe sich jeden

Abend vorgestellt, in seinen Armen einzuschlafen. Ich horchte auf. Ich war schockiert. »Mit 13!« rief ich aus. »Du brauchst nicht eifersüchtig zu sein«, antwortete sie mir lachend: »Es war nämlich Jesus!« Die Jugendliebe erlosch im Lauf der Zeit. Während unserer Ehe kamen wir jedoch mit geistlichen Strömungen innerhalb der katholischen Kirche in Berührung, die uns beide religiös aufweckten. In jener Zeit erlebte sie ganz Entscheidendes, das ihre Beziehung zu Christus erneuerte. »Ich gehe hin, euch eine Wohnung zu bereiten« (Joh 14, 2), lese ich. Ich kann mir vorstellen, dass sie eine schöne Wohnung bei Gott bekommen hat. Ich möchte es anders sagen: dass sie ganz nahe bei ihm ist und von seinem Liebesglück umfangen wird. Man kann mir entgegnen, dass ich mit solchen Vorstellungen nur einen Ausweg aus meiner Trostlosigkeit suche. Vielleicht. Und wenn es nicht bloß ein Ausweg ist?

8. Mai 92

Manchmal überfällt mich eine Art Zwang, immer an sie zu denken, um den Faden der Verbindung nicht abreisen zu lassen. Ich habe Angst, wenn ich nicht ständig an sie denke, verliere ich sie ganz, wie wenn sie dann für immer in der unermesslichen Weite des Weltalls verschwände. Ich darf sie nie vergessen!

9. Mai 92

Gestern Nacht weckte mich eine dichte Duftwolke. Es war, wie wenn jemand ein wohlriechendes Parfum auf meine Decke ausgeschüttet hätte. Erst nach etwa fünf Minuten verflüchtigte sich der Wohlgeruch. Hat dieser Duft vielleicht mit meiner Frau zu tun? Könnte er ein Hinweis auf ihr gegenwärtiges Leben sein? Eine Art Beweis dafür, dass sie noch existiert? Mein kritischer Verstand wehrt sich gegen solche Überlegungen. Vielleicht gibt es Geheimnisse, die selbst Psychoanalytiker nicht ergründen können.

11. Mai 92

Ich erwache heute mitten in Bildern ihres Sterbens. Ich befürchte deshalb einen schlimmen Tag. Vom Morgen bis am Abend bin ich heute jedoch überraschend wie von einem Licht umgeben. Kein Schmerz. Keine Verzweiflung. Keine Wut. Ich freue mich vielmehr, dass sie mir vorausgegangen ist. Der Tod scheint für Augenblicke etwas von seiner für mich unheimlichen, gespenstischen Schrecklichkeit verloren zu haben. Die Kraft der Sehnsucht, meiner Frau wieder zu begegnen, ist jetzt größer als die Not der Trauer. Ich kann heute alle Schrekkensvorstellungen des Sterbens überwinden und auf der Brücke der Hoffnung der Zukunft entgegengehen. Es ist wunderbar, so empfinden und denken zu dürfen. Es ist wie wenn mir jemand eine Droge gespritzt hätte. Ich erhole mich aus einer tiefen Erschöpfung. Aber ich fürchte das Erwachen.

14. Mai 92

Heute ist ein schwieriger Tag. Ich muss kämpfen. Ich will versuchen, die Stimmung der letzten Tage in mir wieder wachzurufen. Ich darf nicht an negativen Vorstellungen hängen bleiben. Ich muss die erdrückende Stille in den Räumen übersehen. Ich muss die Ohren verschließen vor den Geschichten, die mir Tisch und Stühle, Nippsachen auf der Truhe und die Bilder an der Wand zuflüstern. Sie alle sind schwanger von Alltäglichkeiten eines glücklichen Zusammenseins, das jetzt erloschen ist. Sie sind selber zu erstorbenen, stummen Zeugen erstarrt. Sie demonstrieren mir, dass die Veränderung endgültig und irreversibel ist. Es gibt keine Rückkehr ins Vergangene mehr. Es wird nichts mehr so, wie es war. Auch das Licht, das mir in den letzten Tagen erschienen war, ist ausgeblasen. Ich ahne zwar etwas von der Existenz meiner Frau. Aber ich kann sie nicht sehen oder spüren. Solche Ahnungen zerrinnen zwischen den Fingern. Text und Melodien aus Glucks Orpheus gehen mir heute nicht aus dem Kopf:

»Ach, ich habe sie verloren. All mein Glück ist nun dahin. Oh, wär' ich nie geboren, weh, dass ich auf Erden bin... Du, die ich heiß geliebt, kehre zu mir zurück... Jeglicher Freude leer, such ich dich nur allein... Tausend Qualen, drohende Schatten, foltern mir die Brust mit Schmerzen...«

15. Mai 92

Die Farben sind matt. Keine Glanzpunkte und kein Schattenspiel. Alles ist grau, unbedeutend, tot. Landschaft, Bäume, Blumen sind stumm. Ihre Einmaligkeit ist durch das Einerlei des Bedeutungslosen ausgelöscht. Sie hat die Freude am Leben und das Leben der Dinge, meine eigene Lebensfähigkeit und Lust mit ins Grab genommen. Wer kann das verstehen? Ich denke an einen guten Bekannten. Er hat seine Frau an einem Herzversagen und kurz danach seinen jüngsten Sohn durch einen Unfall verloren. Ich sprach oft mit ihm und versuchte ihn zu verstehen. Nach jedem Gespräch wischte er mein Verständnis mit immer derselben Bemerkung vom Tisch: »Es kann mich niemand verstehen.« Ich war jeweils so frustriert, dass ich ihn nicht mehr besuchte. Er starb, von allen unverstanden, in einer Nervenklinik. Ich verstehe ihn erst jetzt. Heute kann ich ihn begreifen. Niemand kann die Trauer anderer verstehen. Am ehesten ahnungsweise jemand, der selber trauert.

17. Mai 92

Heute konnte ich mich überwinden, den Bildhauer anzurufen, um mit ihm den Grabstein zu besprechen. Seine Frau nahm das Telefon ab und sagte, sie werde ihm mein Anliegen mitteilen. Ich war eifersüchtig auf diesen Mann, der eine Frau hat, die ihm etwas mitteilt, nämlich dass ich einen Grabstein brauche für meine eigene Frau, die gestorben ist. Ob ich schon eine Vorstellung hätte, fragte sie mich. »Ja, Auferstehung«. »Ein zentrales Thema«, meinte sie. Ich schwieg, weil ich mir der Wirklichkeit der Auferstehung augenblicklich nicht ganz so sicher bin.

18. Mai 92

Die meisten ertragen traurige Menschen schlecht. Sie möchten nicht mit ihrem Schmerz in Berührung kommen. Sie wissen auch nicht, wie sie mit ihnen umgehen sollen. Manche machen denn auch einen großen Bogen um mich herum. Als ob meine Trauer ansteckend wäre! Das ist eine neue Erfahrung für mich. »Wie geht es Ihnen?« fragte mich heute der Tierarzt, der beim Nachbarn eine Kuh untersuchte. »Gut, nicht wahr. Sie sehen blendend aus. Ich habe Sie schon lange nicht gesehen.« Er antwortete gleich selber auf seine Frage, um gar nicht mit meiner ihm peinlichen Traurigkeit konfrontiert zu werden. Aber ich antwortete bis jetzt ohnehin auf solche Höflichkeitsbefragungen meistens mit: »Danke, ich lebe noch.« Die meisten fangen dann mit verlegenem Lächeln an vom Wetter zu reden. Was geht es die Leute an, wie es mir geht! Jetzt antworte ich jeweils: »Ich bin zufrieden«. Es stimmt zwar nicht, aber alle sind froh darüber. Einige, die schon immer auf unser inneres und äußeres Glück Eifersüchtigen, möchten sich ohnehin an meinem Elend weiden. Den Gefallen mache ich ihnen nicht. Einer, der mit mir täglich im Zug fährt, erzählte mir von seinem Vater, der drei Monate nach dem Tod seiner Frau sich bereits eine neue Freundin angeschafft hätte. Einsamkeit sei nichts gewesen für ihn. Er wollte mich offenbar aufmuntern, einen ähnlichen Schritt zu unternehmen. Keine Ahnung von Liebe und Trauer! Der Verlust des Partners ist für ihn so etwas wie das Auswechseln von Schuhen. Ein guter Bekannter meinte, ich sei ja Psychotherapeut. Ich werde da schon darüber hinwegkommen. Als ob mir dabei meine Psychotherapie etwas nützte. Sie nützt mir insofern, als ich weiß, dass ich Trauer geschehen lassen soll. Dass ich die Tränen annehme, den Schmerz in mir wüten lasse und die

Erinnerungen nicht verdränge. Ja, soweit hilft sie mir. Aber im Übrigen unterscheide ich mich in nichts von anderen, außer vielleicht noch dadurch, dass ich in meinen Beruf sensibler und schmerzempfindlicher geworden bin als sie. Einer sprach mich neulich an, er habe gehört, meine Frau sei gestorben. Das sei schlimm. Ich sei allerdings nicht der Erste und nicht der Letzte, dem solches widerfahre. Dessen bin ich mir allerdings auch selber bewusst. Er kenne eine Frau, fuhr er fort, mit zwei kleinen Kindern, die den Mann verloren habe. So was sei bitter. Die Bemerkung sollte ein Trost sein. Sie ärgerte mich. Es gibt freilich Menschen in meinem Bekannten- und Freundeskreis, die echt liebevoll mit mir umgehen. Einige verhalten sich zwar distanziert, lassen mich jedoch durch einen Blick oder einen warmen, wortlosen Händedruck spüren, dass sie mit mir verbunden sind. Eine liebe Bekannte ruft mich dann und wann an, um mit mir am Telefon zu beten. Ich bin zwar nicht immer dazu bereit. Aber ich lasse es geschehen und spüre Erleichterung dabei.

19. Mai 92

Die ärgerliche Bemerkung jenes Zugreisenden von gestern, der mir von der Frau mit den zwei Kindern erzählte, die den Mann verloren hat, beschäftigt mich. Was will sie mir sagen, dass sie mich ärgert? Sie ruft mir beim Nachdenken die Geschichte einer jungen buddhistischen Mutter in den Sinn, die ich neulich in einem Kommentar zum Tibetischen Totenbuch[13] las. Sie hatte ihr einziges Kind verloren, als es ein Jahr alt war. Von Trauer überwältigt, den kleinen Körper fest umklammert, irrte sie durch die Straßen und flehte jeden um eine Medizin an, die ihm das Leben wieder hätte geben können. Einige ignorierten sie, andere lachten sie aus, wieder andere hielten sie für verrückt. Schließlich traf sie einen alten, weisen Mann, der ihr sagte, dass der einzige Mensch auf der Welt, der ein solches Wunder vollbringen könne, Buddha sei. Also ging sie zu Buddha, legte ihm den Körper ihres Kindes zu Füßen und erzählte ihre Geschichte. Buddha hörte sie an. Dann sagte er: »Es gibt nur ein Mittel gegen dein Leid: geh hinunter in die Stadt und bring mir ein Senfkorn aus einem Haus, in dem es niemals einen Todesfall gegeben hat.« Die junge Frau war erleichtert und ging sofort in die Stadt. Beim ersten Haus, das sie sah, klopfte sie an und sagte: »Der Buddha hat mir aufgetragen, aus einem Haus, das den Tod noch nie gesehen hat, ein Senfkorn zu bringen.« »In diesem Haus sind viele Menschen gestorben«, wurde ihr bedeutet. Sie ging zum nächsten Haus. »In unserer Familie hat es zahllose Todesfälle gegeben«, sagte man ihr. Und so war es auch im dritten und vierten Haus, bis sie in der ganzen Stadt gefragt hatte und erkannte, dass der Auftrag des Buddha nicht zu erfüllen war. Da brachte sie den Körper ihres Kindes zum Friedhof, nahm endlich Abschied und kehrte zum Buddha zurück. »Hast du den Senfsamen?« fragte er sie. »Nein«, antwortete sie, »ich fange an zu verstehen, was Ihr mich lehren wolltet. Trauer hat mich geblendet und mich glauben gemacht, nur ich allein hätte unter dem Zugriff des Todes zu leiden.« »Warum bist du zurückgekehrt?« fragte er sie. Und sie erwiderte: »Um Euch zu bitten, mich die Wahrheit zu lehren über den Tod und was jenseits des Todes liegt, und ob es in mir etwas gibt, was nicht stirbt.«

20. Mai 92

Gibt es die Auferstehung oder gibt es sie nicht? Auferstehung ist mir als Christ zum Thema geworden, das mir unter den Nägeln brennt. Daran entscheidet sich doch, ob ich ins Leere denke und liebe, ob sie noch ist oder nicht mehr ist. Ich kaufe ein theologisches Buch nach dem anderen. Ich bin süchtig nach Orientierung. Ich hoffe, etwas Näheres über die Hypothese des Weiterlebens nach dem Tod zu erfahren. Ich stelle jedoch fest, dass theologische Literatur wenig weiterhilft. Theologen wissen nicht mehr, als ich selber weiß. Zudem handelt es sich bei diesem Thema offenbar nicht so sehr um Wissen als um Erfahrung. Das Gefasel von Mythologien, Sagen, Legenden und archetypischen Bildern bringt mir nichts.

21. Mai 92

Immer wieder sind mir unsere Gespräche über Tod und ewiges Leben gegenwärtig. Wie oft haben wir darüber gesprochen! Auferstehung war ein Dauerthema am Familientisch. Wir haben an langen Abenden mit Freunden darüber diskutiert. Etwa über die Berichte des Paulus im ersten Korintherbrief von den Erscheinungen Jesu nach seinem Tod. Dass er dem Kaiphas erschien, den Zwölfen, den 500 Brüdern auf einmal (1 Kor 15,3-8). Die Begegnung von Jesus und Maria Magdalena (Joh 20,11-14) war für uns die schönste evangelische Geschichte. Es faszinierte uns, dass er nach seinem Tod in Raum und Zeit sichtbar, wahrnehmbar und erkennbar war und sich in dieser Welt nach ganz neuen Gesetzmäßigkeiten bewegte. Auferstehung Jesu bedeutete für uns, dass wir mit ihm nach unserem Tod weiterleben. Wir fragten uns, wie wir auferstehen und was für einen Leib wir haben werden. Wir hielten uns an Paulus, der schreibt, es werde in Vergänglichkeit, Unansehlichkeit und Schwachheit gesät. Auferweckt werde jedoch in Unvergänglichkeit, Herrlichkeit und Kraft. Gesät werde ein sinnenhafter Leib, auferweckt ein Geistleib (1 Kor 15,35-50). Wir sprachen in diesem Zusammenhang einmal über die Mohnblume, dass sie ein schönes Bild für das ist, was in der Auferstehung geschieht. Wer ihr klägliches, verschrumpfeltes Samenkorn sieht, kann sich kaum die purpurne Pracht der Blume vorstellen, in die es sich im Sommer verwandelt. So werden wir auferstehen, glaubten wir. Wie die Mohnblume aus dem Samenkorn. So stellte sich die Schau unserer Identität nach dem Tod dar. Ihre Akzidentien fallen im Sterben von ihr ab. Ihr Kern bleibt. Er wird nicht zerstört, sondern im Gegenteil, zur Fülle seines Wesens entfaltet. Unsere in der Zeit lebensgeschichtlich geformte Identität geht nicht in der Zeitlosigkeit unter, sondern erlangt in der Hochzeit des Ewigen ihre vollkommene und unvergängliche leibgeistige Ausformung. So werden wir auferstehen, glaubten wir, wie die Mohnblume aus dem Samenkorn.

Die materiellen Fakten der Wirklichkeit des tatsächlichen Todes meiner Frau sind jedoch derart grässlich, dass sie diese klare, schöne Sicht ausradieren. Ich sehe noch jetzt nur mehr das erbärmliche Samenkorn, das man mit Erde zuschüttete. Nichts, aber auch gar nichts von einer Mohnblumenpracht! Ich spüre noch die Verzweiflung, als der Schreiner den Leichnam in den Sarg legte. Ich schaute dem Lieferwagen nach, mit dem er ihn durch den dämmernden Abend zur Gefriertruhe in die Friedhofkapelle fuhr. Gott schwieg. Er verweigerte jede Antwort, wie es nun wirklich mit dem Tod und der Auferstehung ist. Die wunderbaren Glaubenserkenntnisse erscheinen mir heute als bloße Wunschphantasien. Mein Glaube wird immer wieder zu einem Ballon, dem die Luft ausgeht und dessen Hülle zu einem kümmerlichen Rest von Gummizeug zusammenschrumpft.

22. Mai 92

Ich lasse heute meiner Wut über unser Schicksal freien Lauf. Der gute Gott ist für mich ein grausamer und unberechenbarer Macho. Ich malte ihn, wie er mit grimmigem Gesicht, es ist eher eine Fratze, aus schwarzen Gewitterwolken vom Himmel auf die Erde späht, einen Pfeilbogen im Anschlag, um wahllos auf Menschen zu schießen. Ein anderes Bild zeigt ihn auf seinem Himmelsthron, meine Frau in seiner Gewalt, die er sich als Geisel nahm, um mich zu erpressen und an sich zu binden. Ich versuche mich von ihm zu lösen. Es gelingt mir nicht. Denn, wende ich mich von ihm ab, verliere ich meine

Frau ganz. Der Gedanke an ihn verwickelt mich in einen unentwirrbaren Knäuel von Unvereinbarkeiten. Ich komme mir vor wie ein Ertrinkender, der sein Arme zum Himmel reckt, weil ihm sonst nichts anderes übrig bleibt, oder der sich an einem losen Dornenstrauch festklammert, um sich vor dem Abgrund zu retten.

23. Mai 92

Ich litt schon früher, etwa am Gymnasium, unter Heimweh. Jetzt quält es mich mit besonderer Intensität, wenn es jede Faser in mir bis zum Zerreißen nach der Geliebten verzerrt. Ich möchte sie überall suchen. Kein Weg wäre mir zu weit und keine Gefahr zu groß. Mein Heimweh ist eine unstillbare Sehnsucht. Sie ist eine Krankheit. Sie erstickt jede Freude im Keim und macht jede Hoffnung zunichte. Sie verursacht körperlichen Schmerz. Sie foltert das Herz und schnürt den Hals zu. Sie sät Einsamkeit, Zweifel, Selbstmitleid und Verzweiflung in die Seele. Sie ist der Funke, an dem sich immer wieder der verheerende Schmerz der Trauer entzündet.

24. Mai 92

Die Bank steht verlassen.
Am Bahnsteig kein Mensch.
Ein Vogel setzt sich.

25. Mai 92

Ich lese das Buch »Rückkehr von morgen«[14]. Es fasziniert mich zu vernehmen, wie der junge Arzt während seiner Nahtoderlebnisse den Körper verließ und durch unbekannte Gegenden wanderte, verstorbenen Bekannten begegnete und an der Hand Jesu bis vor die Tore des Himmlischen Jerusalem geführt wurde. Die Geschichte von Jesus Christus und seiner Auferstehung ist also nach wie vor eine erlebbare Wirklichkeit. Die Lektüre begeistert mich. Freilich weiß ich, dass sich diese

Begeisterung unter dem Brennglas meiner psychologischen Analyse schon in wenigen Stunden auflösen kann. Ein kleiner Hoffnungsschimmer wird vielleicht zurückbleiben. Man muss wissen, dass diese Menschen in ihren Nahtoderlebnissen noch nicht wirklich gestorben waren. Man kann also nach wie vor behaupten, dass noch kein Toter wieder zurückgekehrt ist. Und dennoch durften sie wohl für einen kurzen Augenblick hinter den Vorhang schauen.

26. Mai 92

Adrienne von Speyer ist die Frau eines Universitätsprofessors der Rechte und selber Ärztin. Ich lese einige ihrer außerordentlich intelligenten und spirituell tiefsinnigen Bücher zu Themenkreisen der katholischen Theologie. Äußerungen von klar denkenden und wissenschaftlich orientierten Menschen sind mir jetzt wichtig zur Prüfung des Möglichkeitsgehalts eigener Gedankengänge. Adrienne von Speyer ist eine Mystikerin. Ihr geistlicher Seelenführer war kein Geringerer als Hans Urs von Balthasar. Sie berichtet, dass sie selber erfuhr, wie dünn die Haut zwischen der diesseitig sichtbaren und der jenseitig unsichtbaren Welt ist. Mystische Erlebnisse machten ihr die Existenz der zweiten Wirklichkeit zugänglich. Von Balthasar berichtet von einem mystischen Erlebnis Adriennes, das den Erfahrungen klinisch Toter sehr ähnlich ist. Vor einigen Nächten sei Adrienne von ihrem Leib getrennt gewesen, schreibt er: »Ich fragte sie, ob sie ohne Körper gewesen sei. Nein, nicht ohne Körper, antwortete sie. Natürlich hätten sie auch im Himmel einen Körper, aber einen ganz vom Geist her geformten. Ob dies der endgültige Körper sei, oder ob sie sich denken könne, dass man auf den Auferstehungsleib warten müsse. Nein, sagt sie ganz erstaunt, natürlich der endgültige Körper«. Frau von Speyer schreibt in ihren Tagebüchern: »Wir bekommen dort nicht neue Augen, mit denen wir etwas anderes sehen. Wir bekommen keine neuen Ohren, für die alles anders klingen würde als auf der Welt. Aber alles klingt unendlich vollkommener, sieht schöner, glorreicher aus, weil die Verklärung der himmlischen Gnade darin ist«[15].

27. Mai 92

Ein Freund erzählte mir heute aus der Biographie des Jugendseelsorgers Don Bosco. Ein Junge, den er betreut hatte und der gestorben war, sei ihm eines Nachts erschienen und hätte ihm mitgeteilt, die Gebete für Verstorbene würden von diesen unmittelbar wahrgenommen und seien für sie wie geschenkte Blumensträuße.

28. Mai 92

Die Trauer zwingt mich immer wieder ans Grab. Es regnet. Die Wolken hängen grau und tief in den blühenden Bäumen. Die nassen Schollen glänzen unter den verdorrten Ästen. Muss das Weizenkorn wirklich sterben, dass es Frucht bringt (Joh 12,24)? Und welche Frucht soll es dann bringen?

Als ich heute Abend heimkehrte, brannten die Lichter nicht vor dem Haus. Ihr Zeichen, dass sie auf mich wartete, blieb aus. Drinnen war es finster. Die Nacht war lang. Ich fand keinen Schlaf. Der Föhn riss nach einem Gewitter die Wolkendecke auf und entblößte einen runden Mond. Ich stand auf und hörte mir jene Donizetti-Arie aus der Oper Don Pasquale an, an der wir uns als Verliebte und später in besonders romantischen Stunden nicht satt hören konnten: »O süße Nacht, im Mai durchwacht, mit weichem Samt, der Himmel vom Mond durchblaut. Herz, ach wie weit, sel'ge Mattigkeit! O, komm zu mir, ich warte dir! Es wehen Seufzer in trüben Winden. Mein Herz hast du für dich. Ich muss dich finden. Ich warte dein. Bleib ich allein, so leb ich nicht mehr...«

29. Mai 92

Gestern war Himmelfahrt. Ein Pfarrer predigte vom Himmel. Himmel sei dort, wo Menschen miteinander gut seien. Was, wenn diese Menschen nicht mehr gut sind? Löst sich dann der Himmel auf? Ist der Himmel an die Existenz von Menschen gebunden, die gut sind? Wenn es keine Menschen mehr gibt, gibt es dann auch keinen Himmel mehr? So ein Unsinn!

Welch dürftige Theologie! Damit kann ich in meiner Situation nichts anfangen. Wie kann man den Himmel so einfältig definieren? Ich staune immer wieder über die Hilf- und Sprachlosigkeit der Theologen, wenn sie sich über den Himmel und das Unsichtbare äußern sollten. Ihre panische Angst, gegen Aufklärung und Rationalismus zu verstoßen und sich vor einer Gesellschaft lächerlich zu machen, die Glauben nur mehr in der horizontalen Aktion zu sehen vermag, berührt mich immer peinlich.

30. Mai 92

Ein Jahr vor dem eigentlichen Ausbruch ihrer Krankheit begann Anna, für mich und uns beide völlig unverständlich, nachts zu schnarchen. Das passte so gar nicht zu ihr, dass ich davon sehr irritiert war. Das Phänomen war Ausdruck ihrer unmerklichen körperlichen Veränderung. Sobald ich eingeschlafen war, wurde ich wieder geweckt. Ich zupfte sie dann liebevoll und berührte sie zärtlich. Dann drehte sie sich und begann nach einigen Minuten von neuem. Ich konnte nicht mehr schlafen. Ich war tags müde, wurde gereizt und verspürte sogar manchmal Aggressionen. Ich verließ nachts oft mit Schmerz das Zimmer, um anderswo zu schlafen, was mir nie gelang, weil mich das merkwürdige Geschehen zutiefst beunruhigte. Ich ahnte, dass da etwas Unheimliches zwischen uns trat. Manchmal weckte ich sie, um sie zu bitten, selber in einem anderen Zimmer weiterzuschlafen. Das wurde so dramatisch, dass mir Anna einmal erklärte, dass ich mich anders einstellen sollte. Wenn ich sie gern habe, müsste ich auch eine solche Schwierigkeit ertragen und meistern können. Ich nahm mir diesen Hinweis zu Herzen und schlief zuweilen verkehrt im Bett, manchmal schluckte ich eine Schlaftablette oder stopfte mir Pfropfen in die Ohren. Ich stellte mich positiver ein. In schlechten Tagen sich anzunehmen und einander zu begleiten, dachte ich, ist erst wirklich Liebe. Es gelang mir in der Tat, das Problem in den Griff zu bekommen. Ich bin heute unendlich dankbar dafür. Es ist wahr, die Liebe erträgt alles.

31. Mai 92

Schon um sieben Uhr früh schnitt ich heute Blumen für das Grab. Jasmin, Pfingstrosen, Zweige von Weideröschen, mit unzähligen Blüten bestreut. Es tat mir gut, den verdorrten Strauß wegzuräumen und ihn durch einen frischen zu ersetzen. Auf dem Grab Verdorrtes mit Frischem auszuwechseln, sind die mir noch verbliebenen Möglichkeiten sinnlicher Liebe. Ich steckte den Strauß in den blauen Vergissmeinnichtteppich, der sich über dem indessen etwas eingesunkenen Grabhügel ausbreitet. Ich erinnere mich an den ersten Blumenstrauß, den ich ihr schenkte. Es waren Vergissmeinnicht. Christa sagt: »Ich gehe nicht zum Grab. Sie ist nicht mehr dort.« Das ist wahr. Sie ist nicht mehr dort. Aber ihr Leib ist dort. Ihr einst so wunderbarer Leib, in dem ihre schöne Seele wohnte, durch den sie sich ausdrückte, mit mir zärtlich war und mit dem sie mich liebte. Was wäre sie ohne ihren Leib gewesen? Unsichtbar, unberührbar, unerfahrbar. Es geht mir auf dem Heimweg der Satz eines Psalms durch den Kopf, den ich immerzu widerholen musste: »Ich danke dir, dass du sie so wunderbar gestaltet hast« (Ps 139,14).

1. Juni 92

Ester Vilar[16] hat ein neues Buch geschrieben, las ich heute in der Zeitung: »Erziehung der Engel«. Ob sie noch zu erziehen sind? Ausgerechnet durch Esther Vilar? Sie schreibt, das Unsinnige an den Religionen sei die Verheißung der Unsterblichkeit. Sie seien nichts anderes als hochstaplerische Überlebensversicherungen. Es sei besser, sich an den alten Epikur zu halten, der den Menschen schon vor 2000 Jahren die Angst vor dem Tod mit dem Hinweis ausgeredet habe, dass es nichts gebe, wovor man sich ängstigen müsste, weil man nach dem Tod nicht mehr vorhanden sei. Sie versuche die Menscheit vom Unsterblichkeitswahn der Religionen zu heilen und ihr zu helfen, ihr Leben für ein menschenwürdiges Hier und Jetzt zu nutzen, statt sich in unnütze Diskussionen zu verstricken. Ich selber liebe Unsterblichkeitsdiskussionen über alles. Sie helfen mir, meinen Alltag über Raum und Zeit hinaus zu gestalten. Jargis Canacakis[17], ein Spezialist für Trauerarbeit, ist ebenfalls Vilars Meinung. Es sei »eine Missachtung unseres Lebens, immer mit einem Bein im Jenseits zu stehen ...« Er rät Christen, sich an das Alte Testament zu halten, in dem der Tod endgültig und ohne Versprechungen eines Wiedersehens sei. Ich weiß sehr wohl, dass der Tod sich weder durch Auferstehung noch ewiges Leben wegsprechen lässt. Der Gedanke an die Auferstehung macht ihn mir jedoch erträglicher. Ich bin froh um diese christliche Botschaft, selbst wenn ich sie nur als Hypothese betrachte. Wunderbar, wenn sie mehr ist als das und einer tatsächlichen Wirklichkeit entspricht! Ist im Zustand der Trauer eine gute Hypothese nicht besser als keine? Jedenfalls beflügelt sie mich mit Hoffnung und hilft mir, was mir bis jetzt keine psychologische Theorie ermöglichte, meine Frau weiter zu lieben, obwohl sie gestorben ist. Der Glaube an die Auferstehung und das ewige Leben ist eine Gnade für jene, die das Religiöse in ihren Trauerprozess einschließen, wodurch er erst wirklich ganzheitlich und alles umfassend wird. Ich bin mir freilich bewusst, dass ich nicht von einem Leben nach dem Tod sprechen darf, wenn ich nicht mein Leben vor dem Tod mit aller Kraft ergreife. Die auch das religiöse Element umfassende Trauer vertröstet mich deshalb nicht auf das Jenseits. Sie spornt mich vielmehr an, die mir gestellten Aufgaben im »Hier und Jetzt« bestmöglich zu erfüllen. Deshalb halte ich durch alle Zweifel hindurch an meiner Hypothese des Lebens nach dem Tod fest.

2. *Juni 92*

Ich muss eingestehen, dass selbst der Gedanke an ein Leben nach dem Tod mich nicht immer zu trösten vermag. Nichts kann mich dann trösten und niemand. Selbst wenn es mir besser geht und ich tags wieder Tritt fasse, zeigen mir Traumbilder der Nacht, in welch verzweifelter Verfassung ich mich nach dem Tod meiner Frau befinde. Es kommt vor, dass mich nicht nur im Traum, sondern selbst in wachen Augenblicken innere Bilder überschwemmen, die mir meine Lage vor Augen führen. Ich irrte gestern mit offenen Augen heimatlos als ausgesetztes Kind durch die schmutzigen Straßen eines Armenviertels. Heute sah ich mich plötzlich verloren auf der Kreuzung von ausgefahrenen und mit Pfützen übersäten Wegen mitten in einem abgebrannten Regenwald. Aus der nassen Asche ragten wie Pfeile die Pfähle der verkohlten und noch rauchenden Strünke. Ich wusste nicht, wie ich hieher kam und wohin ich gehen sollte.

Mein Regenwald ist abgebrannt. Die Quelle des Lebens, die Fülle, aus der sich alles Verbrauchte immer wieder erneuerte, ist ausgetrocknet. Das saftige Grün und die Blüten sind verdorrt, die Früchte vernichtet. Es gibt keine Tiere mehr, keine Bäche, die rauschen und keine Flüsse, die dahinströmen. Keine Geborgenheit unter den Schatten spendenden Urbäumen. Das Abenteuer ist mit Annas Leben und Schönheit erloschen. Alles ist zerstört. Mein Regenwald ist abgebrannt.

3. *Juni 92*

Ich war heute bei Nonnen in einem Kloster eingeladen. Einige kamen nach dem gemeinsamen Mahl mit mir zusammen. Wir saßen im Kreis und ich erzählte ihnen von meiner Not und den Bildern, in der sie sich mir darstellt. Wir schwiegen dann alle. Eine der Schwestern sagte schließlich mit geschlossenen Augen und mich von innen her doch durchschauend: »Ja, es ist alles abgebrannt. Gott hat ihnen alles genommen und sie ganz auf sich selbst zurückgeworfen. Er hat sie vom Thron gestoßen und erniedrigt. Er hat sie arm, hilf- und besitzlos gemacht, demütig und klein, um aus ihnen etwas Neues werden zu lassen. Mit diesem Ende setzt er einen verheißungsvollen Anfang in ihrem Leben.« Ich hatte große Mühe, diese Interpretation anzunehmen. »Typisch Nonnen«, dachte ich. Ich ärgerte mich, zu hören, dass ich vom Thron gestoßen und gedemütigt wurde, weil ich dadurch auf meinen Stolz und meine Einbildung hingewiesen wurde. Nach diesem Gespräch luden sie mich zum Chorgebet in ihre armselige Kapelle ein. Es gibt dort keine Chorstühle. Sie sitzen um den geöffneten Tabernakel am Boden. Der gleichmäßig ruhig fließende Gesang berührte mich. Ich sah mich erneut im Armenviertel und im abgebrannten Regenwald. Gebet und Bild durchdrangen sich in meinem Herzen und begannen mich zu schütteln und zu erschüttern. Ich zitterte am ganzen Leib. Tränen strömten über mein Gesicht. Ich glaubte laut aufheulen zu müssen. Ich erkannte, wie verlassen und einsam ich bin. Auf einmal aber kam inmitten dieser Erkenntnis ein unaussprechlicher Friede über mich. Ich meinte, meine Frau in unmittelbarer Nähe fast körperlich zu verspüren. Es war mir, als legte sie zärtlich ihre Hand auf meine Schultern, mich tröstend und aufrichtend. Ein Wärmestrom durchflutete mich, während gleichzeitig eine Woge von Dankbarkeit in mir aufstieg. Nach dem Chorgebet kam ich nochmals mit den Schwestern zu einem Gespräch zusammen. Eine von ihnen, die vorher nicht dabei war und nichts von meiner Erfahrung wusste, erzählte, dass sie während des Gebetes sah, wie ich in einem Kasten eingesperrt, von einer Lichtgestalt aus der Gefangenschaft befreit wurde.

9. Juni 92

Das Erlebnis meiner Bilder und der Begegnung mit meiner Frau im Schoß der betenden und meditierenden Nonnengemeinschaft von gestern gehen mir nicht aus dem Kopf. Es ergeht allen solchen Erfahrungen ähnlich. Ich denke darüber nach. Ich seziere sie, beginne, ihre Echtheit zu hinterfragen und durchlöchere ihre Substanz mit meinem psychologischen Verstand, sodass sie immerzu an Wirksamkeit und Intensität verlieren. Dennoch steigen sie immer wieder in mir auf und machen ihre unerklärlich mystische Wirklichkeit geltend.

10. Juni 92

Der Morgen ist fast die schlimmste Zeit des Tages. Auch wenn ich einigermaßen wohl gelaunt erwache, legt sich bald eine dunkle Patina über mich, die sich immerzu verdichtet. Undefinierbares umklammert mich dann mit eisernem Griff und schnürt mir die Kehle zu. Immer dieselbe Feststellung: Sie ist tot. Sie kommt nie wieder. Ich sehe sie krank. Ich sehe sie gesund. Sie geht wie ein Reh durch das taufrische Gras. Sie wandelt morgenfrisch durch die lichtdurchfluteten Wohnräume. Verhalten und stolz. Liebevoll und scheu. Jedes Ding spricht von ihr. Der Hund, dem sie Kunststücke beibrachte, die er mir jetzt, mich tröstend, eines nach dem anderen immer wieder vorführt. Der Gartentisch auf dem Sitzplatz. Ich schließe die Augen. Ich will nichts mehr sehen. Ich will auch von niemandem verstanden werden. Wer versteht mich denn? Ich verstehe mich selber nicht.

14. Juni 92

Heute sah ich zwei Bilder in mir. Im ersten sitzt eine riesige Spinne auf meinem Kopf. Ihre Beine reichen bis zu den Lenden und umfassen meinen ganzen Oberkörper. Meine Depression. Im zweiten stehe ich vor einer Mauer. Ich kann nicht mehr weiter. 40 Jahre Berliner Mauer fällt mir ein. Und: 40 Jahre in der Wüste.

11. Juni 92

Ich bin ausgeweint und leer. Warum immer im Kreis herum denken? Ich darf das Vergangene nicht ständig wieder heraufbeschwören, so schön und so schrecklich es auch war. Die Erinnerungen machen mich krank. Vor der Zukunft steht eine Mauer. Die Vergangenheit ist mir verboten. Und die Gegenwart halte ich nicht aus. Wer sagt mir, wie ich leben soll?

17. Juni 92

Die Parapsychologie zeigt Zwischenbereiche der Psyche auf, erklärt Psychokinese, Levitation, Materialisation und das Doppelgängerphänomen. Von den beiden Axiomen: durch Glauben zu erkennen und durch Erkennen zu glauben, nimmt sie das Zweite als Aufgabe wahr. Zu erkennen, dass der Körper schweben, die Seele sich vom Leib lösen und sich gleichzeitig wieder materialisieren kann, bietet scheinbar Erkenntnisgrundlagen zum Verständnis der Auferstehung Jesu und seines Erscheinens nach dem Tod und damit auch für die Möglichkeit des Weiterlebens der menschlichen Seele ohne den Körper. Parapsychologie kann uns also helfen, Einblick in die Seinsweise Verstorbener zu geben. Kann sie das wirklich? Zunächst ist die dualistische These von Leib und Seele aus den Erkenntnissen der modernen Anthropologie nicht mehr zu halten. Der Mensch lässt sich sowohl vor wie nach dem Tod nicht einfach in Körper und Seele aufspalten. Bei Wolfhart Pannenberg las ich den Satz: »Es gibt keine dem Leib gegenüber selbständige Wirklichkeit (Seele) im Menschen, ebenso wenig aber auch keinen bloß mechanischen oder bewusstlos bewegten Körper. Beides sind Abstraktionen. Wirklich ist nur die Einheit des sich bewegenden, sich zur Welt verhaltenden Lebewesens Mensch«[18]. Die Trennung von Leib und Seele nach dem Tod sei sowohl anthropologisch wie in der Folge auch theologisch nicht haltbar. Der auferstandene Christus sei eine Neuschöpfung. Wer stirbt werde nach neueren theologischen Deutungen gleich nach dem Tod neu in eine andere Existenzweise hineingeschaffen. Er werde neu geschaffen, aber nicht als anderer Mensch, sondern als der, der er war, mit seiner leibseelisch-biographischen Ganzheit auferstehen. Der Tod sei der Endpunkt eines dynamischen Prozesses, in dessen Verlauf jeder zu dieser unverwechselbaren und einmaligen Persönlichkeit werde, die er sei. Als die werde er sterben und als die werde er auferstehen. Auferstehung heißt also, dass der ganze Mensch zu Gott gelangt, der ganze Mensch mit all seinen Erfahrungen und mit seiner ganzen Vergangenheit. Dies ist doch alles unendlich mehr als eine abstrakte Seele – und deshalb ist nicht vorstellbar, dass im Tod nur die Seele des Menschen vor Gott tritt: Im Tod tritt der ganze Mensch mit Leib und Seele, das heißt, mit seinem ganzen Leben, mit seiner persönlichen Welt und mit der ganzen unverwechselbaren Geschichte vor Gott hin. Ritchie, den ich früher erwähnte, hat die »Toten«, denen er in seinem Nahtoderlebnis begegnete, in diesem beschriebenen Sinn als jene unverwechselbaren Persönlichkeiten erkannt, wie sie ihm aus seinem Alltag von früher bekannt waren.

Was unsere Ganzheit von Seele und Leib betrifft, gibt es das bekannte parapsychische Phänomen der Bilokation. Ein Mensch kann in Zürich sein und auf einmal gleichzeitig von jemandem in Paris gesehen werden. Der bekannte italienische Franziskaner Pater Pio soll mehrmals in dieser Weise verschiedenenorts anwesend gewesen sein, obwohl er sein Kloster in San Giovanni Rotondo nicht verließ. Gibt es doch so etwas wie ein Auswandern der Seele aus dem Körper? Lassen Nahtoderlebnisse trotz der modernen Anthropologie nicht darauf schließen? Gibt es doch so etwas wie eine dualistische Trennung von Leib und Seele? Dass es der Seele möglich ist, sich aus dem Leib zurückzuziehen und sich feinstofflich zu materialisieren, ist meines Erachtens nicht so sehr ein Hinweis auf eine Dualität von Leib und Seele als vielmehr auf die leibseelische

Ganzheit unserer Person, der es möglich ist, in einer anderen und nicht materiellen Form der Leiblichkeit als ganzes zu existieren. Dieses parapsychische Phänomen erklärt die unvorstellbare Auferstehung und die undenkbare Existenz nach dem Tod nicht. Sie ist jedoch ein Bild, mit dessen Hilfe wir uns das Unvorstellbare vorstellen und das Undenkbare denken können. Parapsychologie kann uns ein Gespür für psychologisch nicht erklärbare übersinnliche Vorgänge geben. Aber das, was nach dem Tod wirklich mit uns geschieht, kann sie uns nicht erklären. Ich machte nämlich die Erfahrung, dass mir bei noch so viel Lektüre parapsychologischer Literatur das Letzte dennoch verschlossen blieb. Es ist uns durch nichts möglich, ins tiefste Geheimnis vorzudringen. Nur geschenkte Erfahrungen lassen uns etwas davon ahnen.

19. Juni 92

Ich kann es nicht lassen, immer wieder in Grenzgebieten herumzusuchen. Ich begann den Bericht des englischen Mediums, James Lee, Reise in die Unsterblichkeit,[19] zu lesen. Es gibt Stellen, die ich nachvollziehen kann. Wenn ich aber von den »Auffanglagern« und »Arbeitslagern« lese, in die die Verstorbenen gleich nach dem Tod aufgenommen werden sollen, klingt mir alles allzumenschlich und als bloße Projektion. Es ist schwierig, bei Schilderungen von Medien Objektives, wenn es solches überhaupt gibt, von Subjektivem zu unterscheiden. Zudem bezweifle ich, dass sich Gott derart von einem Medium in die Karten schauen lässt. »Kein Auge hat es gesehen und kein Ohr hat es gehört...« (1 Kor 2,9). Die christliche Offenbarung hüllt das Los der Verstorbenen in ein Geheimnis. Ist die Parapsychologie, sind Medien fähig, diesen Schleier zu durchdringen? Ich denke nicht. Das Buch bekommt mir nicht. Ich habe es auf die Seite gelegt.

20. Juni 92

Ich treffe auf meinen Nachforschungen nach dem Jenseits immer auch auf esoterische Erklärungen. Sie sind oft nicht von medialen Pseudoerfahrungen zu trennen. Natürlich müsste ich endlich die Suche nach dem Geheimnis um das Leben nach dem Tod aufgeben. Es gelingt mir noch nicht. Es verfolgt mich Tag und Nacht wie ein Zwang, dem ich mich nicht entziehen kann.

Ich lese immer wieder von Reinkarnation. Seit Tagen wälze ich ein Buch, das von einem Menschen handelt, der im Tibet durch die Schule berühmter Meister gegangen ist und von dessen Fortentwicklung durch Wiedergburt auf anderen Planeten[20]. Ein Buch, das mich fasziniert und gleichzeitig belastet. Es stellt vieles, zu dem ich mich im Glauben durchgerungen habe, in Frage. Warum soll ich meine fertigen Meinungen nicht immer wieder hinterfragen lassen, um mein heißes Thema wieder von einer anderen Seite zu betrachten?

Ich denke, meine Liebe zu Anna sei durch das Sakrament der Ehe über den Tod hinaus besiegelt und gesegnet. Ich glaube nicht an das merkwürdige »bis der Tod euch scheidet«. Es liegt ein Buch auf meinem Nachttisch. Es heißt, »Treue zum eigenen Weg«[21]. Es ist von einem Menschen geschrieben, den ich erst vor kurzem kennen lernen durfte und der mir indessen zum Freund geworden ist. Dort stieß ich auf überraschende Zeilen über die Liebe: »Liebst du mich bedeutet: Bist du bereit, dein eigenes Leben mit mir, meinem Schicksal zu verbinden; so, dass alles, was mich betrifft, auch dich angeht; alles zu teilen, als wäre es das deine? Und dies auf eine bleibende Weise, so dass auch der Tod diese Gemeinschaft nicht lösen kann?« Daran glaube ich. Dazu bin ich bereit. Und deshalb, weil ich annehme, dass die Liebe zueinander in der anderen Welt sich nicht nur fortsetzt, sondern erfüllt, lehne ich die Hypothese der Reinkarnation ab, in der die Frau, mit der ich mich über den Tod hinaus verbunden weiß, wieder geboren werden soll; versehen mit einem anderen Leib, verbunden mit einem anderen Mann oder als Mann in einer Beziehung zu einer anderen Frau. Ich könnte sie nie mehr sehen und in die Arme schließen, weil sie für mich nicht mehr erkenntlich wäre und sie sich zudem durch die immer neuen Geburten immer weiter von mir entfernte bis sie dann endlich als Unperson ins Nirwana eingänge. Ich will nicht die Vernichtung der Person. Ich will an deren Vollendung in Christus glauben, in dem alles Fehlende ersetzt, alles Schuldige gelöscht, alles Unerreichte erfüllt wird. An dieser wunderbaren Vision der Hoffnung halte ich fest. Sie lässt mir Flügel wachsen, dass ich fliege, wenn ich vor Verzweiflung nicht mehr gehen kann. Wie froh bin ich, gerade in diesen Tagen auf die Schriften des Inders Sadu Sundar Singh[22] gestoßen zu sein, der mich in diesem Glauben bestärkt. Ich lese in seinen Aufzeichnungen wie in einem Kriminalroman.

10. Juli 92

Nun bin ich also in den Ferien. Das erste Mal seit vielen Jahren ohne meine Frau. Ich hatte seit Wochen Angst vor diesem Schritt. Die Kinder sind zwar auch mitgekommen. Gott sei Dank. Sie lassen mich nicht allein. Sie sind derart lieb und besorgt um mich. Sie wohnen in einem Appartement, das ihnen Freunde zur Verfügung stellen. Ich habe mich nebenan im Sporthotel einquartiert! Man gab mir ein Doppelzimmer. Das eine Bett ist mit einer Decke wie mit einem Leichentuch zugedeckt. Beim Frühstück begrüßt mich der Kellner freundlich und fragt mich: »Sind Sie allein?« »Ja, ich bin allein«. Tränen kollern auf Brötchen und Marmelade.

Ich habe einen Ferienort gewählt, an dem wir uns noch nie aufhielten. Ich wollte Erinnerungen verhindern. Als wir jedoch heute miteinander durch Waldwege an Alpenrosen vorbei über Bäche und Wiesen wanderten, waren die Bilder trotzdem da. Arosa, Zermatt, Davos, Tessin, Toskana... Als ich ins Zimmer zurückkehrte, waren sie wieder da, die Bilder. Ich glaubte, die Dusche brausen zu hören. Dann sah ich Anna bäuchlings auf dem Bett liegen, ein Buch lesend und mit angewinkelten Beinen mit den Füßen spielend. Sie war immer total weg, wenn sie las. Ich erhielt keine Antwort auf Fragen, ohne sie immer zu wiederholen. Natürlich fragte ich nur bei ganz dringenden Fällen.

Am Abend war ich nahezu überzeugt, dass sie, verspätet, noch nachkommen wird. Ich ging vor dem Schlafengehen noch ins Freie, um frische Luft zu holen. Ich dachte, dass sie vielleicht da ist, wenn ich zurückkomme. »Nein«, sagte ich mir, »sie wird nicht da sein. Sie kommt heute noch nicht. Sie wird auch morgen nicht kommen. Sie kommt nie mehr. Sie ist tot. Begreifs doch endlich!« sage ich laut zu mir. »Spiel nicht mit dem Gedanken, dass sie wieder kommt! Sonst fällst du wieder ins Loch. Reiß dich los! Nimm die Wirklichkeit wahr!«

Ich las heute erneut in den Schriften Sundar Singhs. Weil er im Leben keinen Sinn mehr erkannte, wollte er mit 15 Jahren Selbstmord begehen. Eines Nachts begann er in der Not zu Gott zu beten, dass er sich ihm, sollte er existieren, offenbare. Er betete inbrünstig die ganze Nacht. Sollte er sich nicht zeigen, wollte er sich unter den ersten Morgenzug werfen, der täglich ganz nahe an seinem Elternhaus vorbeiraste. Dann geschah etwas Unerhörtes: Ein Feuer erfüllte plötzlich seine Kammer. Er glaubte, das ganze Haus brenne. Er öffnete die Türe und blickte umher, aber es war kein Feuer da. Da sah er in einer Lichtwolke das liebestrahlende Gesicht eines Menschen. Er glaubte zuerst, es sei Buddha oder Krishna oder eine andere Gottheit. Dann entdeckte er die Wundmale jenes Jesus von Nazaret, den er bis jetzt glühend gehasst und dessen Schriften er wutentbrannt vernichtet hatte. »Jesus lebt. Er ist nicht tot. Das ist er selbst.« Er sank anbetend vor ihm nieder. Sein Innerstes wandelte sich um, und er fühlte, wie Christus ihn gleich einem göttlichen Strom ganz und gar durchdrang.

Friede und Freude erfüllten ihn und »trugen den Himmel in sein Herz hinein«. Was soll ich dazu sagen? Es gibt nichts zu sagen. Es ist nicht daran zu zweifeln, dass seine Erfahrung echt war. Seine totale Umkehr ist der Beweis dafür. Er wurde ein Missionar, der über das Tibetische Hochland und das Himalajagebirge bis nach Europa Hundertausende mit seinem Glauben spirituell bewegte. Dieser Mann hat den Auferstandenen erlebt. Es gibt also einen festen Glauben an die Auferstehung von den Toten. Menschen unseres Jahrunderts erleben und bezeugen sie.

11. Juli 92

Der Kellner fragte mich heute wieder: »Sind Sie allein?« »Ja, ich bin allein«, anworte ich gereizt. Heute war dieser Nadelstich noch schmerzlicher als gestern. Ich war wütend, dass er noch nicht merkte, dass ich wirklich allein hier bin. Ich sah heute Ehepaare um die Tische sitzen, sich unterhalten, scherzen und lachen. Kinder drängten sich am Frühstückstisch. Sah ich nicht unsere zwei Kinder dort? Nein, das sind viele Jahre her, als uns ihr Kinderlachen umgab. Sie sind ja groß. Und ich bin allein hier. An meinem Tischchen. Ohne Kinder und Frau. Ein Hirntumor. 51 Jahre alt. Ein einziges graues Haar, das sie eines morgens entdeckte, ausrupfte und es mir an den Frühstückstisch brachte. Vom Alter an Leib und Seele unversehrt. Nur innen reif wie eine Frucht im Herbst. Der Nebel ist ganz nah am Fenster. Regen peitscht an die Scheiben.

Ich bin kein Sundar Shingh. Ich habe keine Visionen. Wie soll ich meine Frau unter den Milliarden toter Menschen einmal wiederfinden? Aussichtslos! Und wenn sie dann erst, wehrlos dem Gesetz des Karma ausgeliefert, wieder geboren sein sollte?

15. Juli 92

Die Tage vergehen. Wir wandern, kehren ein, trinken Kaffee miteinander, scherzen und lachen. Es ist etwas Künstliches dabei. Aber es ist gut so. Der Duft und die Farben der Bergwiesen, das Rauschen der Bäche und Tosen der Wasserfälle wecken in mir Kraft und Leben. Die Schmetterlinge tanzen in der Mittagssonne über den roten Klee um die Wette. Es herrschen Stille und Frieden über der Landschaft. Ich empfand sie noch selten so wohltuend. Zudem ist noch Vollmondzeit. Die runde Silberscheibe versteckte sich heute Nacht hinter Gewitterwolken und fasste ihre Ränder mit Licht ein. Von weitem glitzerten die Schneeberge. Es ist wie immer. Die schönsten Empfindungen verwandeln sich in wehmütige Sehnsüchte, die mich wie spitze Nadelstiche zu quälen beginnen Ich möchte Erfahrenes teilen. Aber sie ist nicht da. Ich möchte mich mitteilen, aber sie hört mich nicht. Ich kann ihre Hand nicht fassen und ihren Mund nicht küssen. Es ist zum Verzweifeln.

16. Juli 92

Ich sah heute einen Film. Die Liebesgeschichte einer Frau, die durch einen Unfall blind geworden war. Die schöne Blonde glich Anna: die Augen, der Gang, die Art zu denken und zu sein, wie sie Zärtlichkeiten verschenkte und Worte sprach. Anna fragte mich eines Tages: »Wenn sie mich operieren und ich vielleicht nicht mehr gehen oder sprechen kann? Was tust Du dann?« »Dich lieben«, antwortete ich. »Die Chance wurde uns nicht gegeben. Wie glücklich wäre ich, sie, wenn auch behindert, noch bei mir zu haben. Behindert! Ich hatte schon immer merkwürdige Ablehnungsgefühle gegen Behinderte. Ich bin ein Ästhet. Ich kann nicht begreifen, dass es solch unsinniges Schicksal gibt. Ich kann es nicht ansehen. Und ich könnte es nicht ertragen, selber behindert zu werden oder wenn jemand aus meiner Familie behindert würde. Davor hatte ich immer panische Angst, die ich zwar verdrängte, die sich aber immer wieder in Form von Zurückhaltung gegenüber Behinderten aus der Verdrängung zurückmeldete. Und jetzt auf einmal galt das nicht mehr. Die Liebe wischte alle Bedenken weg. Liebe kann Wunder wirken. Ja, es wäre wunderbar gewesen! Aber jetzt ist es schrecklich, absurd. Ich gehe ins Bett. Und ich hoffe wie jeden Abend auf das Geschenk eines Traumes, Anna zu begegnen, sie wieder einmal in die Arme schließen und ihren Herzschlag spüren zu dürfen.

13. August 92

Die Ferien sind längst vorbei. Hochsommer. Die Sonne brennt erbarmungslos. Kein Wind. Bleierne Luft liegt über den abgemähten Getreidefeldern. Da und dort sind sie schon zu Acker umgebrochen und dampfen nach Erde.

Ich lese ein Buch über den Heiligen Geist. Man sollte als Christ jeden Tag eine geraume Zeit dafür verwenden, sich ihm in Meditation und Gebet zu öffnen. Es sollte Raum in uns geschaffen werden, dass er darin wohnen kann. Wir sollten ihm Teppiche auslegen und zu einem Tempel für ihn werden. Mein Leib sollte ein Bethaus sein und keine Räuberhöhle. Ich befolge den Rat dieses Buches und finde mehr Halt und und etwas Boden unter den Füßen. Ich finde mich selber. Ich bin versöhnter und bereiter, anzunehmen, was mir bestimmt ist. Die Probleme bleiben. Es kommen immer neue dazu. Wer Kinder hat, kann nicht ohne Probleme leben. Vielleicht ist es gut, sich der Schwierigkeiten anderer anzunehmen, um sich von den eigenen zu erlösen.

14. August 92

Ich kann schlecht schlafen. Ich befasse mich nachts mit Edith Steins[23] Lebensgeschichte. Ich befasse mich ja täglich mit Religion. Ich hoffe, dort immer etwas zu finden, was Ungewissheiten klärt, Undurchsichtiges durchsichtig macht und Unmögliches als möglich erscheinen lässt. Edith Stein war eine Karmelitin und wurde im Konzentrationslager umgebracht. Ich bin auch in einem Konzentrationslager. Ich bin in mir und meiner Trauer eingesperrt. Ich werde gefoltert. Ich bin mein eigenes Konzentrationslager. Die Krankheit Annas war unser Konzentrationslager! Die Lektüre ist nicht die richtige, um besser schlafen zu können. Sie konfrontiert mich mit einer unangenhemen Tatsache, die mich schon immer am Christentum störte: mit dem Kreuz. Wer sich an Christus hält, hat das Kreuz zu tragen. Der wird früher oder später in die Schule eines Martyriums geholt. Warum das? Kein Wunder, dass sich viele vor diesem Weg fürchten. Auch ich. In der Tat, Christus ist mit dem Kreuz verbunden. Wer ihm folgt, hat es mit ihm zu teilen. Das kann man nicht wegdiskutieren. Was soll ich mit dieser Kreuzesreligion? Was hat sie mir gebracht? Ich habe mich an die Ferse dieses Gottes geheftet, mich ihm mit geschlossenen Augen anvertraut, und er hat mich an den Ort der Not und Schmerzen geführt. Ich erinnerte mich heute Nacht an den schwülen Septembertag, an dem wir miteinander in die Stadt zum Neurologen gingen, um die Ergebnisse der letzten Untersuchung zu erfahren. Die Sonne brütete. Die Häuser warfen schon lange Schatten auf die flimmernden Straßen. Ich ahnte Schlimmes. Das luxuriös modern eingerichtete Wartezimmer war mit erlesenen Antiquitäten ausgestattet. Hinter einer Art Theke saß die Arztgehilfin. Ich wollte nicht denken. Ich schaute ununterbrochen das Ölbild an der Wand an. Es hat sich mir unauslöschlich ins Gedächtnis geprägt. Ein in Blau und Rot gekleidetes Mädchen geht durch eine lange Baumallee. Sommerlandschaft. Ich studierte den Strich des Pinsels, versuchte den Fangpunkt der perspektivischen Linien und den Standort des Malers zu finden. Im Zimmer roch es nach Perserteppichen und alten Möbeln. »Herr und Frau Rey, bitte!« Der Arzt empfing uns freundlich, schaute uns jedoch nicht in die Augen. Er bat uns mit einer Geste vor den säuberlich aufgeräumten Schreibtisch, auf dem die Untersuchungsergebnisse lagen, Platz zu nehmen. Er breitete die Akte vor sich aus, räusperte sich und sagte: »Wir stellten einen Tumor fest. Er wächst. Man kann ihn nicht operieren.«

Ich fragte: »Ist der Tumor bösartig?« »Jeder Tumor im Gehirn ist bösartig« anwortete er lächelnd. Aber es gibt Medikamente gegen die Schmerzen und zur Milderung der epileptischen Anfälle. Seien sie nicht verzweifelt«, sagte er achselzuckend »manchmal gibt es Wunder. Wenden Sie sich an den Hausarzt. Ich werde ihn benachrichtigen.« Dann verabschiedete er uns. Das war unsere Verhaftung. Wir wurden ins Lager eingewiesen. Der liebe Gott sollte während der nächsten elf Monate unser Lagerkommandant sein. Er dachte sich ein grausames Programm für uns aus. Anna wollte nebenan ins Kaffeehaus gehen. Wir führten uns nicht mehr an der Hand. Es war etwas Grausames zwischen uns getreten. Ein Abgrund. Wir bestellten einen Tee. Sie schüttelte ununterbrochen den Kopf und sagte: »Ich glaube ihm nicht. Ich glaube ihm kein Wort. Das kann nicht wahr sein.«

14. August 92

Mein Körper schmerzt mich in allen Gliedern. Vielleicht ein Rheumaschub. Der Arzt gibt mir Schmerzmittel. Er stellt Bluthochdruck fest und verordnet eine Herzkatheteruntersuchung. Das Resultat: Verengung von Herzkranzgefäßen. Vorläufig muss ich Medikamente schlucken. Verengung oder Enge hat mit Angst zu tun. Enge erzeugt Angst und Angst erzeugt Enge. Trauer und Angst sind Geschwister. Wenn ich in meinem Trauerprozess Fortschritte mache, löst sich wahrscheinlich auch die Angst und verschwinden die Verengungen meines Herzens.

Ich muss mich zusammennehmen, um anständig zu essen. Ich muss den Tisch sorgfältiger herrichten. Und ich muss mich zwingen, Haltung zu bewahren. Ich darf mich nicht gehen lassen. Ich muss mich duschen, baden und ordentlich rasieren. Ich besuchte in diesen Tagen zum ersten Mal in meinem Leben eine Kosmetikerin, um meine vernachlässigte Haut pflegen zu lassen. Ich habe niemanden mehr, der mich auf Unreinheiten und Mängel aufmerksam macht. Ich fühle mich unsicher. Die Gesichtsmassage tat mir gut. Sie ersetzte offenbar fehlende Streicheleinheiten. Mann wird bescheiden!

Beim Frühstück glaubte ich Kinderlachen zu hören. Ich sah Peter und Christa vor mir. Ach, wie lange ist das doch her! Dann war es totenstill. Der Wind spielte mit den Ästen in den Bäumen vor dem Fenster. Ich bin traurig. Ich möchte nicht mehr leben. Ich halte das nicht mehr länger aus. »Als du jung warst, gürtetest du dich selber und gingst, wohin du wolltest. Wenn du aber alt geworden bist, streckst du deine Hände aus, und ein anderer wird dich gürten und dich führen, wohin du nicht willst« (Joh 21,1). Wohin?

16. August 92

Sollte ich den Glauben an Gott nicht endlich über Bord werfen? Sollte ich nicht diesen Kreuzeskram loswerden, um zu leben, zu genießen und mich des Lebens zu freuen? Warum tu ichs nicht? Ist es Gewohnheit? Ist es Angst, dass ich, wenn ich aus diesem Glaubenssystem ausbreche, noch tiefer in den Morast des Elends gerate? Oder bilde ich mir auch schon ein, dass dieser Gott aus Liebe zu mir einen ganz bestimmten Kreuzweg für mich ausgedacht hat, um mich aus der Masse herauszurufen und ganz persönlich zur ewigen Seligkeit zu führen? Verfalle ich der Illusion, durch ein spezielles Kreuz beim Namen gerufen zu werden, eine ganz persönliche Behandlung von ihm zu erfahren, von ihm, durch besondere Grausamkeiten beehrt, erkannt und anerkannt zu werden? Ach, wie soll ich das alles wissen? Ich sitze in der Falle. Wut brennt in mir. Aber das Leben ist mit und ohne Religion oder Gott eine Falle. Eine Todesfalle, in die jeder gerät. Eine Scheiße ist das Leben. Wir können tun und lassen, was wir wollen. Wir kommen da nicht heraus. Die Theologen geben dem Ganzen einen schöneren

Namen: Kreuzweg. Läuterungsprozess. Und wofür soll ich mich jetzt läutern?

17. August 92

Wenn ich über meine Ferien nachdenke und die Tage danach, stelle ich fest, dass ich seit dem Tod Annas ein unsicherer Mensch geworden bin. Ich bin behindert. Ich weiß mich mit anderen nicht mehr zu unterhalten. Ich bin wertlos, misstrauisch wie ein verprügelter Hund. Ich möchte mich verkriechen und hasse es, unter Menschen zu sein. Und doch werde ich immer wieder eingeladen. Manche besuchen mich. Sie denken, es tut ihm gut. Er braucht Abwechslung. Man muss ihn ablenken und herausholen. Ich mag kein Erbarmen. Ich muss selber mit mir fertig werden. Aber ich habe keine Kraft, mich dem Wohlwollen zu widersetzen. Wie soll ich es ihnen erklären? Sie verstehen es nicht. Es wäre mir lieber, sie würden mir einen Brief schreiben. Aber sie wissen nicht, was sie schreiben sollen. Eigentlich wissen sie auch nicht, was sie mit mir reden sollen. Die meisten schwatzen von Dingen, die mich nicht interessieren. Was soll mich jetzt schon interessieren? Es interessiert mich nur eines, wo meine Frau ist. Ob sie noch lebt oder ob sie ausradiert ist. Ich denke immer wieder über den Sinn der Katastrophe nach. Welchen Sinn soll sie haben? Warum wurde unseren Kindern, nachdem sie als Babys schon ihre Eltern verloren, abgelehnt und ausgestoßen wurden, so früh die Mutter weggenommen. Sie haben sie so sehr geliebt. Sie sind genau so amputiert wie ich.

18. August 92

Heute sind es fünf Monate seit ihrem Tod. Wir sind seither wie Waisen. Ich bin heute mehr als sonst an ihrem Sterbebett. Ich erinnere mich, wie wir uns, nachdem sie gestorben war, in Tätigkeiten stürzten. Wir riefen den Arzt an, dass er den Totenschein ausstellte. Wir benachrichtigten die nächsten Verwandten und vereinbarten ein Gespräch mit dem Pfarrer wegen der Beerdigung. Peter und Barbara suchten eine Schreinerei auf, um den Sarg zu bestellen. Christa richtete die Kleider, mit denen sie ihre Mutter für die letzten Tage bekleiden wollte. Zuerst zog sie ihre Augenbrauen nach und dunkelte die kleine Warze auf der Wange, die ihrem Gesicht einen ganz besonderen Akzent verliehen hatte. Das Pünktchen auf dem i, sagte ich jeweils. Die Finger-und Zehennägel hatte sie ihr vor kurzem frisch lackiert. Sie zog ihr den weißen Rock an, den blauen Blazer mit den Goldknöpfen und eine rosa Bluse. Sie war schön anzuschauen, und ich strich ihr immer wieder übers Haar und streichelte ihr blasses Gesicht, das ein geheimnisvolles Wissen verklärte. Eine Aura tiefen Friedens hüllte es ein. Es faszinierte mich und ließ mich nicht los. Ich musste es stundenlang unentwegt anschauen. Auch wenn mich der kalte Windhauch, der vom Leichnam ausging, schauerlich fremd berührte, erwachte in mir eine Art Glücksgefühl über das Erlöste, das Ausgestandene, Ausgelittene, das Überwundene, das Erreichte, das mich ganz ruhig und gelassen machte.

Peter erzählte mir einen Traum, von dem er nicht sicher war, ob er nicht mehr war als ein bloßer Traum. Er sah seine Mutter neben sich. Er erschrak und schickte sie weg, da sie ja gestorben war. Sie verschwand, kam jedoch von neuem. Wieder befiel ihn Angst. Die Mutter war durchsichtig und entstofflicht, aber genau so wie sie sonst gewesen war. Er sagte ihr, er habe Angst. Sie aber beruhigte ihn und antwortete, dass in seinem Leben alles gut werde. Sie hatte sich um Peter im vergangenen Jahr ganz besondere Sorgen gemacht, die sie ihm und mir gegenüber oft zum Ausdruck brachte. Sie entschwand ihm zum offenen Fenster hinaus.

19. August 92

Gott hat sich mit seinem Kahlschlag ganz in die Mitte meiner Gedanken und Gefühle gesetzt. Ich bin sein Gefangener. Was hat er mit mir vor, nachdem er mich ausgeraubt hat? Ich horche in mich hinein, um ihn zu vernehmen. Ich versuche jeden Tag mit einer Meditation zu beginnen. Heute schien mir dabei alles sinnlos. Ich geriet aus der Stille in eine solche Wut gegen ihn, dass ich, außer mir, Gegenstände an die Wände schmiss, Bücher zerriss und ihn ein hinterlistiges Ungeheuer und, ich schäme mich, es aufzuschreiben, ein dreckiges, gemeines Arschloch schimpfte. Es kamen noch nie solche Worte über meine Lippen, selbst nicht gegen Menschen. Ich erschrak zutiefst über die Unbändigkeit meines Zorns, bat den Beleidigten aber nicht um Verzeihung.

Heute lag die Einladung zum Besuch eines Seminars für Psychotherapeuten im Februar des kommenden Jahres im Briefkasten. Anselm Grün ist als Referent angekündigt. Er ist mir schon lange Zeit als Autor ausgezeichneter Bücher bekannt. Schon seit der Lektüre seiner ersten Veröffenlichung hegte ich den Wunsch, diesen Mönch und Therapeuten kennen zu lernen. Hätte er in der Schweiz gelebt, hätte ich ihn längst aufgesucht, vielleicht zu einer Fortsetzung meiner früheren analytischen Eigenarbeit. Ich lege die Botschaft beiseite. Sie trifft mich zum falschen Zeitpunkt.

20. August 92

Der Anblick einer Telefonkabine am Hauptbahnhof erwürgte mich heute fast. Ich rief sie oft an, bevor ich nach Hause ging: »Was machst du gerade? Ich komme gleich. Ich liebe dich.« Kein Tag ohne Anruf, wenn ich abwesend war. Und sie klingelte manchmal mitten in eine Sprechstunde hinein: »Was möchtest du abends essen? Ich freue mich, wenn du endlich wieder nach Hause kommst. Ich warte auf dich. Ich wollte nur deine Stimme hören. Ich habe Heimweh nach dir... Ich möchte mit dir schlafen heute Nacht...« Ich kann Telefonkabinen nicht mehr ausstehen. Sie sind Mahnmale eines unwiederbringlich verlorenen, kostbaren Geschenks...

21. August 92

Ich überlege mir die ganze Zeit, ob ich die Einladung zu einem Vortrag über das Thema Angst und Hoffnung annehmen soll. Kann ein Hoffnungsloser zu anderen über Hoffnung sprechen? Vielleicht könnte ich den Menschen von meinem Ringen um Hoffnung erzählen. Das könnte jemandem helfen. Ich würde mich aus meiner Lethargie herausholen. Ich setze mich hin und fange an. Gerade heute, da ich mit einem Kloß im Hals erwacht bin. Es braucht jeweils nur einen kleinen Auslöser, um mich wieder in mich selber einzuspinnen. Ein Bild, das an mir vorüberhuscht, eine Melodie im Radio, irgendein Gegenstand, wie zum Beispiel ein beschriftetes Marmeladeglas. Als ich heute zum Frühstück Marmelade vom Kellergestell holte und Annas Bezeichnung las: August 1990, Himbeeren, packte mich das unselige Trauergefühl wieder und zwang mich wie eine Spinne in ihr untentrinnbares Netz. Eigentlich müsste ich alles wegräumen, was mich an sie erinnert. Ihre Schminksachen auf dem Toilettentisch im Bad, die blaue Zahnbürste, den rostbraunen Topf mit dem wertvollen Salböl, das jeweils das ganze Haus mit seinem Duft erfüllte. Manchmal öffne ich den Deckel und lasse die samtenen Erinnerungen verströmen. Der Duft ist blasser und unwirksamer geworden, nur noch ein Abklatsch von dem, was er einmal war. Den rosa Kamm müsste ich auch wegräumen und die Haarbürste, in der noch einige Haare stecken. Im Schrank hängt der blaue Wintermantel mit den zweireihigen Holzknöpfen, den sie an jenem kalten Maimorgen trug und durch den die feurige Wärme strömte, als ich sie in den Armen festzuhalten suchte. Ein ganzer Stapel ihrer schönen Pullis liegt noch auf einem Regal. Warum räume ich nicht einfach auf? Ich habe Angst, sie ganz zu vergessen und aus der Erinnerung zu verlieren, wenn ich nicht wenigstens immer wieder ihre Zahnbürste und Pullis anschaue und ihr Parfum rieche. Ich will sie nicht ganz verlieren. Ich möchte noch etwas von ihr behalten. Darf ich mich so an sie klammern?

Sind diese Spuren nicht immer die Auslöser der Trauer? Ich brauche die Trauer. Sie ist der einzige Ort, ihr noch begegnen zu können? In der Trauer ist ein Stück Liebe zurückgeblieben. Deshalb will ich sie nicht preisgeben. Aber sie engt mich ein und versperrt mir den Weg in die Zukunft. Sie hindert mich, weiter zu reifen und versucht mich, meinen Aufgaben auszuweichen. Anna hat ihren Weg vollendet. Sie hat ihr diesseitiges Leben erfüllt. Ich muss weitergehen. Also werde ich den Vortrag halten und den Menschen erzählen, wie ich versuche, im Dunkel meiner Ängste ein Licht der Hoffnung anzuzünden. Wie es mir manchmal gelingt und manchmal überhaupt nicht gelingt. Aber die Zahnbürste und den Öltopf werde ich noch dort liegen lassen.

8. September 92

Ich sehe sie leben. Ich sehe sie sterben. Ich sehe sie gehen, lachen und weinen. Ich schlafe mit ihr. Ich spüre ihren Körper, ihre Küsse, ihre Arme, ihre Hände, die ganze Fülle und Süße ihrer beseelten Leiblichkeit. Ich sehe die Orte unserer schönsten Begegnungen. Ich sehe sie fallen und hebe sie auf. Ich lege sie trocken. Ich führe sie durchs Haus, Fuß vor Fuß stellend, mühsam und ängstlich. Ich rieche ihren Duft. Ich schaue ihr in die Augen. Ich wandere mit ihr durch Blumenwiesen, durch den blauen Herbstdunst über Berge und Täler. Ich sehe ihr durch das Cortison aufgeschwemmtes Babygesicht.

Augustinus (+ 430) beschrieb vor über tausend Jahren[24] die Trauer über den Tod seines Freundes. Ich finde mich in jedem Wort wieder: »Durch diesen Schmerz kam eine tiefe Finsternis über mich, und wo ich hinsah, war der Tod. Die heimatliche Stadt war mir zur Qual, das väterliche Haus zu einer sonderbaren Unglücksstätte, und jedwedes Ding, das ich mit ihm gemeinsam besessen hatte, wurde mir nun ohne ihn zu unendlicher Pein. Überall suchten meine Augen ihn, und er wurde mir nicht gegeben; ich hasste alles, weil ich ihn nicht hatte und mir nicht mehr sagen konnte: Siehe, er kommt, so wie es, als er noch lebte, war, wenn er einmal abwesend war. Ich war mir selbst eine einzige große Frage, und forschte ich in meiner Seele, warum sie traurig sei, warum sie mich so sehr verwirre, so wusste sie mir nichts zu antworten. Und wenn ich ihr sagte: Hoffe auf Gott, so gehorchte sie nicht und hatte Recht, weil dieser Mensch, den sie als Teuerstes verloren hatte, besser war und wahrer als das Trugbild, das ich ihr als Hoffnung gab. Nur noch das Weinen war mir süß und nahm in meinen Herzensfreuden die Stelle meines Freundes ein.«

9. September 92

Augustinus schreibt: »Ich wunderte mich, dass die übrigen Sterblichen lebten, wo er doch gestorben war, den ich so liebte, dass er gleichsam nie hätte sterben dürfen, und noch mehr wunderte ich mich, dass ich als ein anderes Ich seinen Tod überlebte. Wie richtig hat einmal einer seinen Freund die Hälfte seiner Seele genannt! Denn ich habe meine und seine Seele als eine einzige in zwei Körpern empfunden, und deshalb schauderte mich vor dem Leben, weil ich nicht als Halber leben wollte, und deshalb fürchtete ich mich vielleicht zu sterben, weil er, den ich so sehr geliebt, dann ganz gestorben wäre.«

10. September 92

Augustinus' tausendjährige Worte treffen mich, wie wenn sie heute morgen verfasst worden wären: »Ich wusste nicht mehr ein und aus, weinte, empörte mich und hatte weder Ruhe noch Einsicht. Denn ich trug meine zerquälte, zerbrochene Seele, die von mir nicht getragen sein wollte, und ich fand nichts, wo ich sie hätte niederlegen können. Sie kam zu keiner Ruhe, in keinem anmutigen Hain, bei keinem Spiel und keinem Gesang, weder beim süßen Duft der Freuden der Lagerstatt und des Bettes und schon gar nicht bei Büchern und Gedichten. Alles starrte von Frost, selbst das Licht; bös und verhasst wurde alles, weil es nicht das war, was jener gewesen ist, und nur in der Betrübnis, in den Tränen fand ich etwas Ruhe. Kaum aber wurde meine Seele da herausgehoben, so legte sich die ganze Erdenlast auf mich. Zu dir, o Gott, hätte sie erhoben werden müssen, und sie wäre heil geworden. Ich wusste es, aber ich wollte es nicht und vermochte es auch nicht, und das umso weniger, als du für mich, wenn ich über dich nachdachte, nichts Festes und nichts Sicheres bedeutetest. Sobald ich versuchte, meine Seele da zu bergen, glitt sie durch die Leere hinab und fiel wiederum auf mich zurück, und ich blieb für mich selbst der gleiche Unglücksort, an dem ich nicht sein, von wo ich aber auch nicht weichen konnte. Denn wohin konnte je mein Herz vor meinem Herzen fliehen? Wohin hätte ich vor mir selbst fliehen sollen? Wohin wäre ich mir nicht gefolgt? Und trotzdem floh ich aus der Heimat. Meine Augen brauchten ihn dann dort, wo sie ihn nicht zu sehen gewohnt waren, weniger suchen...«

11. September 92

Manchmal bin ich hilflos wie ein Baby. Mancher Mann mag es wohl nicht wahr haben, dass unsere Frauen dann und wann auch unsere Mütter sind. Wir haben uns dessen nicht zu schämen. Wir brauchen deswegen keinen Mutterkomplex zu haben. Meine Frau war mir auch Mutter. Ich fühlte mich bei ihr ganz geborgen. Etwa, wenn wir miteinander sprachen und sie mich verstand oder wenn sie einfach in meiner Nähe war. Aber auch, wenn sie mir körperlich nicht nahe war. Der bloße Gedanke, dass sie ist, vielleicht weit weg, oder dass sie an mich denkt, hüllte mich wie in einem Mutterschoß in Sicherheit. Manchmal durchströmte wohlige Wärme meinen ganzen Körper, wenn ich an sie dachte. Dann und wann verspürte ich aber auch Angst, diese Schutzhülle zu verlieren. Verlust und Trennung erschienen mir dann wie Gespenster in der Nacht, die mir Gänsehaut über den Rücken jagten. Deshalb nahm ich jeden Tag, wenn ich zur Arbeit ging, ganz bewusst von ihr Abschied. Sie begleitete mich ausnahmslos zum Wagen, und wir hatten immer Mühe, uns aus unserer Umarmung zu lösen. Sie blieb stehen und winkte mir, bis ich hinter den letzten Bäumen verschwunden war. Jeder dieser täglichen Abschiede enthielt einen leisen Schmerz. Jeder war ein verhüllter Vorbote der letzten Trennung, die uns vor Monaten aufgezwungen wurde.

12. September 92

Freud verlor seine geliebte Tochter und dann seinen Enkel. Diese Verlusterlebnisse erschütterten ihn und zerbrachen seine Seele. Von da an soll er niemandem mehr zur Liebe geraten haben, weil niemand so verletzlich sei wie Liebende. Ist es gut, nicht zu lieben, um nicht verletzt zu werden? Wie arm wäre ich trotz aller Verletzungen ohne die Liebe zu meiner Frau! Welche Fülle wurde mir und unseren Kindern durch sie im Leben zuteil! Welche Abgründe des Reichtums eröffneten sich uns in ihr! Durch sie wurde jeder Tag und jede Nacht sinnvoll.

Ich gestehe Freud zu, dass der Schmerz des Verlustes zuweilen unsere Fähigkeit, Schmerz auszuhalten, übersteigt; ähnlich wie das Glückserlebnis der Liebe das Fassungsvermögen meines Herzens fast schmerzlich immer wieder zu sprengen drohte. Nein, ich möchte keine Sekunde unserer Liebeszeit vermissen. Warum es der Schöpfer so eingerichtet hat, dass das tiefste Glück den tiefsten Schmerz in sich birgt? Viele entschließen sich deshalb, nur oberflächlich zu lieben, um das Glück zu fliehen, das solches Leid enthält. Ich ließ mich ganz ein. Mit allem was ich bin und habe. Jetzt bezahle ich den Preis dafür.

15. September 92

Es ist Herbst geworden. Die Wälder sind dunstig, die Schneeberge zum Greifen nah. Die weißen Wolkenballen, die heute am blassblauen Himmel segeln, erinnern mich an die Septembertage des letzten Jahres, als wir nach Zürich zum Neurologen fuhren, um das Todesurteil entgegenzunehmen.

30. September 92

Die Nächte werden lang und kühl. Die Tage sind noch warm. Aber die Kraft der Sonne ist gebrochen. Ihre Strahlen fallen schief durchs Fenster. Tisch und Schrank in der Stube werfen lange Schatten. Am Birnbaum fallen die gelben Birnen wie Tropfen von den Ästen. Es riecht nach frischer Erde. Äpfel malen rote Tupfen ins Grün. An den Hausmauern dunkeln die Trauben. Reife liegt in der Luft. Der Wald duftet feucht und modrig. Die langstieligen Kerbeln am Straßenrand vergilben dunkelbraun. Pilze verbreiten erdige Duftwolken. Nebelschleier spielen mit der Sonne. Himmel und Erde gehen in der Ferne fast nahtlos ineinander über. Kirchtürme, Hügel und Berge verlieren ihre Umrisse im blauen Dunst. Das Jahr hat seine Mitte unwiderruflich überschritten. Es neigt sich zum Ende. Der September mahnt uns liebevoll, uns zu wappnen für den Tag des Abschieds, den uns der November rücksichtslos bescheren wird. Er beschwichtigt uns zwar, es werde sich alles ganz natürlich ergeben und entwickeln. Er zeigt uns tröstend unsere Früchte, wirft Dunst und Schleier über Schuld und Sünde und verbirgt, was hart und gegensätzlich ist. Er lässt uns still werden und besinnlich und öffnet Wege zum andern und uns selbst, die wir bis jetzt nicht fanden. Er nimmt die Angst von uns, in der wir oftmals bangen. Er bereitet die Nacht mit sanfter Dämmerung vor. Er streut uns Schönheit in die Augen, um sie müd und schläfrig zu machen. Er bemüht sich, uns mild und hoffnungsvoll zu stimmen, obwohl er heimlich Blumen für unsere Gräber sammelt.

1. Oktober 92

Ich fand heute eine Notiz in einem alten Tagebuch. Sie stammt aus der Zeit unserer jungen Liebe, als die Kinder noch klein waren: »Gestern an diesem schönen warmen Sommertag entdeckte Christa eine Haselmaus im Garten, gerade als sie unter einem Strauch verschwand. Sie spürte ihr nach und fand sie zwischen Steinen. Sie rief ihren Bruder, Anna und mich herbei, damit auch wir sie bewunderten und die überraschende Entdeckung mit ihr teilten. Wir waren alle entzückt. So samten, zart und lieblich hatten sich die Kinder ein Mäuschen nicht vorgestellt. Es war ganz scheu, blickte uns aber mit seinen seelenvollen Kugelaugen vertrauend an. Wir sprachen mit ihm, rühmten sein Aussehen, lobten seine schöne Gestalt und sein leutseliges Wesen. Von so viel Zuwendung berührt, wagte es sich aus den Steinen hervor bis es sich schließlich in seiner ganzen Größe und Schönheit offenbarte. Es wurde dafür mit Nüsschen und Grasblättchen belohnt. An der Hausecke lauerte die schwarze Mieze. Ihre gelben Augen funkelten in der Abendsonne. Sie leckte das Maul, gähnte und bleckte ihre Zähne. Wir einigten uns, das Mäuschen aus der Gefahrenzone zu entfernen und zum nahen Waldrand zu bringen. Dort war es wohl zu Hause. Hier bei uns riskierte es Kopf und Kragen. Als es Anna vorsichtig in ein Taschentuch hüllte, bemerkte sie, dass es verletzt war. Ein Blutstropfen hatte sein weisses Bäuchlein arg verschmiert. Die ganze Familie zog durchs hohe Sommergras zum Wald und setzte den kleinen Patienten, der husch husch unter dem Gebüsch verschwand, dort aus. Die Kinder schlugen vor, das Taschentuch in die Astgabel eines Dorngestrüpps zu legen, damit das Mäuschen dort, vor Katzen und anderen Gefahren geschützt, nachts ruhig schlafen konnte. Ich zweifelte freilich sehr daran, dass es unsere Absicht nachzuvollziehen und die gebotene Gelegenheit wahrzunehmen vermochte. Diese Frage gab abends beim Schlafengehen viel zu reden. Am Morgen eilten wir noch vor dem Frühstück zum wilden Rosenstrauch. Man glaubt es kaum, wir fanden die Maus zusammengekugelt im weichen Tuch liegen. Wir streichelten sie, um sie zu wecken. Sie rührte sich nicht. Sie war tot. Wir waren tief gerührt. Bei allem Elend waren wir darüber glücklich, sie in ihren letzten Augenblicken so sehr geliebt, so warm geborgen und zum Tod gebettet zu haben.« Sind zufällige Begegnungen und kleine Ereignisse ganz am Rand nicht oft Hinweise auf spätere wichtige Begebenheiten unseres Lebens?

16. Oktober 92

Die Tage sind kalt und neblig. Ich warte auf die Nächte, dass ich mich unter die Decke und in warme Kissen flüchten kann, um im Schlaf zu vergessen und mich vom Karussell meiner immer wiederkehrenden Gedanken zu erlösen. Und wenn es endlich Abend wird, gehe ich nicht zu Bett, sondern setze mich vor den Fernseher und decke mich mit einer Flut von Bildern zu. Im Bett fange ich an zu lesen. Ich fürchte mich vor der Nacht und den inneren Schreckensbildern meiner Träume und Wachfantasien, in denen ich manchmal das Röcheln ihrer letzten Atemzüge höre. Ich kann erst einschlafen, wenn ein neuer Tag beginnt. Um Mitternacht, wenn die Mitte des Tunnels hinter mir liegt.

17. Oktober 92

Unser sechsundzwanzigster Hochzeitstag. Ich erinnere mich, wie wenn es gestern gewesen wäre. Ein wolkenloser, tiefblauer Himmel. Die Berge in weißem Brautgewand. Die Birnbäume strahlend rot. Kühe auf der Weide. Überall Glockengeläut. Ich holte sie mittags um halb zwei in ihrem Elternhaus ab. Sie wartete fiebrig strahlend in der Stube auf mich. Ich ging auf sie zu, umarmte sie und hängte ihr den goldenen Hochzeitsschmuck um den Hals. Mondstein in Gold gefasst, in dem sich ihr Wesen widerspiegelte. Mein Herz wollte zerspringen.

Der Tag war ein Gedicht. Die Nachbarn feierten mit. Die Kapelle war voll von Freunden und Bekannten. Böllerschüsse donnerten und widerhallten in den Wäldern, als wir uns die Ringe an die Finger steckten. Alle sangen begeistert aus vollem Hals das »Großer Gott wir loben dich«. Draußen auf der Wiese vor der Kapelle fand ein Volksfest statt. Dann fuhren wir in einer langen Wagenkolonne zum Abendessen ins Hotel hoch über dem Vierwaldstätter See.

Heute vor einem Jahr besuchte ich Anna in der Klinik. Es regnete und war kalt. Es gab nichts zu feiern. Aber wir erinnerten uns doch an jene Stunden, die wie ein märchenhafter Traum weit, sehr weit zurücklagen. Wir entschlossen uns zu einem kurzen Spaziergang im Park. Und weil sie sich recht wohl fühlte, zogen wir eine Runde weiter. Auf einmal begannen ihre Hände auszuschlagen und ihre Knie zu zittern. Ein Anfall. Sie verlor das Gleichgewicht und fiel um. Ich schleppte sie in einen Garten und legte sie, dass sie nicht ganz nass wurde, unter die Treppe eines Hauses. Schließlich versuchten wir mühsam miteinander zur Klinik zurückzukehren. Vom nahen Dom schlug es drei Uhr. Genau die Stunde, in der wir uns vor 25 Jahren versprochen hatten, einander in guten wie in schlechten Tagen beizustehen. Bis dass der Tod euch scheidet, sprach es in mir weiter. Dass schlechte Tage so schlecht sein konnten, hätte ich nie für möglich gehalten.

5. November 92

Die Meditationsfastenwoche war hart für mich. Schweigen, fasten, allein sein. Mir selber ausgeliefert, Gott als dem Antwortlosen und Abwesenden gegenübergestellt. Ich begegnete seinen schriftlichen Worten in den Psalmen und im Beten der Nonnen, die uns beherbergten, oder in den Morgenbetrachtungen der Schwester Oberin. Die nachmittäglichen Körperübungen lösten eine seelische Lawine aus. Die unverarbeiteten und zum Teil verdrängten Konflikte der letzten Monate hatten sich in meinem Körper festgesetzt. Ihn zu spüren bedeutete auch, mich meinen Gefühlen zu stellen. Welchen Gefühlen? Es gibt nur immer dieselben. »Denken Sie sich in ihre linke Körperseite hinein«, sagte die Schwester. »Heben Sie den linken Arm. Legen Sie ihn nieder. Spüren Sie die Unterlage. Wenden Sie sich ihrem linken Fuß zu. Massieren und streicheln Sie ihn. Seien Sie zärtlich zu ihm...«. Auf einmal hörte ich nicht mehr zu. Ich befühlte nicht mehr mich, sondern hielt ihren lahmen, angeschwollenen linken Fuß in den Händen. Ich sah ihre lackierten Zehennägel. Ich roch das Balsamöl, mit dem ich sie massierte. Ich habe ihre Füße und Beine oft und immer wieder gesalbt. Es war eine der intensivsten Möglichkeiten, ihr meine Zuwendung zu zeigen, weil mir allmählich die Angst vor dem langsamen Verlöschen ihres Körpers andere Zärtlichkeiten verhinderten. Das Allerschlimmste war, dass die Angst vor den epileptischen Anfällen anfing, sogar vor ihr selber Angst auszulösen. Es fiel mir auch immer wieder der schreckliche Augenblick ein, als ihr beim Essen der Arm vom Tisch glitt und wie sie von da an Mühe hatte, zu essen, weil ihr weder Hand noch Mund gehorchen wollten. Sie schämte sich zuweilen über die Art, wie sie jetzt Nahrung zu sich nehmen musste, was nur zu spüren war, wenn ihr verstohlene Tränen über die Wangen kollerten. Ich verließ einmal den Tisch und flüchtete in die Toilette, um mich auszuweinen. »Hast Du geweint?« fragte sie mich, als ich zurückkehrte. »Sei nicht traurig, wir werden es schaffen!«

15. Januar 93

Die Zeit schleicht dahin. Und doch zählen wir schon ein neues Jahr. Ich bin froh, das alte hinter mir zu haben. Ich entschloss mich heute morgen, wieder Antidepressiva zu nehmen wie damals während der Endphase von Annas Krankheit. Es ist erstaunlich, was diese roten kleinen Kügelchen bewirken. Die Stimmung hellt sich auf. Das Negative tritt in den Hintergrund.

Vergangenes verblasst in seiner Schmerzlichkeit. Die lebenswerten Seiten treten wieder deutlicher in Erscheinung. Das Sonnenlicht schmerzt nicht mehr. Der Winter ist nicht so eisig. Ich sträube mich, Tabletten einzunehmen. Ich finde es feige und unwürdig, der Trauer auszuweichen. Und trotzdem gönne ich mir jetzt während einiger Tage eine Atempause, um mich zu erholen und neu Kraft zu schöpfen, mich den Auseinandersetzungen wieder zu stellen.

26. Januar 93

Manchmal ist die Bibel ein Heilmittel für meine Depressionen. Es kommt jedoch vor, dass sie sie noch unerträglicher macht. Ich las dort, dass dem, der viel hat, hinzugegeben, und dass dem, der wenig hat, auch das noch genommen werde, was er hat (Mt 13,12). Ich denke, dass es dabei um eine innere Einstellung geht. Es gibt Menschen, die, obwohl sie viel haben, immer glauben, zu kurz zu kommen. Sie sind in Gefahr, alles zu verlieren. Andere, die wenig haben, sind für das wenige dankbar, das für sie viel bedeutet. Ich war immer dankbar für alles, was mir das Schicksal schenkte. Für meine Kindheit, meine Möglichkeiten zu studieren, für meinen Beruf, das Geschenk meiner Frau und unserer Kinder. Es wurde mir unendlich viel geschenkt. Und doch war ich nie ganz zufrieden dabei. Etwas in mir verlangte immer noch nach mehr. Ich war nämlich von Ehrgeiz besessen, der nicht zu stillen war. Ich gehöre offenbar zu jenen, die, obwohl sie viel besitzen, meinen, doch zu wenig zu haben und die deshalb alles verlieren. Ich habe meine Frau verloren. Die Kinder sind ausgezogen. Ich habe nur mehr wenig zu tun. Keine Auftritte am Rundfunk und am Fernsehen. Von einem großen Publikum nicht zu reden. Seit ich vor meiner bewusstlosen Frau im Kies kniete, bin ich ein Besitzloser geworden. Der Ehrsucht folgte Leere. Dem Hochmut Erniedrigung. Das Ergebnis: ein kleines Nichts, das gerade noch das Nötigste hat, um in seiner Verlorenheit zu bestehen. Dem, der meint, nichts zu haben, wird das noch genommen, was er hat. Was soll ich tun? Ich las bei Jesaja (30,15): »Denn also sprach der Herr: Durch Umkehr und Ruhe findet ihr Rettung. Im Stillsein und im Vertrauen liegt eure Kraft.« Ich werde mich zur Ruhe und zum Stillesein zwingen müssen. Dort ist wohl die Stimme des Ewigen vernehmbar. Stille ist Gebet. Wer Stille sucht, betet schon. Die Stille ist vielleicht das lauteste Gebet. Übrigens habe ich mich heute für das Seminar mit Anselm Grün angemeldet.

29. Januar 93

Ich lese in einem Buch über Engelerfahrungen. Es gibt mir Einblick in die andere, unsichtbare oder nur dann und wann durch besondere Gnade sichtbare Wirklichkeit. Es ist notwendig, uns mit den unbewussten Bereichen unserer Seele zu befassen, die nicht sichtbar sind. Ebenso notwendig ist es, sich des unsichtbar Transzendenten bewusst zu sein, wenn wir ganzheitlich leben und erleben wollen. Manchmal ist es unendlich weit von uns entfernt, als ob es nicht existierte. Es fehlen uns die Anhaltspunkte und Bilder, mit denen wir es suchen könnten. Es ist deshalb wichtig, darüber zu lesen und uns von den Erfahrungen anderer belehren zu lassen. Engel geben uns auch eine Ahnung vom Dasein unserer Verstorbenen. Jesus sagt zu den Pharisäern, dass die Verstorbenen wie die Engel seien (Mk 12,25). Also Boten Gottes, Licht vom Licht, in dessen Glanz sie leben.

30. Januar 93

Der heutige Tag stand im Zeichen vieler Fehler, die ich in unserer Ehe begangen habe. Anna hat sie in ihrer kleinen Lebensgeschichte und in ihren Briefen angesprochen. Ich kann sie nicht mehr korrigieren. Das ist sehr traurig. Ich fürchte, dass unsere Ehe nicht besser war als alle durchschnittlichen oder sogar schlechten, von denen ich täglich in meiner Praxis höre und die ich zu beraten habe. War ich wirklich ein schlechter Partner? Ist sie an meinem Egoismus krank geworden? Warum zeigte ich ihr meine Liebe nicht deutlicher? Warum verbrachte ich nicht mehr Zeit mit ihr allein, wozu sie so sehr das Bedürfnis hatte? Ich weiß, dass ich ihr weh getan habe. Ich weiß, dass ich ein Mensch mit vielen Fehlern bin. Die Liebe hat sie Gott sei Dank immer wieder zugedeckt. Muss eine Ehe vollkommen sein? Das ist unmöglich, weil wir alle nicht vollkommen sind. Nicht jeder Konflikt kann schmerzlos oder ideal gelöst werden. Auch von einem Psychoanalytiker nicht. Wenn ich diese Tatsache akzeptiere, muss ich eingestehen, dass wir trotz allem eine überdurchschnittlich lebendige Partnerschaft lebten. Wir sind nicht zuletzt an unseren Unvollkommenheiten gewachsen. Dennoch berührt es mich heute schmerzlich, was ich unterließ, nicht nachholen zu können. Wäre uns das Schicksal gnädig gewesen, hätte es mir meine Frau nach der schrecklichen Krankheit wieder zurückgeschenkt. Welch ein Glück, alles Versäumte nachzuholen, alles besser zu machen und nochmals ganz neu beginnen zu dürfen, nicht vollkommener aber vielleicht wärmer, aufmerksamer und rücksichtsvoller! Das Schicksal blieb hart. Das Wunder der Heilung, auf das ich jeden Tag gehofft hatte, blieb aus.

1. Februar 93

Meine Geliebte, ich muss Dir heute einen Brief schreiben. Briefe an Tote sind immer zu spät. Sie fallen ins Leere. Der Wind verweht sie. Mein Brief wird Dich nie erreichen. Er wird deshalb keine Fehler aufheben. Er wird Geschehenes nicht ungeschehen machen, Ungeschehens nicht geschehen lassen. Aber er wird mir wenigstens helfen, meine Schuldgefühle zu äußern und neu zu ordnen.

Es gibt in Deinen Briefen und in Deiner Lebensbeschreibung Sätze, die mich immer wieder schmerzen. Sie sind nahezu immer in meinem Kopf gegenwärtig. Ich kenne sie auswendig: »Warum glaubt er mir nicht, wenn ich ihm sage, dass ich am Ende bin? Warum hilft er mir nicht, meine Probleme zu formulieren?« Was muss ich doch für ein aufmerksamer Ehegatte gewesen sein! Wie war es nur möglich, Dir nicht zu glauben und nicht zu helfen? Du hattest eben nie Probleme. Du hast mir im Gegenteil immer geholfen, die meinen zu lösen. Dass Du auch welche hattest, stellte ich erst fest, als ich nach Deinem Tod Dein Tagebuch las, wie Du es mir erlaubt hattest. Dort konntest Du Deine Konflikte sehr wohl formulieren. Aber Du hast sie statt mir bloß deinem Tagebuch anvertraut. Warum wohl? Ich denke, weil Du zu stolz warst, sie mir zu gestehen. Andererseits wolltest Du mich nicht belasten. Oder hattest Du sogar Angst vor meinen Reaktionen? Doch vor Ausbruch Deiner Krankheit bemerkte ich, dass Du in gewissen Ausweglosigkeiten stecktest. Aber da wollte ich sie nicht wahrnehmen, weil Konflikte, die Du nicht mehr selber zu lösen imstande warst, eine Katastrophe ankündigten. Es durfte nicht wahr sein, dass Du am Ende warst. Das Ende Deiner Kraft bedeutete das Ende unseres Glücks. Es war also krasser Egoismus, der mich Deine ausweglose Lage nicht erkennen ließ. Dass ich Dir, als Du dann wirklich am Ende warst, Tag und Nacht beistand, wiegt die Schande meines Versagens nicht auf.

»Warum liebt er mich nur, wenn ich hübsch und strahlend, tapfer, tüchtig, selbstlos und bewundernswert bin?« Du warst eben hübsch und strahlend, tapfer, tüchtig und selbstlos. Deshalb habe ich Dich schon immer bewundert. Einige, die Dich nicht wirklich kannten, werfen mir heute vor, ich verkläre Dich nachträglich. Wie wenn ich nicht imstande wäre, die Dinge so zu sehen, wie sie eben waren! Ich lasse mir dieses Etikett nicht anheften, nur weil es in einigen Trauerarbeitsbüchern geschrieben steht, dass die Trauer um Verstorbene in gewissen Phasen von deren Verklärung lebe. Ich kenne

Deine Fehler sehr wohl. Du warst manchmal unerträglich stur. Du hattest oft Mühe, aus Dir herauszukommen. Du hast Dich zu wenig über Deine Bedürfnisse geäußert und Kritik an mir zu sehr zurückgehalten. Das waren Fehler. Und heute weiß ich, dass Du zu selbstlos warst. Du hast Dich überall aufgeopfert für uns. Du kanntest zwar Deine Grenzen, hast Dich aber dennoch grenzenlos für andere eingesetzt. Vielleicht hat Dir dieser sozusagen strukturelle Fehler Deiner Persönlichkeit so früh das Leben gekostet. Heute weiß ich, dass es mein Fehler war, Dich stets zu bewundern. Weil ich Dich zu sehr bewunderte, fühltest Du Dich verpflichtet, immer und überall bewunderungswürdig zu sein. Meine Bewunderung hat Dich überfordert. Aber sie war eben Teil meiner Liebe. Ich hätte sie nur abstreifen können, wenn ich ihrer verheerenden Folgen bewusst gewesen wäre. Ich selber war mir offenbar gewisser Zusammenhänge, die in unserer Beziehung wichtig waren, nicht bewusst, während ich doch andere in meiner Arbeit geradezu penetrant zu bewussterem Leben herausforderte. Dennoch frage ich mich jetzt, ob es wirklich falsch war, wenn ich Dich gerne schön sah, mit Dir zusammen die schönsten Kleider kaufte und Dich mit dem edelsten Schmuck schmückte. Diese Stunden in der Stadt werden mir unvergesslich bleiben. Durfte ich denn nicht zum Ausdruck bringen, wieviel wert du mir warst? War es falsch, Deine innere und äußere Schönheit, in der auch das Tapfere und Tüchtige enthalten waren, auf diese Weise zu unterstreichen? Oder war es wiederum Egoismus, der mich so handeln ließ? Wollte ich Dich so schön erscheinen lassen, um mich selber aufzuwerten? Komme ich mir heute deshalb oft so minderwertig vor, weil ich mich mit Dir nicht mehr schmücken kann? Aber ist denn eine innen und außen schöne Frau, wie Du es warst, nicht der edelste Schmuck ihres Mannes? Obwohl sie selbstverständlich viel mehr ist als dies!

Du sprachst jene Situation an, als ich Dir – Du meinst aus sexueller Frustration – eines Abends beim Einschlafen den Rücken zukehrte und morgens ohne Frühstück und Abschied zur Arbeit fuhr. Diese »Geschichte« trug sich kurz vor dem Tod meiner Mutter zu. Du weißt, wie sehr mich ihr Sterben schmerzte. Es zeigte sich, dass ich stärker an sie gebunden war, als ich meinte. Du hast sie damals gepflegt wie deine eigene Mutter. Das hat mich tief berührt und meine Liebe zu Dir geschürt. Es drängte mich deshalb während dieser für uns beide schwierigen Zeit ganz besonders zu Dir hin. Und zwar keineswegs sexuell. Ich suchte Deine Nähe. Du warst durch die Pflege überfordert und für mich sozusagen abwesend. Ich fiel in ein Loch und wurde depressiv. Ich verlor nicht nur meine Mutter, sondern fürchtete, auch Dich verloren zu haben. Aus dieser Stimmung heraus wurde ich – Du kanntest doch diesen Fehler, weil er sporadisch immer wieder ansatzweise aufgetreten war – depressiv und unfähig, angemessen auf äußere Situationen zu reagieren. Ich will mich nicht rechtfertigen. Ich möchte Dir nur meine damaligen inneren Verhältnisse schildern und Dich um Verzeihung bitten für alles, was ich in unserer Ehe falsch gemacht habe. Ich erinnere mich jedoch jetzt daran, dass Du mir in einem Deiner letzten Brief versichertest, dass es nichts gibt, was Du mir nicht verzeihst. Du bist so großzügig! Ich danke Dir!

10. Februar 93

Vor vielen Jahren suchte mich ein Mann auf. Er war bis zum heutigen Tag der älteste Mensch, den ich in meiner Praxis je zu betreuen hatte. Er hatte sich seit seiner Jugend mehreren Therapien, unter anderem bei einer Koryphäe der Jungschen Schule, unterzogen. Er kannte die Theorien Jungs nahezu auswendig. Aber weder die Therapien noch seine Studien der Jungschen Psychologie vermochten ihn aus seinen

Problemen zu befreien. Schließlich landete er in hohem Alter bei mir. Er blieb ein von seiner Kindheit an zutiefst Enttäuschter. Er habe sich in seinem Leben noch nie an etwas wirklich freuen können, erzählte er mir. Er war unverheiratet und einsam. Seine Eltern hatten einer Sekte angehört, stritten aber Tag und Nacht handgreiflich miteinander. Er redete in der Therapie ununterbrochen von Gott und wollte mich eigentlich jedesmal vom Unsinn der Religion überzeugen. Gott, falls es ihn gebe, meinte er, was er jedoch nicht glaube, sei doch am ganzen Elend der Menschen schuld. Er habe sie eben fehl konstruiert und dabei sehr wohl gewusst, dass alles schief herauskomme. Dass er dann seinen eigenen Sohn opferte, habe die ganze Misere bis heute noch nicht geändert. Es träumte mir nun, dass mir dieser alte Mann erzählte, ihm sei die Wohnung gekündigt worden, sodass er sie sofort verlassen müsse. Das sei eine Katastrophe für ihn. Ich gehe hin, um seine Wohnung zu besichtigen und bin sehr erstaunt, dass es sich dabei um meine Praxisräume handelte. Alles ist ausgeräumt. Was soll ich tun? Ich entschließe mich, mit dem Vermieter in Verbindung zu treten. Er heißt Wolf. Ich unterlasse es jedoch, weil ich denke, er werde trotzdem tun, was er wolle.

Dieser alte Mann im Traum bin ich. Er zweifelt und verzweifelt an Gott. Er spricht ständig von ihm wie ich ständig an ihn denke und in meinen Gedanken um ihn kreise. Aber meine Gedanken bleiben immer wieder wie die seinen in der Verzweiflung stecken. Ich kann von mir nicht sagen, dass ich von Kindheit an enttäuscht war. Meine Eltern stritten nicht. Aber ich bin in Widerstreit geraten mit ihrer Auffassung von Gott, der mich zu einem enttäuschten alten Mann machte, als er mir durch den Tod Wohnung, Geborgenheit und Existenz kündigte. Knall auf Fall hat er mich auf die Straße gestellt. Er ist ein Wolf. Er reißt die Schafe, die er vorgibt zu hüten. Er hat mich aus dem Paradies vertrieben und in die Wüste gejagt. Ich denke übrigens oft darüber nach, warum er meine Frau am Sonntag, als sie gerade die Kirche betreten wollte, um das so genannte heilige Opfer zu feiern, überfiel.

Es fällt mir jetzt ein früherer Traum ein. Ich träumte, ich wüsste, dass ich abends die Haustüre nicht abgeschlossen hatte. Ich stand auf, um das Versäumte nachzuholen. Eine dunkle, vermummte Gestalt begegnete mir im Hauseingang. Ich stand machtlos und vor Schrecken gelähmt vor der Mumie. Als ich erwachte, war ich schweißgebadet und überzeugt, dem Tod begegnet zu sein, der durch die unverschlossene Türe in unser Haus eingedrungen war. Kurz danach träumte meine Frau, dass sie, als sie die hintere Nebeneingangstüre unseres Hauses öffnete, einem dicken, hässlichen und gefährlichen Mann gegenüberstand. Sie versuchte ihn zu verscheuchen, was er mit einem hämischen Grinsen quittierte und bemerkte, dass er sie mit Sicherheit noch erwischen werde. Sie verschloss die Türe und rannte zum Haupteingang, um dort abzuschließen. Es war zu spät. Er stand schon im Haus. Dann erwachte sie. Ein halbes Jahr später brachen Krankheit und Tod in unsere Familie ein.

16. Februar 93

Der Heimweg führte mich heute an einer Kirche vorbei. Ich entschloss mich, dort noch einige Minuten still zu werden. Nachdem ich eingetreten war, wollte ich sie gleich wieder verlassen. Sie war mir zu düster und zu dunkel. Ich dachte, Gott, wenn es ihn gibt, hüllt sich vor mir jetzt ohnehin in Dunkelheit. Er ist düster und unheimlich wie diese Kirche. Ich erinnerte mich des reißenden Wolfes. Ich setzte mich und war einfach da. Ich ließ mein finsteres Herz in die Finsternis der Kirche entfliehen. Was konnte ihm schon geschehen? »Warum hat er mir diese wunderbare Frau geschenkt und sie mir so früh und so grausam wieder entrissen?« fragte ich mich.

Sogleich hörte ich eine überraschende Antwort: »Weil ich dir zeigen wollte, wie schön meine Schönheit und wie wunderbar meine Liebe ist.« Die Antwort kam nicht von außen, sondern von innen, ganz aus dem Kern meines Herzens. Es war eine Stimme und war doch keine. Es war eine Eingebung, die mich erschreckte, weil sie so unvermutet rasch auf meine Frage antwortete. Ich dachte: Wenn ich mich ständig mit Gott befasse, ist es eigentlich klar, dass sich solche Antworten in meinem Unbewussten programmieren und von diesem bei entsprechender Gelegenheit ausgespuckt werden. Glauben beruht zum Teil wenigstens auch auf Suggestion[25]. Ich muss aufpassen, dass ich meine eigenen Suggestionen nicht für die Stimme Gottes halte. Andererseits weiß ich, dass Glaubensvorstellungen Kanäle zum Übersinnlichen bilden und uns bereit machen, seine Sendungen zu empfangen. Sie vermögen uns bis in die Tiefen der Seele, ja bis in den Leib hinein auf Gott auszurichten. Es stellt sich letztlich jedoch die Frage, ob dieser Gott, auf den wir uns ausrichten, eine Wirklichkeit oder bloß das Ergebnis unserer Erwartungen ist. Als ich abends nochmals im Neuen Testament las, traf ich auf eine Antwort Jesu, die er dem fragenden Pilatus gab und die auch für mich bestimmt sein könnte: »Jeder, der für die Wahrheit offen ist,« sagte er, »hört meine Stimme« (Lk 18,37).

Wie las ich doch neulich in der Bibel (26.1.93)? »Denn also sprach der Gebieter und Herr, der Heilige Israels: Durch Umkehr und Ruhe findet ihr Rettung, im Stillsein und im Vertrauen liegt eure Kraft. Doch ihr wolltet es nicht.« Was bleibt mir jetzt anderes als es endlich zu wollen! Umkehr bedeutet Ruhe suchen, stille werden, vertrauen. Das ist leichter gesagt, als getan. Ich muss mich jeden Tag dazu überwinden. Ich muss mich zur Ruhe und zum Stillwerden zwingen. Ich muss die immer wiederkehrenden Ausflüchte und Ausreden durchschauen und überlisten. In der Ruhe und Stille vermögen wir offenbar die Antworten des Schicksals und die Eingebungen des Ewigen zu vernehmen. Ich las, dass der Dalai Lama mindestens fünfeinhalb Stunden am Tag im Gebet verbringt. Von Papst Johannes Paul II. hörte ich Ähnliches. »Betet ohne Unterlass!«, schreibt Paulus (1 Tess 5,17). Aber ich bin eben weder Paulus, noch der Dalai Lama, noch der Papst.

17. Februar 93

Mein Leben ist auf den Grenzbereich von Zeit und Zeitlosigkeit, auf die Nahtstelle von Diesseits und Jenseits, von Irdischem und Göttlichem fixiert. Wenn ich an Zeitloses, Jenseitiges oder Göttliches denke, muss ich den Vorhang des Alltäglichen durchstoßen, die Mauer durchbrechen und wie aus meiner irdischen Haut aussteigen. Meine Frau ist, wenn sie noch ist, in jenen anderen Sphären zu Hause. Der Gedanke an sie zieht mich zum Ewigen. Wie oft im Tag sind meine Gedanken und mein Herz bei ihr! Und wie oft denke ich deshalb gezwungenermaßen an Gott. Ich kann sie zwar dort nicht erreichen. Trotzdem bleibe ich ein chronischer Grenzgänger. Es ist eine Art Zwang, mich ununterbrochen dort zu bewegen. Das Gehen auf der Grenze vollzieht sich oft dramatisch. Einmal bin ich glücklich, so nah am Göttlichen zu sein. Dort kann ich nämlich das Elend meines jämmerlichen Alltags vergessen. Unversehens gerate ich bei meiner Gratwanderung plötzlich wieder auf die andere Seite, wo mich der Abgrund der Trauer bedroht. Auf dieser Grenze zu gehen bedeutet Kampf. Hoffen kämpft gegen Zweifeln, Licht gegen Schatten, Geist gegen Fleisch und Himmel gegen Erde.

Ich denke heute viel über das Evangelium des letzten Sonntags nach (Mt 13,18-23). Das Wort Gottes falle manchmal in die Dornen, dann wieder auf steinigen Boden, wo es die Vögel auffressen. Bei einigen auf fruchtbaren Boden. Das einzige Gleichnis, das Jesus selber interpretiert. Einfach und verständlich. Ist es immer so verständlich und einfach im

Leben? Ich bin ja auch nicht selber schuld an Gestrüpp und Steinen, die meine Seele bedecken oder an meinem ausgetretenen Herzen. Nicht ich habe meine Lebensgeschichte bestimmt. Ich habe mein Erbe ebenso wenig gewählt wie meine Umgebung, die Umwelteinflüsse ebenso wenig wie die anderen Umstände, die ich nicht beseitigen kann und die mich in vielem hindern, für Gott offen zu sein. Wenn es heißt, wie ich bei Isaias mehrmals gelesen habe, Umkehr und Ruhe seien unsere Rettung, Stillesein und Vertrauen unsere Kraft. Was, wenn ich keine Ruhe finde, obwohl ich sie suche? Wenn das Erlebte die Stille vernichtet? Wenn mein Vertrauen schon in den Kindertagen verletzt wurde?

20. Februar 93

Ich vergesse nie, was Anna für meine kranke Mutter getan hat. Sie hat sie aus dem Krankenhaus herausgeholt und zu sich genommen und ihr damit noch sechs Lebensjahre geschenkt, in denen sie zu Ende reifen konnte. Sie hat sie zusammen mit meiner Schwester jeden Abend gebettet und zum Schlafen frisch gemacht. Sie durchwachte mit ihr die letzten Nächte. Als sie das Leben aushauchte, hielt sie, neben ihr knieend, ihren Kopf liebevoll in den Händen. Sie wusste, was mir meine Mutter bedeutete. Und deshalb liebte sie sie so sehr. Sie erkannte in ihr ein Stück von mir. Zu ihrer umfassenden und vorbehaltlosen Liebe gehörte auch meine Mutter, die mich geboren hatte. Sie tat das bewusst mit dem Kopf, aber auch mit dem Herzen. Frauen, die die Schwiegermutter ablehnen, akzeptieren ihren Mann nur mit Vorbehalt. Andererseits kann man auch sagen, dass Männer sich soweit von ihrer Mutter und Mütter sich soweit von ihren Söhnen lösen müssen, dass es einer Frau möglich ist, beide in ihre Liebe einzuschließen. Anna war es möglich. Einige Tage bevor sie starb, starrte sie auf einmal unverwandt auf die Balkontüre unseres Schlafzimmers und war unansprechbar. Die Krankenschwester meinte, sie sei bewusstlos geworden und rief uns herbei. Sie aber beruhigte uns, dass sie ganz bei Bewusstsein sei, jedoch dort ihre Schwiegermutter unter der Türe gesehen habe.

22. Februar 93

Ich las heute bei Markus (Mk 6,45-52) wie Jesus über das Wasser ging und Petrus ermunterte, ihm über den Abgrund entgegenzukommen. Sein Vertrauen verlieh ihm Flügel. Ich ließ mich für Augenblicke von ihm anstecken und spürte Sehnsucht, Jesus auch über den Abgrund entgegenzueilen. Ich nahm den Kommentar Drewermanns zum Markusevangelium[26] zur Hand, um seine Interpretation zu lesen und mich daran zu stärken. Er schreibt sehr schön und sensibel über den Abgrund des Todes, vor dem es keine Rettung gebe. Er schreibt vom Abgrund der Angst vor der Tiefe der Liebe; dass wir aus dieser Angst heraus das Leben eindeichen, durchordnen, auslöschen, statt es der Freiheit und dem Glück zu erschließen, das in ihr enthalten sei. Schließlich äußert er sich zur Treue. Er meint, sie mache uns zu »Galeerensträflingen« und zitiert[27] in einer Fußnote Theodor Fontane. Er pflegt besonders brisante Bemerkungen in Fußnoten zu platzieren und sie anderen aus dem Mund zu ziehen. Fontane schildert eine Frau, die »mutig aus der Nichtigkeit ihrer Ehe ausbricht, um in einer wahren Beziehung sich selbst und das Glück ihrer Liebe zu finden. »Die Treue tut es nicht«, zitiert er, »ich meine die Werkeltagstreue, die nichts anderes kann als sich vor Untreue bewahren... Ach, Treu und Redlichkeit. Danach drängt es jeden, der nicht ganz schlecht ist. Aber weißt du, man kann auch treu sein, wenn man untreu ist, treuer als in der Treue...« Drewermann freut sich, »dass solche Sätze in ihrer Einfachheit das gesamte Gebäude der bürgerlichen Moral zum Einsturz bringen«. Was er von der Ehe hält, zeigt er, wenn er anderswo schreibt, dass es »vermutlich das größte psychologische Gebrechen und das womöglich sogar moralisch größte Verbrechen der bürgerlichen Gesellschaft sei, dass sie die Liebe in Gestalt der Ehe zu einem Normalfall sozialer Anpassung erklärt habe[29]. Ich kann diese Auffassung von Ehe nicht teilen und, dass Treue ein blosses Ergebnis von Bürgerlichkeit sein soll. Ist sie nicht doch ein Kind der Liebe? Wie lächerlich komme ich mir vor, sogar einer Verstorbenen treu zu sein! So wird mir heute Morgen bei der Suche nach Vertrauen Ärger beschert, der mir etwas von der Leichtigkeit raubt, mit der ich versuchte, übers Wasser zu gehen.

27. Februar 93

Ich stieß auf die Geschichte von Johannes dem Täufer, den Herodes auf den Wunsch seiner Frau enthaupten lässt (Mt 14,3-12). Johannes und Herodes sind zwei Seiten in mir. Johannes, der Asket, der Verzichter, der Gott Treue hält – auch ein Galeerensträfling? – die ihn befähigt, Hinweiser und Wegbereiter Jesu zu sein. Herodes, König, der Macht, Ehre und Herrschaft beansprucht, ein luxuriöses, oberflächliches und nur auf das Materielle ausgerichtetes Leben führt. Er lebt mit einer Frau zusammen, die nicht seine rechtmäßige ist. Er ist gänzlich der Anziehungskraft seiner Frau und ihrer Tochter ausgeliefert. Er verspricht ihnen alles bis zur Hälfte seines Reiches. Er hört Johannes gerne zu, der ihm etwas bietet, das ihm zwar fremd ist, nach dem er aber Sehnsucht verspürt. Er ist nicht im Stand, ihm zu folgen. Er verurteilt in ihm, was ihn anspricht. Er ist ein Schilfrohr. Er ist später weder fähig, Jesus zu verurteilen, noch ihn freizusprechen. Beide sind in mir, Herodes und Johannes. Es ist peinlich, ein Herodes zu sein. Ein Macht- und Anerkennungssüchtiger, ein Zweifler, ein Schilfrohr im Wind, ein Hin- und Hergeworfener, ein von Trieben Umgetriebener. Johannes ist der Wegweiser zu Gott. Herodes sein Mörder. Ich bin zwei. Deshalb verzweifle ich manchmal fast. Es ist schwierig, dem Leben Raum zu geben, ohne Herodes zu sein. Es ist schwierig, mit Johannes dem Gekreuzigten zu folgen, ohne das Leben zu verlieren. Aber verliert es nicht gerade der, der es zu gewinnen trachtet? Und gewinnt es nicht jener, der bereit ist, es zu verlieren?

3. März 93

Ein Mann sah einen Seidenwurm in einer Puppe. Er sah ihn kämpfen und sich anstrengen. Er war in großer Not. Der Mann ging zu ihm und half ihm heraus. Der Wurm erschlaffte und starb. Der Mann hatte ihm nicht geholfen, sondern ihn zerstört. Ein anderer Mann sah einen Seidenwurm, aber half ihm nicht. Er wusste, dass Kampf und Mühe für ihn etwas Gutes bewirkten und dass der Seidenwurm auf diesem Leidensweg stärkere Fügel bekam und sich so für sein weiteres Leben vorbereitete. In gleicher Weise helfen uns Leiden und Not in dieser Welt für das Leben in einer anderen.

5. März 93

Ich träumte, dass ich in einem Zug saß. Dieser fuhr in ein Stumpengeleise eines Bahnhofs mit einem Gewirr von Schienensträngen. Ich versuchte zu Fuß zurückzugehen. Ein anderer Zug brauste heran, der mich beinahe überfahren hätte.

Mit meinem Wagen unterwegs zur Arbeit. Ich bleibe zwischen der Barriere stecken. Ich bin angeschnallt und kann mich nicht befreien. Ich höre, dass ein Zug naht. Ich bin verloren.

Ich sah einen Mann auf einer zertretenen Kiste sitzen. Er wand sich vor Schmerz, den ihm jemand zugefügt hatte. Ich wollte ihm beistehen. Ohne Erfolg. Niemand kann ihm helfen, dachte ich. Der Krieg in Jugoslawien fiel mir ein, wo jeder Helfer machtlos ist.

8. März 93

Ich bin nicht überrascht, von Drewermann anderswo[30] wunderschöne Sätze zu finden, die mich mit ihm wieder versöhnen. Er hat noch mehr widersprüchliche Seiten in sich als ich. Ich kann ihn deshalb in seinen Widersprüchlichkeiten verstehen. Oft ist er wie der Liebesjünger Johannes, der in bewundernswerter Einfühlungsgabe und dichterischer Sprache seelische Zustände beschreibt. Er formuliert tiefgründigste Hoffnungen, die er auf der nächsten Seite mit herodianischem Sarkasmus zerstört. Er spricht hier wunderbar über Jesus und verurteilt dort seine Göttlichkeit zum Tode und degradiert das Neue Testament zu einem Psychologie- oder Märchenbuch. »Es gibt eine menschenwürdige und sinnvolle Antwort auf das Sterben nur durch das Vertrauen der Liebe in die Unsterblichkeit des Lebens«, schreibt er. Und: »Will man verstehen, was im Tode mit uns geschieht, so muss man wohl sagen, dass Gott, der die Liebe ist, im Augenblick des Sterbens eigentlich nur dies tut: er setzt die Liebe ewig und formt aus ihr nicht enden wollenden Lobpreis des Glücks und der Dankbarkeit«. Oder: »Das Leben der Geliebten ist unsterblich. Wir werden uns wieder sehen«.

15. März 93

Das Seminar mit Pater Anselm Grün war hervorragend. Ich habe ihn um ein Gespräch gebeten und ihm von meinem schwierigen Trauerprozess erzählt. Dann hat er mich spontan eingeladen, eine Woche bei ihm im Kloster zu verbringen, um mir in weiteren Gesprächen spirituell beistehen zu können. Ich bin sehr glücklich über diese Fügung. Ich habe mit ihm den 18. Juli als Termin vereinbart. Dann werde ich also in die Benediktinerabtei Münsterschwarzach fahren. Ich freue mich und kann den Tag kaum erwarten.

25. April 93

Ich möchte nicht mehr Tagebuch führen. Ich schreibe ohnehin immer dasselbe. Ich drehe mich im Kreis und finde keinen Ausweg. Es ist indessen schon Frühling geworden. Heute ging das erste Gewitter nieder. Meine Mutter weinte manchmal, wenn es nachts draußen blitzte, donnerte und wie aus Kübeln vom Himmel goss. Sie bejammerte ihre beiden Töchter, die jetzt schutzlos auf dem Friedhof liegen. Ich tröstete sie immer mit denselben Worten: »Sie sind nicht mehr dort. Sie sind anderswo.« Ich konnte die Sicht ihrer seltsamen Trauer nicht verstehen. Und heute Nacht ertappte ich mich beim beinahe selben Gedanken. Aber es ging dabei nicht darum, dass meine Frau jetzt unbedeckt Sturm und Nässe ausgesetzt ist. Es war vielmehr das Gefühl, den entfesselten Elementen selber ausgesetzt und trotz des großen Daches über mir ungeborgen zu sein. Ich liebte früher die Stürme, wenn sie nachts um unser Haus tobten, wenn die Blitze die Finsternis zerrissen und der Donner drohend über uns hinweggrollte. Dann schlüpften wir zueinander, ganz nahe, und ich spürte die Wärme ihres Körpers und genoss den Schutz ihrer Nähe. Die tobende Natur weckte unsere eigenen Naturgewalten. Und wenn jetzt der Regen an die Fenster peitscht, möchte ich ihr Herz an meinem Ohr pochen hören und die Luft ihres Atems an meiner Haut spüren. Das Gewitter verstummte und in der Früh weckte mich die grelle Sonne durch die noch schütter belaubten Birkenäste.

28. April 93

Jesus bejaht die Frage des Pilatus, ob er ein König sei. Er fügt jedoch gleich hinzu: »Aber mein Reich ist nicht von dieser Welt« (Joh 18, 33,36). Ich sitze im Schnellzug nach Zürich. Die Räder schletzen über die Schienennähte. Häuser, Autobahnen und Fabriken rasen am Wagenfenster vorbei. An der Bahnhofstraße blinzeln mir in den Schaufenstern die kecken Kleiderpuppen zu. Gold und Silbersachen glitzern aus den

Auslagen beim Schmuck- und Uhrengeschäft. An der Bank stehen die Leute vor den Börsenberichten Schlange. Sein Reich ist nicht von dieser Welt. Diese Welt ist so nah, so greifbare Realität, so aufdringlich und handfest, dass es kaum vorstellbar ist, dass sich hinter ihr eine andere verbirgt. Wo ist die Welt seines Reiches? Gibt es sie wirklich?

6. Mai 93

Ich ging im Traum durch eine wunderschöne, grüne, sanft hügelige Landschaft. Ich sah ein weißes Schloss mit vielen Türmen auf einer Anhöhe stehen. Es strahlte im Sonnenlicht. Ich sah Menschen umhergehen. Es war alles unendlich friedlich und harmonisch. Ich gelangte in einen weiten, lichten Hain. Unter Bäumen lagen in kleinen Bodenmulden, mit Blättern dürftig zugedeckt, junge schöne Frauen und Mädchen. Von den Bäumen fiel wie von einer Brause kühlender Regen. Es war der heilsame Saft der Bäume, der wie ein Platzregen auf die jungen Körper fiel, um sie zu regenerieren und zu erfrischen. Es gab hier nichts Alterndes. Die Zeit stand still. Hier herrschten lauter Jugend und Schönheit. Ich wusste, dass Anna hier unter diesen Frauen war und suchte sie. Vorerst wollte ich jedoch nach Hause eilen, um Peter herbeizuholen und ihm die wunderbare Entdeckung zu zeigen. Er befand sich auf dem Feld, und ich bat ihn, mitzukommen. Er lehnte zunächst ab. Freunde kamen mit dem Auto, stiegen aus und verwickelten mich in ein Gespräch, sodass ich nicht mehr an jenen Ort zurückkehren konnte. Mein Ort ist hier, noch nicht dort. Unsere Kinder brauchen mich. Auch meine Patienten, dachte ich. Aufgaben, denen ich nicht entweichen kann, halten mich fest.

Peter erzählte mir ein ebenso seltsames Traumgesicht, in dem ihm etwa ein Monat nach dem Tod seine Mutter erschien: »Es war Nacht. Ich fühlte mich sehr entspannt. Wie im tiefsten autogenen Training. Ich erfuhr noch nie eine solche intensive Entspanntheit. Ich kann nicht sagen, ob ich im Wach- oder

Traumzustand war. Ich sah mich plötzlich von oben im Bett liegen. Ich wusste: Das bin ich. Auf einmal befand ich mich über dem Zwetschgenbaum vor meinem Fenster neben der Haustüre. Es war tiefe Nacht. Der Mond schien. Ich sah mich von irgendwelchen Geistern umgeben. Sie bildeten einen Kreis um mich. Ich sah sie nur sehr undeutlich. Ich wusste, dass auch meine Mutter im Kreis war. Sie lud mich eindringlich ein, auch zu ihr zu kommen. Sie wollten sich mit mir weiter entfernen, um mir etwas zu zeigen. Das wollte ich aber nicht. Ich musste mich an der Haustüre festhalten, dass ich nicht mitgezogen wurde, da eine enorme Kraft von ihnen ausging. Ich darf jetzt Papa nicht verlassen und Barbara und meine Aufgaben, dachte ich. Als ich erwachte, überfiel mich Angst. Ich war eiskalt am ganzen Körper und fühlte mich furchtbar einsam. Während des Erlebnisses hatte ich jedoch keine Angst verspürt. Im Gegenteil, ich hatte mich in einem wunderbaren Zustand der Sorglosigkeit und des Friedens befunden. Es war nichts Böses da. Ich spürte nur Gutes....«

Unsere beiden Träume berühren die jenseitige, unsichtbare Dimension, jenes Reiches, das nicht von dieser Welt ist, dem wir aber offenbar näher sind, als wir gemeinhin denken.

15. Mai 93

Als ich heute am Hauptbahhof aus dem Frühzug stieg, sah ich auf dem Gehsteig ein junges Paar. Die beiden trafen sich offenbar nach langer Zeit wieder zum ersten Mal. Vielleicht hatten sie sich jedoch erst gestern Abend verabschiedet. Sie stürzten sich, auf einander zueilend, mit Wucht in die Arme, herzten und küssten sich, traten wieder zurück, schauten sich an, um sich von neuem um den Hals zu fallen. Das Gesicht des Mädchens erzitterte. Tränen kugelten über seine Wangen. Sie umklammerten sich lange Zeit, streichelten sich und küssten sich immer wieder... Ich blieb wie angewurzelt stehen. Die Szene ergriff und erschütterte mich. Den beiden ist es beschieden, sich nach langer Zeit wieder zu begegnen und in die Arme zu schließen. Ich fühlte Schmerz. Gleichzeitig huschte ein Lächeln über mein Gesicht. Wie wunderbar ist doch die Liebe! Freud und Leid ineinander verwoben. Leib und Seele, Lust und Schmerz zur Leidenschaft vereint. Wiedersehen. Gestilltes Heimweh. Erfüllte Sehnsucht. Als ich mich aus meiner Verwurzelung löste, freute ich mich über dieses Wunder des Glücks, mit dem ich heute den Tag beginnen durfte.

30. Mai 93

Trauer ist, wenn alles seinen Sinn verliert. Die Blumen sind welk. Die Ohren sind taub. Die Augen sind blind. Keine Freude, kein Ziel, kein Weg. Meine Nachbarin keift und terrorisiert ihren Mann. Ich schließe das Fenster. Frau Melser mistet heute an Pfingsten ihren Saustall aus. Es stinkt bis an meinen Frühstückstisch. Beide Nachbarinnen leben. Anna ist tot. Wir liebten uns. Aber es ist sinnlos, darüber nachzudenken. Frau Schön wird weiter ihren Uli anschreien. Frau Melser wird auch morgen ihren Saustall misten. Und Anna wird auch morgen tot sein. Wer kann mir meine Trauer verbieten? Es ist mein Recht, traurig zu sein. Aber sie hilft mir nicht. Mir hilft gar nichts. Nicht einmal die Trauer.

2. Juni 93

Ich habe mich in den letzten Tagen mit dem so genannten Herzensgebet befasst. Russische Starzen wiederholen es im Tag unzählige Male. Sie versetzen sich damit in die ständige Gegenwart Gottes: »Jesus, Sohn Gottes, erbarme dich meiner.« Ich versuchte es selber zu üben. Vielleicht kann es mir Erleichterung verschaffen in der Not, die in den letzten Wochen erneut an Intensität zunimmt. Ich kehrte vom Mittagessen aus der Stadt in mein Bureau zurück. Auf dem Paradeplatz schrie plötzlich ein Mann: »Jesus Christus!« schrie er. Die Leute blieben stehen und starrten ihn an. Die einen waren erschreckt, andere lachten, wieder andere gingen besinnlich oder kopfschüttelnd davon. Ein Verrückter, dachte ich. Gibt es einen Unterschied zwischen mir und diesem Verrückten? Sind wir nicht beide verrückt?

11. Juni 93

Als ich gestern Abend meine Gedanken niederschreiben wollte, erfasste mich eine plötzliche Unruhe, die mich bald da und bald dort hintrieb. Ich war erschöpft und wollte schlafen gehen. Aber ich brachte es wieder einmal nicht über mich, das leere Schlafzimmer aufzusuchen. Ich setzte mich vor den Fernseher und sah mir einen blödsinnigen erotischen Film an, von dem ich mich nicht trennen konnte, obwohl er mich zum Kotzen anwiderte. Es setzte eine Art Selbstzerstörungsprozess ein, dessen Konsequenzen meistens Suicidvorstellungen sind. Etwas nahezu Psychotisches kriecht dann aus den Kellern meiner Seele und jagt mir Angst vor mir selber ein. Ich flüchtete dann doch ins Schlafzimmer und schluckte Tabletten, die keine Wirkung zeigten. Im Gegenteil. Die Decke drohte über mir einzustürzen. Ich rannte in die Küche zum Kühlschrank und aß. Immer dieselben Gedanken drehten sich in meinem Kopf: Ich bin allein. Ich muss allein leben, allein schlafen, allein essen, allein die Ferien verbringen, allein ausgehen, allein alt werden, allein krank sein, allein sterben. Platzangst ergriff mich. Ich riss die Fenster auf. Es regnete. Hassan, mein lieber Hund, schmiegte sich an meine Schenkel. Wir zwei wohnen doch jetzt miteinander hier. Ich bin ja nicht allein. Er war mir überallhin gefolgt, ins Schlafzimmer, in die Küche, zum Fenster. Heute Morgen erwachte ich im Bett, als er mich mit seiner feuchten Schnauze am Ellbogen leckte.

16. Juli 93

Übermorgen werde ich also endlich nach Münsterschwarzach zu P. Anselm reisen. Ich gehe nicht ohne Bedenken. Weiß ich doch aus Erfahrung, wie viel Schmerzliches in der Stille aus dem Innern aufbrechen kann. Es steht mir eine Verwandlung bevor. Es werden Wunden freigelegt, dass sie ausbluten können. Ich werde loslassen müssen, woran ich noch immer festhalte. Es wird manches sterben müssen, was jetzt noch lebt. Vielleicht wird jedoch etwas, was gestorben ist, wieder lebendig? Ein Abenteuer. Ich bin gespannt. Wenn ich ehrlich bin, habe ich Angst.

Im Gespräch mit einem Mönch

18. Juli 93

Ich komme um halb fünf Uhr abends in Nürnberg an. Am Flughafen weiß niemand genau, wo sich das Kloster befindet. Ich entschließe mich, zum Bahnhof zu fahren. Ich vergesse das Gepäck abzuholen. Ich bin zerstreut. Der erste Bus fährt ohne mich ab. Die nächste Möglichkeit ergibt sich erst in einer Stunde. Ich nehme ein Taxi und erreiche schließlich rennend knapp den letzten Zug dieses Tages. An der Endstation muss ich in einen Autobus umsteigen. Er bringt mich in die Einsamkeit. Ich erblicke von weitem in der Abendsonne die vier Türme des gewaltigen Klosterkomplexes. An der Pforte empfängt mich ein Bruder und bringt mich auf Zimmer Nr 42. Ein Bett, ein Schrank, ein Tisch, ein Kreuz, eine Dusche mit WC. Ich packe den Koffer aus. Dann setze ich mich erschöpft aufs Bett. Ich stelle fest, dass ich allein bin. Niemand ist da. Ich kann mit niemandem sprechen. Ich bin abgeschnitten. In der Isolierzelle. Das bin ich seit Monaten. Es wird mir jetzt nur wieder ganz klar bewusst. Es ist schwül. Ich friere. Eine Art Platzangst erfasst mich. Ich suche das Freie auf, um nach Luft zu schnappen. Ich halte Tränen zurück. Ich komme an einer Buchhandlung vorbei. Im Schaukasten hängt ein Textblatt: »Bete in deiner Einsamkeit, dass du etwas findest, für das du leben kannst und das groß genug ist, um dafür zu sterben.« Vor dem Nachtessen nehme ich am Abendgebet der Mönche teil. Aus der Lesung bleibt mir der Satz: »Ich halte dafür, dass die Leiden dieser Zeit nicht zu vergleichen sind mit der Herrlichkeit, die an uns offenbar werden wird« (Röm 8,18).

Um zwanzig Uhr bin ich mit P. Anselm verabredet. Er begegnet mir im langen Klostergang und führt mich ins Sprechzimmer. Er fragt mich, ob ich mit einem bestimmten Ziel hierher gekommen sei. »Nein eigentlich nicht. Ich bin hergekommen, um da zu sein und mich überraschen zu lassen, ob etwas in oder an mir geschieht.« Ich denke nach: »Eigentlich erwarte ich, das Gott sich mir irgendwie zeigt. Ich möchte vernehmen, was er von mir will. Dass er mir meine Frau nahm, muss ja einen Sinn haben. Er bezweckt etwas damit. Ich möchte wissen was. Ich hoffe, mein Misstrauen ihm gegenüber abbauen zu können. Ich möchte eine neue Beziehung zu ihm herstellen. Vielleicht sogar eine Freundschaft. Zugegeben, die Freundschaft zu ihm ist mir mehr ein Mittel zum Zweck. Sie bringt mir Nähe zu meiner Frau. Ich hoffe auch, in der Stille etwas über sie von ihm zu vernehmen. Wo sie ist und wie sie jetzt ist. Meine Absichten sind nicht ganz ehrlich, wie Sie sehen,« fahre ich fort, »aber er zwingt mich dazu.« Ich beklage mich über Gott und erzähle ihm, wie er uns geprügelt hat. Er antwortet, dass er mit mir hofft und mit mir in diesen Tagen nach einem neuen Gottesbild suchen will. Er bestärkt mich in der Meinung, dass meine Frau noch lebt und mich liebt. Er sei überzeugt, dass unsere Ehe auf einer neuen Ebene fortbestehe.

P. Anselm ist etwa 50 Jahre alt. In seinem grau-bärtigen Gesicht fallen mir die Augen auf. Sie sind scharf, nachsichtig, verständnisvoll und gütig. Wissen, Kenntnis und Erfahrung leuchten aus ihnen. Sie schauen mich an und messen mich ab.

Ich habe das Gefühl, sie können nicht nur sehen, sondern auch hören. Sein ganzes bescheidenes Wesen ist Aufmerksamkeit. Ich spreche. Er hört zu und schaut mich an. Ich fühle mich aufgehoben und werde ruhig in seiner Gegenwart. Am Schluss unserer ersten Begegnung empfiehlt er mir, bis morgen Abend das 21. Kapitel der Geheimen Offenbarung zu lesen.

19. Juli 93

Kaum aufgewacht, treibt es mich zur Buchhandlung. Ich stöbere in Büchern. Ich brauche Anhalts- oder Ausgangspunkte. Ich stoße dort auf den Paulustext, von dem ich früher schon geschrieben habe: »Es wird gesät verweslich und wird auferstehen unverweslich. Es wird gesät in Schwachheit und wird auferstehen in Kraft.« Der Text steht, wie ich meine, im Zusammenhang mit dem ewigen Jerusalem in der Geheimen Offenbarung.

Manche erzählen von Bildern, die sie während der Meditation sehen. Ich habe diese Gabe nicht. Aber heute sah ich in der Stille der Hauskapelle bei geschlossenen Augen überraschend auf einmal, wie sich eine Wüste unendlich vor mir ausbreitete. Dann tauchte, zunächst verschwommen, dann immer deutlicher werdend, eine große sandfarbene, leere Schale aus ihr auf. Leeres Herz und leere Hände fallen mir ein. Ich bin mit leerem Herzen und leeren Händen da. Ich glaube sogar manchmal, kein Herz und keine Hände mehr zu haben. Ich habe alles verloren. Die Frau ist tot. Die Kinder sind ausgezogen. Mein Haus ist zur leeren Ruine geworden. Ich bin arm und bankrott. Mein Leben ist ein Fiasko! Musste ich derart entleert werden, um empfangen zu können?

Ich weiß nicht, wie solche Bilder entstehen. Vielleicht sind es Empfindungen, die sich in ihnen darstellen. Vielleicht konkretisieren sich Gefühle, Erwartungen oder Wünsche in ihnen. Vielleicht verkörpern sie eine Erkenntnis, die sich wie im Traum bildhaft im Bewusstsein widerspiegelt. Oder sind sie ein Geschenk Gottes, mit dem er in unsere Stille und Bereitschaft hineinspricht?

Ich blättere in der Buchhandlung in einem Buch über den Trauerprozess. Es sei wichtig, heißt es dort, die Liebe, die der Trauernde für den verstorbenen Menschen empfindet, nach innen zu lenken, hin zu den Bildern, die von ihm in uns weiterexistieren. Letztlich gehe es darum, dass er in uns auferstehen könne. Solange das nicht geschehe, werde ein Stück von uns selbst nicht auferstehen dürfen, da ja sein Verlust, mit dem wir uns so sehr identifizieren, auch ein Verlust zumindest eines Teils unserer selbst ausmache. Auf der anderen Seite sei es so möglich, dass auch dann, wenn ich akzeptiert habe, dass der andere physisch tot ist, beziehungsweise ich ihn verloren habe, ein Stück von ihm in mir weiterleben dürfe. So weit, so gut. Ich las dann von der Notwendigkeit der Trennung vom Verstorbenen, und dass man Gefahr laufe, dass die Trauerarbeit an der Stelle, wo der Trauernde vom Verstorbenen getrennt werden müsse, stecken bleibe. Diese Bemerkung weckte Widerstand in mir. Soll ich mich von meiner Frau trennen? Das will ich gar nicht und ich finde es auch nicht notwendig. Ich kann »Trennung« annehmen und auch vollziehen, wenn ich mich von dem trenne, was vergangen ist. Wenn ich nicht in den Erinnerungen des schrecklichen Krankheits- und Sterbegeschehens gefangen bleibe. Ich werde mich allerdings nicht gänzlich vom Vergangenen, auch nicht vom Schrecklichen, trennen können. Denn unsere ganze Beziehung, unsere Ehe, die Gestaltung unseres Familienlebens, Freud und Leid und Tod, die damit verbunden sind, das ganze Umfeld, in dem sich unser Leben abspielte, sind in dieser Vergangenheit geworden und gewachsen. Sie sind ein Teil von mir. Wie sollte ich mich davon trennen wollen, wenn ich nicht selber Wesentliches von mir abschneiden will? Trennung heißt für mich Umorientierung. Das bedeutet, dass ich das durch Schmerz und Glück in der Vergangenheit Gewordene zum

Hoffnungselement unserer gemeinsamen Zukunft mache. Wie kann ich auf eine gemeinsame Zukunft hoffen, wenn meine Partnerin tot ist? Hat mich nicht P. Anselm gestern in meiner Hoffnung bestätigt, dass unsere Ehe weitergeht? Wie soll ich mir das vorstellen? Mir fällt ein, dass wir früher jeweils nach der Behandlung bei unserem Physiotherapeuten den Ruheraum aufsuchten. Unsere Betten waren durch einen Vorhang voneinander getrennt. Wir flüsterten uns manchmal etwas zu, fragten einander nach der Uhrzeit oder tauschten Gedanken aus, von denen wir glaubten, wir könnten sie dem anderen nicht bis später vorenthalten. Wir waren durch einen Vorhang voneinander getrennt. Auch wenn ich sie nicht sah, war sie wirklich dort. Genau so stellte ich mir vor, dass es auch jetzt ist. Es kam vor, dass wir den Vorhang wegschoben, um uns einfach anzuschauen oder ungehindert beieinander zu sein. Das ist freilich jetzt nicht mehr möglich. Oder manchmal vielleicht doch? In Augenblicken, in denen ich meine, ein ganz rasches, kaum wahrnehmbares, geistiges Vorüberhuschen zu verspüren? Ein leises Flüstern? Eine plötzliche, unerklärliche und unbändige Freude von Gemeinsamkeit? Ein eindrücklicher Traum, der mehr ist als ein Traum? Trennung heißt also für mich, annehmen, dass sie auf der anderen Seite in einer ganz anderen Welt ein neues andersartiges Leben führt, von dem ich nichts wissen und von ihr nur selten eine versteckte oder verhüllte Botschaft empfangen darf. Und dies auch nur, wenn ich mich dazu erziehe, aufmerksam zu sein. Nicht nur sie, auch ich lebe in einer neuen Art und Weise. Ich lebe allein. Trennung bedeutet, dass ich mich in diese beidseitig neue Situation hineinleben lasse und dass ich mich nicht so verhalte, wie wenn alles noch gleich wie früher wäre. Ich muss mich dazu zwingen, die frühere Art der Gemeinschaft nicht ständig herbeizusehnen. Das hindert mich, mich weiter zu entwickeln. Ich muss mich auf die Zukunft ausrichten. Dazu gehört auch, dass ich mich manchmal echt und begeistert auf den Augenblick freue, wo sich eines Tages oder Nachts der Vorhang hebt, ich die Grenze überschreiten und wir uns wieder umarmen dürfen.

Im 21. Kapitel der Geheimen Offenbarung schildert der Seher das ewige Jerusalem: »Ich sah die heilige Stadt von Gott als neues Jerusalem aus dem Himmel niederschweben, ausgestattet wie eine Braut, für den Gemahl geschmückt... Eine laute Stimme vom Thron hörte ich rufen: Siehe das Zelt Gottes unter den Menschen. Er wird unter ihnen wohnen. Sie werden sein Volk sein, und er wird mit ihnen sein. Er wird jede Träne von ihrem Auge trocknen, und der Tod wird nicht mehr sein, noch Leid, noch Jammer, noch Mühsal: Denn das Erste ist vergangen... Da kam einer der sieben Engel und entrückte mich im Geist auf einen hohen Berg und zeigte mir die heilige Stadt... im Glanz der Herrlichkeit Gottes. Ihr Glanz glich einem überaus herrlichen Stein, kristallenem Jaspis. Die Stadt selbst ist von lauter Gold, so rein wie Glas. Ihre Fundamente prangen von allerlei Edelgestein. Die Stadt bedarf nicht der Sonne, nicht des Mondes, dass sie ihr leuchten; denn die Herrlichkeit Gottes leuchtet ihr... Die Völker werden in ihrem Lichte wandeln... Nacht wird es dort nicht mehr geben...« (Off 21,1-5; 9-27).

Bei der Lektüre dieses Textes erinnere ich mich an einen Nahtodbericht aus George Ritchis »Rückkehr von Morgen«[31]. Er schreibt: »Ich sah unendlich weit entfernt eine Stadt. Eine strahlende, unendlich scheinende Stadt, hell genug, um über die unvorstellbare Entfernung gesehen zu werden. Der Glanz schien von den Straßen und Mauern auszugehen und von den Wesen, die ich nun in ihren Bewegungen sehen konnte. In der Tat, die Stadt und alles in ihr schien aus diesem Licht geschaffen zu sein, genau wie Christus, der mich begleitete, ein einziges helles Licht war. Zu der Zeit hatte ich das Buch der Offenbarung noch nicht gelesen. Ich konnte nur mit Ehrfurcht zu diesem entfernten Schauspiel hinübersehen und wunderte mich, wie hell jedes Gebäude, jeder Einwohner sein musste, um aus der Entfernung so vieler Lichtjahre gesehen zu werden...«

Ich denke beim Lesen dieses Textes an einen Traum: Ich befand mich am Paradeplatz in Zürich. Der Paradeplatz ist umsäumt von den reichsten Banken, von den teuersten Kleider-, Uhren- und Schmuckgeschäften der Stadt. Er ist das Zentrum ihres Reichtums. Dort kaufte ich oft für meine Frau die schönsten und teuersten Sachen ein. Nicht um des Reichtums willen, sondern weil ich sie kleiden und schmücken wollte wie es ihrem Wesen entsprach. Mitten in der Menschenmenge führte jemand ein Kamel auf den Platz. Es war für mich bestimmt. Man bat mich, es zu besteigen. Weit in der Ferne sah ich in einer Wüste eine Stadt. Sie lag auf einem Berg und war von einem strahlenden Licht beleuchtet. Ich soll mich zu jener Stadt begeben, bedeutete man mir. Ich bezweifelte, dazu fähig zu sein. Erstens war ich noch nie auf einem Kamel geritten. Und die Stadt auf dem Berg schien mir unendlich weit entfernt. Man beschwichtigte mich, ich hätte nur mehr einen ganz kurzen Weg durch die Wüste zurückzulegen. So bestieg ich das Kamel und ritt dem fernen Hügel entgegen.

Der Traum riet mir, mich aus dem Reichtum und dem Paradeleben irdischer Abhängigkeiten zu lösen und den Weg durch die Wüste meiner seelischen Armut zu gehen, die mir jetzt bestimmt ist. Ich soll den Blick zur ewigen Stadt wenden. Dort ist mein Ziel, dort, wo meine Frau jetzt zu Hause ist. Der Weg durch die Wüste ist nicht mehr lang. Man bringt mir ein Kamel, das mich tragen wird. Das Kamel ist ein Symbol der Ausdauer, des langen Atems, der zähen Geduld, des genügsamen und harten Verzichtes. Es ist ein Bild unentwegten Vorwärtsgehens, sei es durch den wilden Sandsturm oder durch die brütende Wüstensonne. Der Weg führt zunächst noch durch die Straßen Zürichs, wo ich arbeite und meine Aufgaben erfüllen muss. Allerdings immer im Blick auf den himmlischen Paradeplatz, der aus ganz anderen Reichtümern besteht.

Ich stieß in diesen Tagen auf einen Text des russischen Dichters Jewtuschenko: »Wenn ein Mensch stirbt, dann stirbt mit ihm sein erster Schnee und sein erster Kuss und sein erster Kampf. All das nimmt er mit. Die Menschen gehen fort... Da gibt es keine Rückkehr. Ihre geheimen Welten können nicht wiederentstehen Und jedesmal möchte ich von neuem diese Unwiederbringlichkeit hinausschreien«[32]. Deshalb ist in der Tat der Tod so etwas Grauenhaftes. Ist er jedoch nicht gerade deshalb die notwendige Voraussetzung, um zu begreifen, was Christen im Glauben mit der Auferstehung der Toten meinen? Dass nämlich der Sterbende im Tod als ganzer Mensch mit seinem ersten Kuss und seinem ersten Schnee, mit all den Worten, die er sprach und all den Taten, die er tat, ins ewige Jerusalem einzieht. Zu uns gehören unsere Freuden und Leiden, unsere guten und schlechten Taten, alle Werke, die wir vollbrachten, alle Dinge, die wir schufen, alle Vorstellungen, in denen wir lebten, alle Stunden, die wir durchlitten, jede Träne, die wir weinten und jedes Lächeln, das über unser Gesicht huschte. Mit alledem werden wir im Augenblick unseres Todes vor Gott ins ewige Leben eintreten[33].

Ich nahm heute Fotos mit zum Gespräch. Ich wollte P. Anselm ein Bild vermitteln von meiner Frau und unserem Familienleben, von dem ich ihm immerzu erzähle. Bilder von der Hochzeit, von Ferien, die wir verbrachten, von unserem Haus und dem Garten mit dem alten Birnbaum vor dem Stubenfenster, von Anna mit den Kindern in der Badewanne und ein Bild von ihr auf dem Sterbebett im blauen Blazer, ein Sträußchen mit Schneeglöckchen und gelbem Krokus in den gefalteten Händen. Wir schauten uns die Fotos miteinander an und blieben lange still über ihnen. Dann empfahl er mir, Lukas 9,28-36 zu lesen.

20. Juli 93

Der Text handelt von der Verklärung Jesu auf dem Berg Tabor. Jesus stieg mit Petrus, Johannes und Jakobus auf den Berg. Während er betete, veränderte sich das Aussehen seines Angesichtes, und sein Gewand leuchtete in weißem Glanz. Moses und Elias waren da und redeten mit ihm. Petrus wollte in der Begeisterung dort drei Hütten bauen, Jesus eine, dem Moses eine und dem Elias eine. Man spricht seither von Taborstunden. Man meint damit Augenblicke, in denen uns ein Licht verklärt. Es sind Stunden, in denen wir wie in einer bergenden Hütte für immer bleiben möchten. Aber das Leben gewährt uns kein Verbleiben. Das Leben ist keine Wohnung. Es ist ein Prozess. Es drängt voran. Ich sollte nach meinen eigenen Taborstunden suchen. Als ich meiner Frau zum ersten Mal begegnete, das war eine Taborstunde. Ihr folgten unzählige in unserer Beziehung. Als uns die Kinder geschenkt wurden, goss das Schicksal Licht über uns aus. Auch nach ihrem Tod gab es Taborstunden: Augenblicke überraschender Nähe, wundersame Traumerlebnisse, in denen ich Grenzen überschritt, unerwartete Fügungen, die wie ein heller Strahl in die dunkle Trauer fielen. Die Liebesbegegnungen mit meiner Frau waren Taborstunden. Manchmal steigt die Erinnerung an sie in mir auf. Sie macht mich glücklich und zugleich traurig. C.S. Lewis berührt in einem seiner Bücher[34] die Erinnerung an die Liebesbegegnungen mit seiner Frau. Ich fühle mich ihm nah verwandt. Er war ein von christlichem Gedankengut geprägter Rationalist wie ich. Er war wie ich ein ebenso eingefleischter Junggeselle, der sich Frauen gegenüber aus denselben Gründen noch zurückhaltender benahm. Als er sich endlich verliebte und seine geliebte Frau heiratete, starb sie schon bald nachher an Krebs. Er schrieb Erschütterndes über die Trauer[35]. Ich stieß auf eine Stelle, in der es ihm gelingt, eine wichtige Erinnerung, die ich mit ihm teile, in Worte zu fassen: »Ich will das äußerste Beispiel nicht weglassen, obwohl es belächelt und missverstanden werden könnte. Die seltsamste Entdeckung eines Witwerlebens ist die Möglichkeit, sich zuweilen in genauer und ungehemmter Vorstellung zärtlich und dankbar eines Momentes fleischlicher Liebe zu erinnern, ohne dass die Begierde erwacht. Und wenn dies geschieht, ergreift uns tiefe Scheu. Es ist, als erblickte man die Natur selbst aus dem Grab steigen. Was in Flüchtigkeit gesät wurde, ersteht zu stiller Dauer. Was als ein Werden gesät wurde, ersteht als ein Seiendes... Das vergängliche Geheimnis zwischen Zweien wird zum Akkord in der immerwährenden Musik«.

Ich möchte in diesem Zitat das Wort »fleischlich« gerne durch ein anderes ersetzen. Fleischlich hat aus spiritueller Sicht etwas Abwertendes an sich. Ich würde »körperlich« schreiben. Aber die sexuelle Begegnung ist mehr als nur körperlich. Das Seelische und Geistige ist auch in ihr enthalten, wenn sie nicht nur genital fixiert ist. Könnte ich fleischlich durch leibseelisch ersetzen? Dann fehlt jedoch das Eigentlichste. Ich meine das, was die Liebe zum Mysterium macht: das Unermessliche, Unfassbare und Unbeschreibliche. Das Göttliche. Man spricht heute viel vom Sex. Ich kann dieses Wort im Zusammenhang mit meiner Frau nicht aussprechen. Sexualität war für mich, wenn auch nicht immer gleich intensiv, stets das Erlebnis unseres tiefsten personalen Wesens. Ich erlebte in ihr unsere Einmaligkeit und Originalität. Wir waren beide in ihr glücklich und lustvoll zu einer Einheit zusammengefasst, in der vom Ursprung und vom Ziel unseres Daseins her das Göttliche als Urgeheimnis der Liebe mitschwang. Ich kann deshalb auch gar nicht beschreiben, wie schwierig es für mich ist, jetzt von dieser Quelle abgeschnitten zu sein. Die Sehnsucht nach ihr quält mich und der Durst nach ihr treibt mich um. Ich besprach dies alles heute mit meinem Exerzitienmeister. Er schwieg und hörte zu. Dann erzählte ich ihm einen Traum. Ich träumte, dass ich frühmorgens aus dem Fenster meines Schlafzimmers schaute und vor unserem Haus ein riesiges Kernkraftwerk entdeckte. Dass ich es noch nie gesehen hatte! Es musste heimlich in der Nacht gebaut worden sein. Der gewaltige Kühlturm stieß große weiße Wolken aus. Sie warfen dunkle Schatten über die Landschaft. Ich war entsetzt. Es sah gefährlich aus. Ich hatte neulich in der Zeitung von Atomkraftwerken in Osteuropa gelesen. Sie sind alle nach dem Typus des Katastrophenreaktors in Tschernobyl gebaut. Sie könnten, leck geworden, ganze Länder verwüsten. Man müsste eigentlich den größten Teil von ihnen abschalten. Es ist mir klar, dass mit dem Atomkraftwerk meine leck gewordene Sexualität gemeint ist. Es produziert ein großes Energiepotential. Dieses staut sich. Die Hitze siedet. Das Werk könnte explodieren. Die Kühltürme laufen auf Hochtouren. Soll ich abschalten? Der plötzliche Abbruch unserer energiegeladenen Liebesbeziehung bewirkt eine gefährliche Spannung in mir. Ich darf trotzdem das Kraftwerk nicht abschalten. Das hieße meine Energie auslöschen. Ich muss sie vielmehr sublimiert neu ans Netz der noch bestehenden Beziehungsstrukturen anschließen. Denn Sublimation bedeutet, die Spannung der nicht gelebten Sexualität in fruchtbares Leben zu verwandeln.

Ich hatte einen anderen Traum, der dieses Problem mit nicht minder gefährlichen Bildern von einer anderen Seite her illustriert. Ich hütete Tiere auf einer eingezäunten, abgelegenen Weide. Sie grasten friedlich vor sich hin. Einige spielten lustige Spiele miteinander. Da stürzte plötzlich unter ohrenbetäubendem Lärm eine Düsenmaschine vom Himmel. Ein schrecklicher Knall. Ein tiefer Krater. Einige Tiere wurden getötet. Die anderen rannten erschreckt aus der zerstörten Umzäunung und flohen chaotisch nach allen Richtungen in die offene Landschaft hinaus. Die Tiere auf der natürlichen Weide stellen meines Erachtens meine Sexualität dar. Sie war Antrieb und Impuls für unser gemeinsames Leben. Sie war ein unerschöpfliches Potential zur fantasievollen spielerischen Gestaltung des Alltags. Meine eigene Sexualität war in die Ehe eingebettet. Ich könnte auch sagen: Meine Tiere hatten eine Weide gefunden, in der sie, durch den Zaun unserer gegenseitigen Treue geschützt, spielen, sich sättigen und wohl fühlen durften. Dann kam der schreckliche, schicksalhafte Eingriff von oben, der die Weide zerstörte, die Umzäunung niederriss, die Tiere tötete oder ins Heimatlose auseinandertrieb. Ich muss sie wieder einfangen, sammeln und einfrieden. Womit? Mit einer neuen Beziehung? Ich kann es mir nicht vorstellen. Ich muss meine Energien in Beziehungen und Freundschaften mit mehreren Menschen investieren. Dort schaffen sie Nähe und Intensität. Ich werde mich bemühen, den Menschen in der therapeutischen Arbeit noch liebevoller und einfühlender zu begegnen als bisher. Und ich spüre schon jetzt, dass meine Verbindung zu ihnen dichter und dadurch meine Arbeit mit ihnen noch heilender geworden ist. Frauen sind für mich jetzt wie Blumen. Ich muss sie nicht pflücken. In ihrer Schönheit leuchtet etwas auf, was mich an meine Frau erinnert. Ich nehme sie deshalb gern wahr und freue mich an ihnen. Ich denke an die Freundinnen und Freunde, die unsere Kinder mit nach Hause bringen oder zu denen sie mich mit einladen. Es ist herrlich, mit ihnen zusammen zu diskutieren, zu scherzen und zu lachen. Das sind die Stunden, in denen ich meine Tiere wieder in den Stall heimhole und auf die Weide führe. Dann spüre ich meine Kraft neu fließen. Ich setze sie ein, um Pläne zu verwirklichen und Menschen zu lieben. Vielleicht werde ich ein Buch schreiben. Ich bin dabei, ein neues Netz für den Strom aus meinem Atomkraftwerk zu finden. Je mehr es mir gelingen wird, mein Schicksal ohne Hadern anzunehmen, um so mehr kann sich die in mir neu gesammelte Sexualität in eine zukunftsgestaltende Kraft verwandeln.

Ich dachte mit P. Anselm noch weiter über meine Taborstunden nach. Ich erinnerte mich an die Jahre, in denen wir vom spirituellen Strom der charismatischen Erneuerung erfasst wurden, deren Wellen der Begeisterung für Gott von Amerika bis nach Europa herüber trieben. Eine Allelujazeit sondergleichen, voll von Taborstunden. Wir wollten dort Hütten bauen. Wir ließen uns von Gott faszinieren wie noch nie in unserem Leben. Wir fühlten uns von ihm getragen und geliebt. Es war eine Zeit lichtvoller Gotteserfahrungen[36]. Die Phase war jedoch von kurzer Dauer. Ich muss auch gestehen, dass es mir selbst während dieser kurzen Zeit nie ganz geheuer war in der geheimnisvollen Freundschaft mit Gott. Verbarg sich nicht doch hinter seinem Glanz eine Art List, uns in die Falle eines bösen Spiels zu locken? Ich wurde schwer krank. Ich sah in einem Traum den Tod. Eine schwarz gewandete, unheimliche Gestalt. Ihr Kopf steckte tief im hochgeschlagenen Mantelkragen, einen breitrandigen Hut ins knöcherne Gesicht gezogen. Ich flüchtete. Der Tod verfolgte mich, holte mich ein und ergriff mich mit brutaler Gewalt. Er schob mich durch einen langen Gang und stieß mich schließlich eine Stiege auf einen Richtplatz hinunter. Da hörte ich hinter mir eine sanfte Männerstimme meinen Namen rufen. Ich war mir sicher, dass es Christus war. Ich wusste, dass er mich retten wollte. Veranlasste er vielleicht, dass ich danach wieder gesund wurde? Oder war er es, der mich die Stiege hinunterstieß? Wenn er es nicht war, warum ließ er es geschehen, ohne einzugreifen? War nicht er es, der mir vor Jahren das Geschenk der großen Liebe machte und es nachher zertrümmerte? Hat er uns mit Taborstunden ins Netz gelockt, um uns schließlich qualvoll ins Unglück zu stürzen? Warum? Ach, immer wieder dieses Misstrauen, von dem mich niemand erlösen will. P. Anselm sprach nicht. Er hörte zu. Schließlich antwortete er mit einem Wort aus den Texten der Eucharistiefeier: »Deinen Tod verkünden wir und deine Auferstehung preisen wir«. »Er ist beides«, sagte er, »Tod und Auferstehung. Wir können nicht mit ihm auferstehen, wenn wir nicht mit ihm sterben. Wenn wir mit ihm gestorben sind, werden wir mit ihm auferstehen.« Die Antwort war mir zunächst Trost. Dann weckte sie meinen Widerstand. »Man kann doch alles theologisch zum Guten drehen, wenn man will« dachte ich. Ich weigerte mich, nach all dem Erfahrenen seinen Tod zu verkünden, auch nicht um der Auferstehung willen. Ich will nichts mehr vom Tod wissen. Ich will leben. Wenn nicht aus Lust, so doch aus Trotz.

21. Juli 93

Ich gehe frühmorgens einsame Feldwege. Ich fühle, wie allein ich bin. Zu Hause flüchte ich in solchen Augenblicken in Küchen- oder Haushaltarbeiten oder zum Computer. Ich mache Besuche, telephoniere oder lade Freunde ein. Hier bin ich der Einsamkeit hilflos ausgeliefert. Heimweh und Sehnsucht nach Nähe und Wärme packen mich. Kälteschauer schütteln den Körper, derweil Schwüle in der Luft liegt. Tränen. Immer wieder Tränen. Ich flüchte in die Klosterkirche; schließlich in die Buchhandlung. Nichts will zu mir sprechen. Rundum herrscht Schweigen.

Ich nehme die Bibel zur Hand und suche das mir empfohlene Kapitel (Jes 43,1-6): »Jetzt aber redet der Herr, der dich, Jakob, erschuf, der dich, Israel, formte: Fürchte dich nicht, denn ich erlöse dich. Ich rufe dich beim Namen, denn du bist mein! Schreitest du auch durchs Wasser, ich bin bei dir, durch Ströme, sie schwemmen dich nicht fort; gehst du durchs Feuer, du wirst nicht versengt, und die Flamme verbrennt dich nicht. Denn ich bin der Herr, dein Gott, der Heilige Israels, der dir hilft; ich gebe für dich Ägypten als Lösegeld hin, Kusch und Saba an deiner Statt. Darum, weil du mir so wertvoll bist, hoch geehrt und ich dich doch liebe. Fürchte dich nicht, denn ich bin bei dir...«

Es ist gut, heute, wo ich durch die Wasser meiner Tränen und das Feuer des Schmerzes gehe, aus dem Schweigen diese Worte zu vernehmen. Es ist gut, zu hören, dass ich dabei nicht allein bin. Dass nichts Zufall, sondern alles von meiner Erschaffung an bis zum jetzigen Augenblick geführt ist. Es ist gut, zu wissen, dass mich der Herr meines Lebens, unseres Lebens, obwohl er mich prüft und durch die Not gehen lässt, liebt, und dass ich ihm etwas wert bin; dass er sogar bereit ist, ein großes Lösegeld für mich zu bezahlen. Und ich musste es immer wiederholen:

> Ich habe dich erschaffen.
> Ich habe dich geformt.
> Ich habe dich erlöst.
> Ich habe dich beim Namen gerufen.
> Du gehörst mir.
> Ich bin bei dir.
> Ich, der Herr, dein Gott, dein Retter.
> Du bist teuer und wertvoll in meinen Augen.
> Ich bin mit dir.
> Ich liebe dich.

Ich las weiter und fand Aussagen, die mich überraschten, weil sie so zutreffend in meine Situation hineinsprachen (Jes 43, 18-20; 25):

> Denk nicht mehr an das, was früher war.
> Denk nicht mehr an das, was vergangen ist.
> Sieh her, nun mache ich etwas Neues.
> Ich lege einen Weg an durch die Steppe.
> Ich lasse in der Steppe Wasser fließen
> und Ströme in der Wüste.
> Ich lösche deine Fehler aus.
> Und ich denke nicht mehr an deine Sünden.

Die Worte von Sünde und Fehler hackten sich trotz der vorausgegangenen Beruhigung unheilvoll in meinen Schuldgefühlen fest. Alte Gewissensbisse regten sich. Ich bin mit Fehlern behaftet. Ich habe Schuld auf mich geladen. Ich habe vieles unterlassen, was ich hätte tun sollen, und manches getan, was ich besser unterlassen hätte. Ich war nicht der gute Ehemann, der ich zu sein meinte. Wie kann ich die nie wieder gut zu machende Schuld verkraften?

22. Juli 93

Es geht mir heute besser. Etwas scheint überwunden zu sein. Ich bin ruhiger geworden. Es ist der Geburtstag meiner Frau. Die Erinnerungen führen mich zu den schönsten Stunden der Vergangenheit. Zum letzten Geburtstag in Zermatt am Fuß des Matterhorns. Als ich den Isaias-Text nochmals lese und betrachte, beginnt er sich derart umzugestalten, dass ich einen unerwarteten Einblick in die tiefsten Zusammenhänge ihres Lebens gewann:

Er hat sie erschaffen.
Er hat sie geformt.
Er hat sie erlöst und beim Namen gerufen.
Sie gehört ihm.
Er ist bei ihr.
Sie ist bei ihm.
Er, der Herr, ist ihr Retter.
Sie ist ihm teuer.
Sie ist ihm wertvoll.
Er liebt sie.

Ich weiß meine Frau am heutigen Tag bei Gott aufgehoben. Es wird mir bewusst, dass sie nie mir gehörte. Sie gehört ihm. Er hat den alleinigen Anspruch auf sie. Er hat sie mir geschenkt, großzügig anvertraut und sie jetzt wieder zu sich genommen. Welches Recht habe ich, mich zu beschweren? Ich kann mich höchstens fragen, ob ich dieses Vertrauen gerechtfertigt und die Verantwortung wahrgenommen habe, die er mir damit aufgetragen hat. Ich spüre, dass sich in mir etwas zu klären beginnt. Es findet Versöhnung statt. An die Stelle des inneren Streites tritt Frieden. Das Nein wird zum Ja. Die Schizophrenie meines Glaubens scheint sich aufzuheben. Ich hoffe für immer.

Dann formulieren sich die Worte in mir nochmals und diesmal zu einem überraschenden Wirerlebnis um :

Er hat uns erschaffen und geformt.
Wir gehören ihm.
Wir sind bei ihm.
Er, der Herr, ist unser Retter.
Wir sind ihm teuer.
Wir sind wertvoll in seinen Augen.
Er liebt uns. Er allein ist unser Gott
und wird es auch künftig bleiben.
Er sagt zu uns:

Denkt nicht mehr an das, was früher war.
Seht her, nun mache ich etwas Neues!
Schon kommt es zum Durchbruch.
Merkt ihr es nicht?
Ich lege einen Weg an durch die Steppe
und Straßen durch die Wüste
eurer Sehnsucht!

Der Anruf Gottes an uns beide weckt in mir eine unbeschreibliche Verbundenheit. Ich fühle mich jetzt meiner Frau ganz nahe. Ich bin glücklich. Das Nähegefühl vergoldet den Tag. Der Vorhang hebt sich für Augenblicke. Es ist als ob wir uns berührten.

»Er hat sie geformt...« Heute sind es schon 53 Jahre. Am 22. Juli mittags um ein Uhr wurde sie geboren. Am 18. März um zehn vor ein Uhr ist sie gestorben. Ich sehe sie einen Augenblick als ganz kleines Baby mit den winzigen Füßchen und Händchen vor mir. Es zappelt und schreit. Seine Mutter liegt erschöpft in den Kissen. Alles ist so klein und doch schon so wunderbar geformt. Auf dem runzeligen Gesichtchen liegen schon die mir bekannten Züge ihrer schönen Seele. Ich beginne Gott zu danken, dass er mich und gerade mich mit ihr beschenkt hat. Der Psalm 139 fällt mir ein:

> Du hast ihr Inneres geschaffen,
> sie gewoben im Schoß ihrer Mutter.
> Ich danke dir,
> dass du sie so wunderbar gestaltet hast.
> Ich weiß, staunenswert sind deine Werke.
> Als sie geformt wurde im Dunklen,
> kunstvoll gewirkt in den Tiefen der Erde,
> war dir ihr Wesen nicht verborgen.
> Deine Augen sahen, wie sie entstand.
> In deinem Buch war schon alles verzeichnet.
> Ihre Tage waren schon gebildet,
> als noch keiner von ihnen da war.

Er wusste von Anfang an um jeden Tag ihres Lebens. Es lag in seiner Hand. Ihre Glieder waren ihm nicht verborgen. Genauso wenig der Tag, an dem sie zusammenbrach und jener schreckliche, als sie starb. Sie ist sein Werk. Sie ist seine Schöpfung und sein Eigentum. Er hatte einen Plan mit ihr. Nur sie konnte ihn erfüllen. Sie hat ihn erfüllt. Dann hat er sie wieder zu sich gerufen. Und jetzt ist sie bei ihm. Dort kann ich sie einmal wiederfinden. Auch mein Leben ist ganz in seiner Hand. Unsere Begegnung war vorgesehen. Unser gemeinsames Leben war seit langem gebildet. Wir waren bei aller Freiheit der Wahl doch füreinander bestimmt. Für dieses Leben, und ich kann jetzt hoffen, auch für die künftige Wirklichkeit. Ich glaube, dass er uns zur Liebe zueinander berufen hat und dass er, der Liebe ist, Liebende, die er in seiner Weisheit zusammenführt, nicht für immer wieder voneinander trennt. Jesus sagte zwar zu den Pharisäern, dass Mann und Frau im Himmel nicht mehr heiraten und dass sie sein werden wie die Engel. Was tuts? Wir sind ja eh schon verheiratet. Und meine Frau war schon immer ein Engel. Bei diesen Gedanken drängt sich mir Psalm 23 auf. Merkwürdig, ich bin kein Kenner der Psalmen. Aber hier im Kloster ist es, wie wenn sie aufgeschlagen vor mir lägen. Ich sage ihn mehrmals laut vor mich hin und stelle ihn mir in Bildern vor. Da verwandelt er sich in ein Gespräch mit Anna:

Der Herr ist jetzt Dein Hirte.
Es fehlt Dir nichts mehr.
Er führt Dich auf blühende Wiesen
und zu Ruheplätzen am Wasser,
wo wir so gerne verweilten.
Er stillt all dein Verlangen.
Und ich, wenn ich jetzt ohne Dich,
allein durch das finstere Tal
der Trauer gehen muss,
ich will versuchen, mich nicht zu fürchten.
Der Herr ist gewiss auch bei mir.
Sein Stock und sein Stab sind mir Hoffnung.
Dir aber deckt er den Tisch
beim himmlischen Gastmahl.
Er salbt Dein Haupt mit Öl
und füllt Dir Deinen Becher bis zum Rand.
Er umgibt Dich mit lauter Huld und Güte,
und Du darfst in seinem Hause
wohnen für immer.

Heute lebe ich den ganzen Tag in dieser Hoffnung. Und die Psalmen singen ein Liebeslied in mir.

P. Anselm beauftragte mich heute, im 14. Kapitel des Johannesevangeliums die Abschiedsrede zu lesen. Jesus nimmt

Abschied von seinen Freunden. Eine bedeutende Stunde, in der jedes Wort gewichtig ist. Auch für mich. »Im Hause meines Vaters hat es viele Wohnungen. Ich gehe, euch eine Stätte zu bereiten. Wenn ich gegangen bin und euch eine Stätte bereitet habe, komme ich wieder und werde euch zu mir holen, damit auch ihr seid, wo ich bin« (Joh 14,1-3). Wenn das kein Trostwort ist!

Ich hatte zudem den Auftrag, im Hinblick auf meinen eigenen Tod, unseren Kindern einen Abschiedsbrief zu schreiben. Warum dies? Soll ich mich nun auch noch in die Trennung von unseren Kindern hineindenken? Ist des Abschiednehmens nicht genug? Ich möchte den Brief hier nicht wiedergeben. Ich steckte ihn in mit dem Vermerk in einen Briefumschlag: »Für unsere Kinder. Nach meinem Tod zu öffnen.« Er hat mich ihnen ganz nahe gebracht. Und sie sind vor mir erschienen wie sie wirklich sind. Jedes mit seiner Eigenart und seinem Gesicht, mit Freuden und Sorgen, die sie uns bereiteten und jedes mit seinen Zielen, die es verfolgt. Sie sind mir wirklich ans Herz gewachsen. Aber ich muss sie loslassen. Schon wieder loslassen? Sie loslassen heißt nicht unbedingt, mich von ihnen trennen. Es bedeutet nicht, aufhören sie zu lieben. Es bedeutet, keine Ansprüche an sie stellen, sie freigeben, mich nicht einmischen. Loslassen bedeutet sie so zu lieben, wie sie sind, mit dem Weg, den sie gehen, statt sie mit eigenen Vorstellungen zu bedrängen. Ja, so kann ich sie loslassen. Sie zu lieben, werde ich nie aufhören. Ich darf sie, obwohl sie jetzt erwachsen sind, bei aller Trauer nicht vergessen. Im Gegenteil. Ich will mich ihnen in der Form dieses Loslassens von neuem ganz zuwenden. Sie sind es doch, die mir geblieben sind. Es ist mir bewusst geworden, wie wertvoll sie mir sind. Und wie sehr sie mich auffordern, hier und jetzt, mit ihnen gegenwärtig, an ihrem Geschick teilzunehmen.

Heute wurde mir während der Eucharistiefeier bewusst, wie sehr ich mich hier im Kloster ganz nahe an der Wirklichkeit der jenseitigen Welt befinde. Ich beschäftige mich ununterbrochen mit Gott und mit der Heiligen Schrift. Ich meditiere, schweige und nehme am monoton feierlich verhaltenen Chorgesang der Mönche teil. Dies alles ist eine von meinem gewöhnlichen Leben ganz verschiedene Welt. Es ist, wie wenn jetzt etwas vom Zeitlosen der Ewigkeit in mich hineinreichte. Ich bin hier mehr als sonst ein Grenzgänger. Die Gesänge erinnern mich an meine Gymnasialzeit. Die Choralmelodien wecken Bilder. Ich sehe eine lange Prozession von Mönchen. Sie tragen einen toten Mitbruder im offenen Sarg durch die Kirche zur Gruft. Der starre Leichnam wippt beim Gehen der Träger mit den Füßen. Das Gesicht leuchtet gespenstisch blass im Licht der Kerzen. Die Stirn ist von der schwarzen Kapuze bedeckt. An die Grenze zur anderen Wirklichkeit geführt zu werden, bedeutet für mich sterben. Das heißt Tod. Er ist die Erfüllung einer Sehnsucht, aber zugleich eine Angst, die mich erschaudern lässt. Es ist wahr, was P. Anselm sagte: Wir können nicht mit ihm auferstehen, wenn wir nicht mit ihm sterben. Es hat keinen Sinn, mich dagegen zu wehren.

Ich erlebte heute etwas Merkwürdiges. Bevor ich abends zur Aussprache mit P. Anselm ging, zog ich mich in die Hauskapelle zurück. Ich wusste nicht, was ich dort eigentlich tun wollte. Ich hatte auch nichts zu sagen. Ich war leer. Ich kniete mich vor den Altar, schloss die Augen und war einfach da. Da erschien wieder ein Bild in mir. Dort wo der Tabernakel war, stand plötzlich Christus vor dichtem Gesträuch am Rand einer verdämmerten Landschaft. Ich ging auf ihn zu. Ich wollte eigentlich durch ihn hindurchgehen, um in die Welt, die sich hinter ihm ausbreitete, hineinzuschauen. Aus reiner Neugierde. Ich hoffte, einen Blick auf meine Frau und ihren gegenwärtigen Lebensraum zu erhaschen. Er aber stellte sich mir schroff in den Weg und hielt mich mit einer harten Geste von sich fern. Ich erschrak. Er kam mir vor wie der Engel im Paradies, der die Stammeltern verjagte. Ich durfte die Landschaft, die sich hinter ihm öffnete, nicht betreten. Er verwies mich auf Glauben und verwehrte mir, zu wissen. Ich darf nicht sein wollen wie Gott, der alles weiß. Anna pflegte jeweils zu sagen: »Du solltest nicht immer alles wissen wollen.« Ich werde jetzt aufhören, theologische Bücher zu verschlingen. Geheimnisse lassen sich nicht durch Wissen lüften.

Ich kam beim heutigen Gespräch erneut auf Schuld zu sprechen. Ich muss nachsichtig sein mit mir. Ich sah ein, dass sich manche Fehler aus meiner Biografie nahezu mit zwanghafter Logik ergeben. Ich bin ein eher verschlossener und misstrauischer Mensch. Sogar misstrauisch meinen eigenen Gefühlen gegenüber, die ich zu oft zurückhalte, um nicht von ihnen überrannt zu werden. Das kränkte meine Frau sicher. Sie musste Wärme vermisst haben, die ich wohl in mir spürte, sie ihr aber nicht immer auszudrücken vermochte. Jetzt musste ich auch meinen übersteigerten Ehrgeiz zur Sprache bringen. Der Erfolg im Beruf genügte mir nicht. Ich ließ mich zu Vorträgen einladen, an denen das Publikum nicht zahlreich genug sein konnte: zum Beispiel in der Sporthalle in Linz oder am Berliner Katholikentag, wo mir acht Tausend »die Ehre erwiesen«. Ich produzierte mich am Rundfunk und am Fernsehen. Ehrgeiz ist ja nicht immer schlecht. Er ist im Grunde genommen der Wunsch, seine Talente zu gebrauchen, mit ihnen etwas im Leben zu bewirken und sich damit in die Welt einzubringen. Wer ehrgeizig ist, möchte seine Aufgabe möglichst gut erfüllen. Er möchte etwas in der Gesellschaft bedeuten, in ihr Gewicht haben und Spuren in ihr hinterlassen. Das ist an sich gut. Aber in der Übertreibung des Guten steckt bekanntlich der Teufel. Und ich habe es übertrieben. Das hat seinen Grund in meiner Lebensgeschichte. Etwa darin, dass ich das jüngste Kind der Familie war, dessen Meinung wenig bedeutete. Oder dass mich mein Mathematiklehrer jahrelang vor der Klasse bloßstellte. Das musste alles durch spätere Anerkennung kompensiert werden. Oft habe ich eben überkompensiert. Es ist ein Jammer, als erwachsener Mann noch immer an solchen Kinderkrankheiten zu leiden. Als ich an meinem 60. Geburtstag einen Bekannten bat, es uns zu ermöglichen, an einer Privatmesse des Papstes teilzunehmen, platzte meiner Frau der Kragen. Zuerst sagte sie kein Wort. Dann schrieb sie mir einen geharnischten Brief. Er traf mich wie ein Blitz aus heiterem Himmel. Sie geißelte darin meinen übertriebenen Ehrgeiz. Er hätte mir seit je unnötig Kräfte geraubt und Zeit, die ich unserer Familie und Beziehung vorenthalten habe. Sie mache das nicht mehr mit. Ich soll mir den Plan aus dem Kopf schlagen. Es sei denn, ich fahre allein nach Rom. Das war das schwerste Geschütz, das sie gegen mich je abfeuerte. Sie traf mich mitten ins Herz. Ich blieb am Geburtstag zu Hause und feierte im engsten Kreis ein ganz bescheidenes Fest. Wenn je einmal, fühlte ich mich damals missverstanden. Sie wollte nicht verstehen, dass ich die Begegnung mit dem Papst nicht aus Ehrgeiz anstrebte, sondern weil es mich drängte, einmal diesem Mann nahe zu sein, der mich als ganz außergewöhnliche Persönlichkeit tief beeindruckt. Man braucht nicht alle seine Entscheidungen gutzuheißen. Was er jedoch an Herausforderungen und Kritik erträgt, ist übermenschlich. Ein moderner Mystiker, der seine immensen Kräfte aus der Beziehung zu Gott schöpft. Er ist für mich das Vorbild eines in schwieriger Zeit außerordentlich fruchtbar zölibatär lebenden Mannes. Ein Riese von Glauben und ein Meister der Sublimation, an dem sogar Sigmund Freud sein Vergnügen hätte.

Der Ehrgeiz war nicht meine einzige Schuld. Ich sprach noch über manch anderes mit meinem Exerzitienmeister. Es fiel mir nicht leicht. Einmal zu sprechen begonnen, reihten sich Erkenntnisse an Erkenntnisse, die mich erschütterten. Ich wachte wie aus einem Traum auf, als mich P. Anselm unvermittelt fragte: »Soll ich Ihnen die Lossprechung erteilen?« Er legte mir die Hände auf und betete über mich. Er bat um

Verzeihung meiner Schuld und sprach die Losprechungsworte. Dann umarmte er mich. »Sieh her«, glaubte ich es in mir flüstern zu hören, »nun mache ich etwas Neues! Merkst du es nicht?«

Ich kehrte durch die langen Gänge auf mein Zimmer zurück. Die letzten Sonnenstrahlen spielten über die Fliesen. Vom Turm schlug die große Glocke. Mir fiel ein Traum ein: Ich hatte in einer Kathedrale einem Gottesdienst beigewohnt. Ich trat durch das Portal ins Freie, wo Anna mit den Kindern auf mich wartete. »Hier kannst du beichten«, sagte sie zu mir. Sie sprach meine Schuldgefühle an. Von da an überlegte ich mir, wo und bei wem ich diesen Rat verwirklichen könnte. Es waren viele Jahre her, seitdem ich dieses Sakrament empfangen hatte. Ich dachte an manchen Priester und an dieses und jenes Kloster, aber immer fand ich eine Ausrede, weil mir irgendetwas nicht passte. Heute, an ihrem Geburtstag, beichtete ich, ohne dass ich es bemerkte. Ich bekam die Vergebung meiner Schuld zugesprochen, ohne dass ich darum gebeten hatte. Wenn ich an jene Kathedrale im Traum zurückdenke, sah sie so aus wie die Basilika dieses Klosters. Ein glücklicher Zufall! Heute war ein guter Tag, ein Tabortag!

23. Juli 93

Ich spreche heute über die Begegnung Jesu mit Maria Magdalena am Ostermorgen (Joh 20,1-18). »Frau, was weinst du?« fragten sie die Engel. Sie sagte zu ihnen: »Weil man meinen Herrn weggenommen, und ich nicht weiß, wo man ihn hingelegt hat.« Als sie sich umwandte sah sie Jesus stehen, ohne zu wissen, dass er es war. Er fragte sie. »Warum weinst du? Wen suchst du?« In der Meinung, es sei der Gärtner, sagte sie zu ihm: »Wenn du ihn fortgetragen hast, so sage mir, wo du ihn hingelegt hast, und ich will ihn holen.« Anna hatte an der Wand unseres Schlafzimmers gegenüber ihrem Krankenbett eine Christusikone aufgehängt. Nach einem ihrer schweren epileptischen Anfälle kurz vor ihrem Tod weinte sie: »Ich sehe ihn nicht mehr! Er ist nicht mehr da!« Ich versuchte sie zu trösten und flüsterte ihr leise die Worte eines Liedes ins Ohr: »Und wenn der Herr von hinnen dich gerufen, wenn du von seinem Glanz geblendet stehst, anbetend niederfällst zu seinen Stufen, den König dort in seiner Schönheit siehst, dann jauchzt dein Herz...«

Ich wählte aus dieser Erinnerung die Szene der Begegnung von Jesus und Magdalena für ihren Grabstein, und zwar den Augenblick, in dem Jesus ihren Namen ruft und sie ihn erkennt. Die schwersten Stunden unseres Christenlebens sind wohl jene, in denen Christus in unserer Not nicht mehr da ist. Es muss wunderbar sein, dann doch auf einmal seine Stimme zu hören, wenn er unseren Namen ruft. »Wissen sie, welche Heilige die Kirche am Geburtstag ihrer Frau feiert?« fragt mich P. Anselm. »Nein, ich weiß es nicht.« »Maria Magdalena«.

Ich finde heute Ruhe in mir. Ich empfinde sie als große Gnade. Das Osterereignis begleitet mich. Ich gehe zwischen den Rosenbeeten und den alten Bäumen des Klostergartens auf und ab. Ich denke nichts und lasse Bilder, Erinnerungen, Zukunftvisionen und vielerlei Phantasien an mir vorüberziehen. Der warme Sommertag duftet von Kräutern und dörrendem Heu. Am Abend erscheinen ferne Gewitterwolken am Horizont, deren Ränder in der untergehenden Sonne golden leuchten. Bald werde ich wieder nach Hause zurückkehren. Ich freue mich, wenngleich sich bei Einbruch der Nacht auch in mir Dunkelheiten auszubreiten beginnen.

25. Juli 93

Ich konnte bis drei Uhr morgens nicht schlafen und wälzte mich schwitzend im Bett. Ich las in Büchern und stand immer wieder auf, um etwas zu trinken. Ich hörte jeden Stundenschlag von den nahen Klostertürmen. In der Ferne hörte ich Donnergrollen. Als ich endlich eingeschlafen war, schreckte mich ein böser Traum: Ich war mit meiner früheren Lehranalytikerin in ein gutes Gespräch vertieft, als plötzlich ein riesiger und unheimlicher, ein krimineller Mann in der offenen Türe erschien. Sein Gesicht war von einer Narbe zerschnitten. Als ihn meine Analytikerin erblickte, erhob sie sich erschreckt vom Stuhl. Sie musste den Eindringling erkannt haben. Sie reckte Hände ringend ihre Arme zum Himmel und fiel dann wie eine zerplatzte Seifenblase in sich zusammen. Der Einbrecher räumte wertvolle Gegenstände vom Tisch und riss ein Kreuz von der Wand, das er in seiner Rocktasche verschwinden ließ. Angst erfasste mich. Ich flüchtete aus dem Zimmer und rannte das Treppenhaus hinunter über eine Leiche hinweg ins Freie.

Der Traum weist mich darauf hin, dass ich mich in diesen Tagen wieder wie vor vielen Jahren in einer Lehranalyse befand. Ich begegnete in P. Anselm nicht nur dem weisen Mann, sondern in seiner Anima auch der weisen alten Frau, die mir von neuem den Weg wies und mich mit meinen inneren Schätzen wieder vertraut machte. Sie schenkte mir Erkenntnis, gab mir Wegzehrung auf die Reise in die Zukunft und führte mich zu den inneren Bildern einer lebendigen Spiritualität. Was ich hier geschenkt erhielt, wird im Traum bedroht. Vielleicht bin ich selber der Mann mit der Narbe. Ich darf nicht mehr der Mann sein, der auf seine Narbe fixiert bleibt, die ihm geschlagen wurde und deshalb ständig selber um sich schlägt. Ich darf mich nicht länger bedauern, dass ich ein hinkender Jakob bin, der im Kampf mit Gott verletzt wurde. Andernfalls werde ich zum Räuber meiner eigenen Beschenktheit. Sonst wird sich alles hier Erfahrene in nichts auflösen. Vielleicht ist es das Schreckgespenst des Todes, das mich verfolgt und mich unfruchtbar machen will. Vielleicht ist es der Teufel, wenn es ihn gibt, der mir alles hier Gewonnene vermiesen möchte. Auf jeden Fall liegt eine Warnung im Traum. Ich darf nicht fliehen. Ich muss mich einmal mehr den Gefahren stellen, die mich, wenn ich nach Hause komme, wieder neu bedrohen werden und sie bewältigen.

Ich fahre heute zurück. Ich fühle mich gestärkt und bin vor allem P. Anselm tief dankbar, der mich so weise und liebevoll durch diese Tage begleitete, dass sich in mir Verwandlung ereignen konnte. Bevor ich mich zum Bahnhof führen lasse, nehme ich an einem Gottesdienst der Mönchsgemeinde teil. Mein Exerzitienmeister hält die Predigt. Er sagt, dass wir oft lange im Schmutz der eigenen Seele suchen müssen, bis wir den Schatz finden, der in ihr vergraben liege. Und er sagt, dass die Muschel dort die schönsten Perlen trage, wo sie am tiefsten verwundet worden sei.

Am Bahnhof muss ich auf den Zug nach Nürnberg warten. Ich verbringe meine Zeit, entgegen meinem Vorsatz, keine theologischen Bücher mehr zu lesen, natürlich in der Bahnhofbuchhandlung. Auf dem Ladentisch liegt eine stringent geführte Beweissammlung dafür, dass alles um diesen Jesus erfunden und erlogen sei. Der Traum der vergangenen Nacht kommt mir in den Sinn. Ich habe das Gefühl, dass mir jemand das Kreuz von den Wänden meiner Seele reißt. Ich fahre nach Nürnberg und stärke mich mit einer Kleinigkeit im Restaurant. Ich möchte in der Stadt noch liebe Freunde besuchen und kaufe ihnen Blumen. Als ich sie bezahlen will und in meine Jacke greife, ist meine Brieftasche verschwunden. Ein Taschendieb hatte mich bestohlen, ohne dass ich nur das Geringste bemerkte. Ich bin verärgert. Nochmals erinnere ich mich an meinen Traum und seine Mahnung zur Wachsamkeit.

Während das kleine Crossair-Flugzeug von der Piste abhebt, die Häuser Nürnbergs unter uns immer kleiner werden und schließlich unter einer dicken Wolkendecke verschwinden, ist mir seltsam zu Mut. Ist all das Erfahrene ein blosser Traum? Ich nehme das kleine Büchlein von Romano Guardini[37] aus dem Koffer, das ich mir als Reiselektüre in jener Buchhandlung erstand und das den Titel »Engel« trägt. Ich blättere darin und fange auf einer der letzten Seiten an zu lesen: »Der Mensch ist ein umkämpftes Wesen... Er ist aus sich selbst allein nicht zu verstehen; sein individuelles Dasein ebenso wenig wie seine Geschichte. Er ist Er selbst und noch ein Mehr dazu. Er ist Ich, aber in diesem seinem Ich beschützt und auch bedroht. Er ist jenes Wesen, das von vornherein einen Freund, aber auch Feinde hat, die nicht von dieser Welt, aber in seiner Existenz wirksam sind.«

Zwei Wirklichkeiten

Als ich nach den Exerzitien an meinen Wohnort zurückgekehrt war, holte mich der Alltag mit seinen Aufgaben wieder ein. Ich versuchte, mich am Erfahrenen festzuhalten und die geschenkte Hoffnung so zu bewahren, dass sie mir nicht wie die Brieftasche gestohlen werden konnte. Ich war zwar immer noch an der Trauer erkrankt, jedoch weniger fiebrig. Kräfte waren am Erwachen. Das Licht war erträglicher geworden, und der Schmerz hatte die äußerste Spitze verloren. Ich fühlte mich etwas weniger allein und konnte mir vorstellen, mich am Leben auch wieder einmal zu freuen. Die Stimmung schwankte zwar weiter, aber mit weniger extremen Tiefpunkten. Die Mauer der Isolation hatte Löcher gekriegt. Ich lud Freunde ein und machte vermehrt Besuche. Es wurde Herbst. Die sterbende Natur setzte mir zu. Der Winter bedeckte das Erstorbene schon früh. Unterdessen ist es Weihnachten geworden. Weihnachten ist für mich voll schönster Erinnerungen. Dieses Fest war ein Gipfelereignis unseres Familienlebens, angefüllt mit Gefühlen der Liebe zueinander. Da blühte unser Gemüt mit viel Sentimentalität wie ein Blumengarten. Aber es war mehr als Sentimentalität. Unser gemeinsames Erleben wurzelte in einer spirituellen Freude am spektakulären Geschehen um die Geburt Jesu. Anna schrieb mir an Weihnachten 1985 eine Karte: »Darf ich Dir eine wahre Geschichte erzählen?

Einst waren Hirten auf dem Feld und hüteten ihre Schafe. Es war Nacht. Plötzlich leuchtete ein Licht in der Finsternis! Sie fürchteten sich. Ein Engel sprach zu ihnen: ›Fürchtet euch nicht.‹ Eigenartig, die meisten Menschen fürchten sich vor der Finsternis. Man kann sich also auch vor dem Licht fürchten...« Als ich mir diese Karte anschaute, dachte ich mit Wehmut an unsere gemeinsamen Fest- Gemüts- und Nachdenktage zurück. Während des Weihnachtsfestes vor einem Jahr kam ich mir so verlassen vor, dass ich mit unseren Kindern ins Skiparadies flüchtete, um mich abzulenken und zu vergessen. Dieses Jahr blieb ich bewusst zu Hause und ließ das Geheimnis neu auf mich einwirken. Dabei begann mich der Gedanke an die Existenz der zwei Wirklichkeiten in den Bann zu ziehen. Er zieht sich nämlich wie ein roter Faden nahezu zwingend durch meine Aufzeichnungen. Ich meine nämlich immer wieder zu erfahren, dass es neben dieser materiellen noch eine andere, geistige Welt gibt, die sich hinter jener versteckt, sie berührt oder sogar auf einmal ganz leise, manchmal auch sehr dramatisch in sie einbricht.

Das Weihnachtslicht

Ein Mann und eine Frau waren unterwegs. Die Frau war schwanger. Sie suchten eine Übernachtungsmöglichkeit. Aber man wies sie überall ab. Schließlich fanden sie in einem Stall Unterschlupf. Dort gebar die Frau in der Nacht das nackte Kind. Ich habe die Geschichte schon oft gelesen. Sie ist alltäglich. Sie berichtet von der Ohnmacht gegenüber dem Schicksal, das dem Neugeborenen das Bett verweigert; und von Hirten, die ihre Herde in immer demselben eintönig gewohnten Rhythmus der Zeit von Tag zu Tag, von Nacht zu Nacht, von Weide zu Weide treiben. Ich denke an meine eigenen Tage und Nächte der letzten Jahre. Das leere Haus. Der Schlaf, den ich abends nicht finde. Die grau verschleierten Morgen mit immer demselben Trübsinn am Frühstückstisch. Mein Trott durch die einsamen, endlosen Stunden und die immer gleiche Sehnsucht nach dem Abend, wo ich den ganzen Kreislauf im Schlaf zu unterbrechen hoffe, um ihn dann anderntags doch wieder neu zu beginnen.

Es geschieht etwas in der Weihnachtsgeschichte, was mich fasziniert, weil es überraschend Zeit und Gewohnheit durchbricht. Ein leuchtender Glanz erhellt auf einmal die Nacht. Die Hirten erschrecken. Ein Engel erscheint und berichtet die Geburt des Messias. Er ist von einer großen himmlischen Heerschar umgeben, die Gott lobt und den Menschen, die auf ihn hoffen, Frieden auf Erden verspricht. Er entschwindet gen Himmel, und die Szene löst sich auf (Lk 2,8-15). Natürlich frage ich mich, ob es Engel überhaupt gibt. Sind Erlöser- und Heldengeburten nicht bloße Mythologien oder archetypische Bilder unseres kollektiven Unbewussten? Ist die Weihnachtsgeschichte nicht doch ein Märchen oder der Tagtraum eines religösen Visionärs? So schätzen sie doch moderne Theologen und Psychologen ein.

Wenn die Geschichte mehr ist als das? Wenn sie wahr ist? Hat sie sich nicht vielleicht so zugetragen? Wurde da den Hirten nicht blitzartig ein ihnen sonst verschlossener Lebensbereich erhellt? Was war es, das auf einmal die Finsternis mit diesem Licht verzauberte? Durchbrach da nur für Augenblicke eine geistige Helle das bloß schattenhafte Erkennen von Menschen? Wird da nicht eine ihnen im Alltag nicht sichtbare irrationale Wirklichkeit plötzlich sichtbar? Ist das, was wir sehen, vielleicht gar nicht das Eigentliche? Saint-Exupéry[38] schreibt: »Das Eigentliche ist unsichtbar.« Ich meine: Das Eigentliche ist nur sehr selten sichtbar. Die Hirten sahen es in jener Nacht. Nur für kurze Augenblicke, durch die sie geweiht und zur Weihnacht wurde. Die Botschaft dieser unfassbaren

Nacht besagt, dass es eine unsichtbare Wirklichkeit jenseits alles Sichtbaren gibt, die ebenso wirklich ist wie die sichtbare. Dies in der Weihnachtsgeschichte zu erfahren, begeistert mich. Sie bestätigt meine Hoffnung in der Trauer. Sie macht mir das Christliche zum Abenteuer. Das Christliche ist das, was ich daraus mache. Wenn ich mich von seiner Botschaft nicht mitreißen lasse, verblasst es und trocknet aus. Wenn ich seine Herausforderung annehme, wird das Gekreuzigte in mir befreit und das Gequälte verwandelt sich in Hoffnung. Hinter dem Stallgeruch der Armut leuchtet dann der Glanz der Herrlichkeit. Hinter den Hirten mit den Tieren der Engel mit den himmlischen Heerscharen. Ein geheimnisvolles Licht aus einer anderen Welt taucht die Sachlichkeit von Ort und Zeit in einen zauberhaften Glanz. Er erlöscht zwar gleich wieder im Gewöhnlichen: Wo Zauber war, ist wieder Nacht. Wo sich der Himmel öffnete, weiden wieder die Tiere. Das Kind liegt in bloßen Windeln. Das Unsichtbare verbirgt sich wieder im Sichtbaren. Und was ich zu erkennen glaubte, wird im nächsten Augenblick wieder durch Alltäglichkeiten zugedeckt werden. Ich werde ernüchtert die Uhr ticken hören und den Zeiger sehen, der langsam bis zum nächsten Stundenschlag über das Zifferblatt schleicht. Die Katze wird mir um die Beine betteln und der Regen an die Fenster peitschen. Es wird alles sein wie vorher. Und ich muss versuchen, trotzdem zu hoffen, dass dieses Weihnachtslicht leuchtet, auch wenn ich es nicht sehe und dass ich ihm wieder einmal begegnen darf, wenn es besonders dunkel in mir ist. Wenn ich wach bin, spüre ich, dass ich den roten Faden der zwei Wirklichkeiten, den ich heute in der Weihnachtsgeschichte entdeckte, durch viele meiner ganz gewöhnlichen Alltagserfahrungen verfolgen kann.

Eine Rose erkenne ich zum Beispiel an ihrer äußeren Form. Aber was sie wirklich ist, das Geheimnis ihrer Schönheit, kann ich nicht erfassen. Die Idee, die ihrem Sein und Sosein zu Grunde liegt, ist unsichtbar. Wenn ich sie lange und immer wieder anschaue, sie meditativ betrachte und ihr Bild ganz nahe an mein Innerstes herankommen lasse, wenn ich stille Zwiesprache mit ihr halte, hebt sich vielleicht auf einmal der Schleier des Sichtbaren und gibt den Blick auf das Unsichtbare frei. Nur kurz, um sich gleich wieder in den Dornen und Blättern zu verbergen.

Ich erlebte im Advent einen festlichen Abend in einem Mozartschen Klavierkonzert. Ich studierte im Voraus die Partitur mit den tausend Noten. Im Konzertsaal erklangen die aufgeschriebenen Harmonien. Die Noten verwandelten sich in perlende Töne. Etwas Unsichtbares, Noten, Takte, Orchester, Solist und Dirigent Übersteigendes begann mich anzurühren. Eine unsichtbare Welt fing an, mich zu verzaubern und in mir Glück zu wecken, das nach einigen Tagen zwar verklang, aber dennoch als versteckte Melodie bis heute in mir weiterlebt.

Das Eigentliche ist unsichtbar. Es ist nur mit den Augen des Herzens sichtbar. In Grenzsituationen des Lebens kann es sich mir ganz besonders deutlich offenbaren. Es ist dann, als ob ich es wirklich sähe und mit meinem ganzen Sein erspürte. Ich denke an die Höhepunkte der leibseelischen Verschmelzung in unseren Liebesbegegnungen, die uns in eine andere Welt entrückten und schon im diesseitigen, vergänglichen Glück des Augenblicks die Unendlichkeit des Ewigen erfahren ließen. Ich erinnere mich an eine ganz bestimmte Situation in meinem Leben, in der mich eine Krankheit an den Rand des Todes getrieben hatte. Und ich erinnere mich an jene Nacht, als mich bei einem Fieberschub körperliche Schwäche, Erschöpfung, Atemnot, Angst und Verzweiflung alle Hoffnung verlieren ließen. Meine Frau setzte sich zu mir auf den Bettrand, zog mich zu sich und nahm meinen Kopf an ihre Brust. Als ich den Herzschlag ihrer Liebe hörte und die zärtliche Hand, die mich streichelte, spürte, umfingen mich auf einmal Ruhe und Friede. In ihrer Liebe hatte sich über mir der unsichtbare Himmel ihres Herzens geöffnet und mir ein Weihnachtserlebnis geschenkt, das ich nie mehr vergessen werde. In der Tiefe dieser Liebeserfahrung berührte mich das Göttliche. Das Eigentliche ist nur mit dem Herzen erfahrbar. Die Liebe ist das Eigentliche schlechthin. Das Eigentlichste jedoch, das uns durch die Liebe erschlossen wird, ist das Göttliche, der Ursprung der Liebe. Für Christen Christus, der große Unsichtbare, der aber dann und wann, nicht selten in der Liebe, den Schleier von sich nimmt und uns wie an Weihnachten seine Herrlichkeit schauen lässt.

Gott ist mir in der letzten Zeit nicht nur als Licht erschienen. Im Gegenteil, er hat mich der Nacht ausgeliefert. Er hat mich bloßgestellt und gedemütig. Als mein bester Freund hat er mich verraten und wie ein Gefäß auf den Boden geworfen und zerbrochen Er hat mich verzweifeln und scheitern lassen, um mich dann als Blinden durch ihre finsterste Mitte zu führen. Aber die Mitte der Nacht ist der Anfang eines neuen Tages. Ich las neulich Anselm Grüns schönes Buch: »Bilder von Verwandlung«[39]. Er beschreibt dort die Geschichte des Moses. Moses scheiterte am Lebenswerk, Israel zu befreien. Er hütete in der Einsamkeit die Schafe seines Schwiegervaters. Er war so einsam, dass er seinen einzigen Sohn auf den Namen Gerschom taufte. Das heißt Sohn der Öde. Auf einmal steht er in der Wüste seiner Einsamkeit vor dem brennenden Dornbusch. Aus dessen Flammen ruft ihn Gott beim Namen und zeigt ihm seine Herrlichkeit. Spüre ich nicht selber, dass Gott dabei ist, auch meine Öde und Leere, das Verletzte und Zerbrochene zum Morgen eines neuen Tages, zum Ort seiner weihnachtlichen Gegenwart zu machen?

Wenn ich das Unsichtbare wachsam erspüre, so wie es mich die Weihnachtsgeschichte lehrt, entdecke ich in mir eine ganz neue Form meiner Existenz. Dann erweitert sich meine Identität in neue Dimensionen, aus denen mir Hoffnung und Zuversicht zufließen. In den Blumen und in der Musik, im Höhenflug der Liebe ebenso wie im Elend der Trauer. Ja sogar aus dem Feuer des Schmerzes spricht manchmal die Stimme des unsichtbar Ewigen zu mir. Dann erschließt sich mir eine neue Welt, die in mir lebt und mich umgibt. Aus diesen Erfahrungen heraus zweifle ich keinesweg an der Echtheit der biblischen Erzählungen, wenn sie berichten, dass Jesus in Grenzsituationen von Erscheinungen des Unsichtbaren begleitet war. Das heisst, dass das Unsichtbare wie auf dem Berg Tabor als plötzliche Lichterscheinung über ihn hereinbrach, in der sogar die beiden längst verstorbenen Propheten Elias und Moses sichtbar wurden. Lässt das zudem nicht darauf schließen, dass unsere Toten nicht tot sind, sondern wie Elias und Moses für uns unsichtbar in jener anderen Wirklichkeit weiterleben? Und dass die Grenzen zwischen hier und dort durchlässig und die Wand, die uns von ihr trennt, hauchdünn ist? Als Christus auferstanden war, lebte er ebenfalls zuerst unsichtbar. Dann aber erschien er zuerst Maria Magdalena und dann seinen verzweifelten Freunden, mit denen er Gespräche führte und sogar Mahl mit ihnen hielt. Seinem ehemaligen Verfolger Paulus begegnete er später in so hellem Licht, dass er erblindete. Ich denke an Sadhu Sundar Singh, von dem ich im Tagebuch erzählte und dem während seiner großen Lebenskrise Christus in einem brennenden Feuer als Lichtgestalt begegnete.

Es machen nicht alle Menschen solch eindrückliche Weihnachtserfahrungen. Scheinbar unbegründet werden einige ausgewählt. Oft sind es Frauen und Männer, die die Nähe Gottes ganz besonders intensiv suchen. Es sind die Mystiker. Uns zeigt es sich bescheidener und unauffälliger. Vielleicht wenn wir plötzlich eine Wahrheit ganz klar erkennen, wenn uns in einem Aha-Erlebnis das Wesen eines Menschen durchsichtig wird oder wenn sich auf einmal unser Schicksal in all seinen Zusammenhängen offenlegt. Einige durften an der Grenze des Todes wie die Hirten auf dem Feld das wunderbare Licht sehen. Es faszinierte sie so sehr, dass sie nicht mehr ins Leben zurückkehren wollten. Es verwundert mich im Gedanken an das Taborereignis nicht, dass sie in diesem Licht auch ihren geliebten »Verstorbenen« begegneten. Eines der ältesten Nahtodzeugnisse stammt übrigens aus der Apostelgeschichte, in der berichtet wird, wie der gesteinigte Stephanus beim Sterben in den offenen Himmel sah.

Gott gewährte nach Erzählungen der Heiligen Schriften einzelnen Menschen auch durch Träume Einblick in die andere Wirklichkeit. Als Jakob auf seiner Reise nach Haran von der Nacht überrascht wurde, schlief er ein. Er sah im Traum eine Treppe, die bis zum Himmel reichte. Engel gingen auf ihr auf und ab. Er hörte dabei die Stimme Gottes: »Ich bin der Herr. Ich gebe dir das Land, auf dem du schläfst. Ich behüte dich, wohin du auch gehst« (1 Mos 28,10-22). Und so geschah es denn auch. Der Traum macht in Bildern das Unsichtbare unserer Seele sichtbar. Als Psychotherapeut arbeite ich jeden Tag mit Träumen. Sie sind wie die Fotografie der unsichtbaren Zustände und Vorgänge unseres Innersten. Manchmal vergegenwärtigen sie Episoden unserer Lebensgeschichte wie in einem Film. Oder sie machen Ursachen unseres Handelns und Verhaltens deutlich. Es kommt vor, dass sie unsere bis in kollektiv menschheitliche Vergangenheit zurückreichenden Wurzeln freilegen. Träume spiegeln aber nicht nur die unsichtbare Realität unseres Unbewussten. Sie sind oft auch die Türe, durch die wir durch das Unbewusste hindurch zum Göttlichen gelangen. Oder noch besser: durch die dieses bildhaft in uns eindringt. Der Traum ist sozusagen die Anhöhe in uns, von wo aus wir wie die klinisch Toten ins unsichtbare Lichtreich des Ewigen hineinzuschauen vermögen. Nicht umsonst wird der Schlaf der Bruder des Todes genannt. »Gott redet auf die eine oder andere Weise«, heißt es im Buch Hiob. »Er redet im Traum und Nachtgesicht. Wenn der Schlaf die Menschen befällt und sie auf ihrem Lager schlummern, dann öffnet er ihnen das Ohr…« (Hiob 33,14-18). Es ist freilich oft nicht leicht, zu unterscheiden ob es sich bei Träumen um bloße Äußerungen des Unbewussten oder um Botschaften aus einer jenseitigen Wirklichkeit handelt. Letztere sind jedoch ganz besonders eindrücklich und von einer ausserordentlichen atmosphärischen Stimmung begleitet[40].

Es gibt also Brücken zwischen den zwei scheinbar unvereinbaren Wirklichkeiten, durch die es voneinander durch den Tod Getrennten möglich ist, so unglaublich es sich anhören mag, eine ganz neuartige geistige Beziehung miteinander zu finden, die nicht nur in Träumen, sondern auch in vielen so genannten Zufällen und anderen Manifestationen zum Ausdruck kommt. Es gibt keine endgültige Trennung von einander Liebenden. Das ist für mich einer der wichtigsten Inhalte des christlichen Glaubens. Man mag diese Bezogenheit übers Grab hinaus wie etwa Jürg Willi als halluzinatorisch oder wahnhaft[41] oder wie Verena Kast als Versuch[42] bezeichnen, Verstorbene illusionär herbeizufantasieren, statt einen neuen Selbst- und Weltbezug zu entwickeln. Ich bestreite solche Regressionstendenzen in der Trauer nicht. Ich kann derartige Beziehungsphänomene, wie sie sich zwischen durch den Tod getrennten Partnern oder Eltern und Kindern ereignen können, trotz aller Vorsicht und Selbstkritik jedoch nicht samt und sonders auf Wunschprojektionen oder bloße Fantasien reduzieren. Sie sind nicht wegzupsychologisieren und hängen einfach mit der Tatsache zusammen, dass unsere Identität über den Tod hinaus in einer neuen Wirklichkeit fort existiert. Wenn die Liebe ein Wesenselement der Identität darstellt, würde sie sinnlos ohne Zuwendung zum Geliebten. Wenn Identität den Tod überdauert, ist es deshalb undenkbar, dass der Liebesaustausch zu den Geliebten jenseits der Grenzen abbricht. Ich hätte einen solchen Austausch kaum je für möglich gehalten, hätte er sich unseren Kindern und mir nicht durch vielerlei Zeichen bestätigt, die uns oftmals gerade dann, wenn wir am traurigsten waren, in glückliches Staunen versetzten. Ich erachte diese Geschenke als nichts Ausserordentliches. Wir können sie alle empfangen, wenn wir offen dafür sind. Wir brauchen nur bewusst zu leben und aufmerksam zu sein auf das, was in und um uns geschieht. Wir müssen lernen, auf die Stimme zu hören, die aus unserem Innern kommt und aus den Dingen und Wesen, die uns von außen anrufen. Nur wenn wir wach sind, vernehmen wir die leisen Zeichen der Hoffnung, auf die wir in der Trauer ganz besonders angewiesen sind. Ich möchte von einigen erfahrenen Zeichen erzählen, die für mich von großer Bedeutung sind. Wie sie Einzelne auffassen und interpretieren, lasse ich offen.

Von Zufällen und Träumen

Es kam mehrmals vor, dass ich mitten in einer äußerst traurigen Phase grundlos in eine unerklärbare Hochstimmung geriet, die mich alles Bedrückende vergessen ließ. Es war dann, wie wenn meine Seele Flügel bekommen und mich in einen völlig schmerzlosen, freudigen, ja geradezu rauschhaften Zustand erhoben hätte. So ereignete es sich eines Abends, als jemand die mit mir vereinbarte Sprechstunde verpasst hatte und ich mit trüben Gedanken in meinen Praxisräumen auf und ab ging, um auf den nächsten Patienten zu warten, dass ich auf einmal aus dem grauen Nebel herausgehoben wurde. Es war wie wenn man mit einer Schwebebahn durch dunkle Wolken zum Gipfel fährt und plötzlich die Sonne durchbricht und die weißen Berge strahlend aus dem Verborgenen auftauchen. Alles Dunkle wich aus mir. Fesseln fielen ab, und ich wurde von einer unerklärlichen Schwerelosigkeit getragen. Etwas Überirdisches lag in der Luft. Ein unaussprechlicher Friede breitete sich in mir aus. Er strömte von außen in mich herein, und zwar aus einer Dichtheit von Glück, das mich von allen Seiten umgab. »Ja, Friede! Das ist Friede!« dachte ich. Ich konnte dabei nur an meine Frau denken. »Sie ist da« stammelte ich. Ich fühlte ihre Anwesenheit. Ich war nahezu daran, sie sinnlich wahrzunehmen, sie an meiner Haut zu spüren, sie zu sehen. Ich war fasziniert und begann mit ihr zu sprechen: »Liebes,« sagte ich, »bist du da? Wie freue ich mich! Wie ist es nur möglich, dass du gekommen bist! Ist das menschenmöglich? Ich danke dir, ich danke dir...« Immerzu sagte ich: »Ich danke dir.« Es war wie ein innerliches Feuerwerk, das allmählich erlosch und aus dem ich glücklich wieder in die nüchterne Wirklichkeit zurückkehrte.

Es war im Frühsommer, als in unserem Garten zaghaft die Sommerblumen zu blühen anfingen. Anna pflückte mir, bevor ich jeweils zur Arbeit fuhr, öfter frische Blumen, mit denen ich meinen Schreibtisch schmückte. Im Frühling waren es Vergissmeinnicht und Tulpen. Im Sommer Sonnenblumen oder meine Lieblingsrosen. Ich wollte in diesem Frühling keine Blumen. Ich wagte sie nicht anzurühren. Es schmerzte mich, sie nur anzuschauen. Ich übersah sie, wenn ich an ihnen vorbei zu meinem Wagen ging. Eines Nachmittags überwand ich mich, um doch einige zu brechen. Ich war in ein intensives Gespräch mit meiner ersten Patientin verstrickt, als diese plötzlich innehielt und wie gebannt auf den Schreibtisch blickte. Dort stand mein Rosenstrauß. Ich sah, wie er sich bewegte, wie von einen Windhauch angeblasen, der aus dem Innern seines Blattwerkes zu kommen schien. Es war, wie wenn ihn eine unsichtbare Hand neu ordnete. Wir sahen den Bewegungen erstaunt und nahezu erschreckt zu, bis sie sich nach wenigen Sekunden beruhigten. Die Fenster waren geschlossen. Auf dem Schreibtisch rührte sich sonst nichts. Wir sprachen kurz über den geheimnisvollen Vorgang, der uns beide sehr berührte.

Bei den zwei folgenden Geschichten spielen Tiere eine Rolle; in der ersten unser Vogel Konrad, in der zweiten Minouche, die geliebte Katze unserer Tochter. Einige Monate, nachdem wir geheiratet hatten, gingen wir einmal in der Stadt spazieren. Da rief jemand von irgendwoher, aber ganz nahe mit heiserer, jedoch deutlicher Stimme: »Wie heißt du?« Dieser Fragesteller machte uns neugierig. Wir kehrten um und erblickten einen Käfig, in dem ein schwarzer Vogel auf seinem Stängelchen saß und uns neugierig anstaunte. Er musste es gewesen sein, der uns angesprochen hatte. »Bist du auch da?« bestätigte er, was wir vermutet hatten, um gleich zu wiederholen: »Wie heißt Du?« Das belustigte uns derart, dass wir uns entschlossen, auch einen solchen Clown zu erwerben. Wir betonten beim Zoohändler, dass wir nur einen jungen Beo kaufen möchten, um ihn auch sprechen zu lehren. Wir nannten ihn übrigens Konrad, weil es in der Nachbarschaft ein Baugeschäft gab, das sinnigerweise den Firmennamen »Konrad und Würmli« trug. Konrad lernte nie sprechen. Der Händler hatte uns mit einem alten Vogel betrogen, der die Menschensprache nicht mehr erfasste. Für den Vogel mag es kein Nachteil gewesen sein. Er blieb bei seinem sehr penetranten Dreiklangpfiff, mit dem er uns mehr ärgerte als erfreute. Eines Tages benutzte er die Gelegenheit eines unbewachten Augenblicks und machte sich in die Freiheit davon. Was uns von ihm zurückblieb, war sein Ruf, den wir in der Folge viele Jahre dazu benutzten, um uns im Haus, im Garten oder sogar im Wald zu suchen, wenn das eine von uns nicht wusste, wo das andere sich befand oder wir uns verloren hatten.

Etwa vier Wochen nach Annas Beerdigung suchte ich morgens meine Schwester auf, um mit ihr zu frühstücken. Ich fühlte mich schlecht und trauerte vor mich hin, als ich ins verlassene Haus heimkehrte. Es war ein wunderschöner Vorfrühlingsmorgen. Ein warmer Südwind streichelte mein Gesicht und trocknete meine Tränen. Der Bach rauschte und die Vögel trillerten aus dem nahen Wald. Auf einmal hörte ich aus dem Chor der unzähligen Sänger zu meinem Erstaunen unseren Vogelruf ertönen. Ich dachte, ich hätte mich geeirrt und ging weiter. Da erklang der Ruf erneut. Viel näher. Von einem

Baum vor dem Nachbarhaus. »Das ist unmöglich«, dachte ich. Treibt da jemand seinen Spaß mit mir? Vielleicht der Nachbar, der um unser Zeichen wissen musste? Ich meinte, mich wiederum zu täuschen. Aber es war nicht möglich. Hatte ich doch genau hingehorcht. Und es war das zweite Mal, dass ich den Ruf vernahm. Ich setzte meinen Weg aufmerksamer fort. Als ich mich unserem Haus näherte, erklang der Ruf zum dritten Mal. Unglaublich! Ganz nahe über mir. Er tönte wie aus einer großen Halle oder Kirche und klang mit einem kurzen Echo nach. Diesmal unbeschreiblich liebevoll und zärtlich: Schau, ich bin nicht tot. Ich bin bei dir. Sei nicht traurig. Ich lieb dich. Glaub es mir... Ich kann nicht beschreiben, was ich damals fühlte. Das Erlebnis ist in der Tat gefühlsmäßig unbeschreiblich. Ich denke immer wieder darüber nach, ob so etwas wirklich möglich ist. Ich komme immer neu zum Schluss, dass das Erlebnis echt und kein Irrtum war. Halte ich mich doch für selbstkritisch genug, um festzustellen, was wirklich oder eingebildet ist. Das Erlebnis ist seither im Meer der Trauer immer wieder zu einem unentbehrlichen Anker der Hoffnung geworden.

Wir verbrachten 1987 unsere Herbstferien in der Toskana am Meer. Nach einem sonnigen Ferientag bummelten wir abends durch die malerischen Straßen des benachbarten Städtchens, um schöne Kleider anzuschauen und Andenken für unsere Freunde zu kaufen. Auf einmal war ich allein und erblickte Frau und Kinder weit hinter mir diskutierend vor einem Schaufenster. Ich begab mich zu ihnen und geriet in eine Auseinandersetzung, ob das weiße, kleine Kätzchen, das hinter der Scheibe in einer Schachtel eingekuschelt lag, nicht doch ein Stofftierchen sei. Anna war anderer Meinung und klopfte an das Glas. Tatsächlich regte sich das Viehlein und schlug die Augen auf, die hell wie der Sonnenhimmel über dem Meer im Neonlicht aus dem Wuschelköpfchen glänzten. Es reckte sich, blinzelte entzückend und reizte uns verlockend an. Es wunderte mich nicht, dass vorgeschlagen wurde, das süße Tierchen zu kaufen und mit nach Hause zu nehmen. Selbst meine nüchtern denkende Frau, eine begeisterte Katzen- und Tierfreundin, verlor die Kontrolle über sich und befürwortete beredt das fragwürdige Unterfangen. Ich musste meine ganze Argumenationskunst zu Hilfe nehmen, um der Familie klarzustellen, dass der lange Transport in dieser Hitze für alle zu einem Abenteuer würde, das nicht gut ausgehen konnte. So blieb die kleine weiße Perserkatze in der Toskana zurück, und niemand weiß, was indessen aus ihr geworden ist.

Fünf Jahre und 6 Monate waren vergangen. Meine Frau lag auf dem Sterbebett. Wir fragten sie, was sie sich noch wünschte. Man glaubt es kaum, sie antwortete: Eine junge weiße Perserkatze mit blauen Augen. Und das in allem Ernst. Es fiel mir schwer, nochmals dagegen Stellung beziehen zu müssen. Es war unmöglich, jetzt eine junge Katze im Krankenzimmer unterzubringen. Ich musste es ihr immer wieder erklären. Unsere Tochter hatte wider alle Vernunft inzwischen schon Fühler ausgestreckt und hatte ein Wunschexemplar gefunden, das ich, so leid es mir tat, ablehnen musste. Eines Tages brachte jedoch der Hausarzt bei seiner täglichen Visite in einem Papiersack ein weißes langhaariges Stoffkätzchen mit blauen Augen mit. Anna freute sich riesig über diese Lösung ihres Problems. Als sie starb, lag das Stofftier auf ihrer Bettdecke. Es fand bei Christa nachher unter den vielen stoffigen Tierchen ihrer Sammlung einen Ehrenplatz.

Als Christa 7 Jahre alt war, brachte unsere Hauskatze zwei Junge zur Welt. Eines von ihnen, ein Kater, gehörte ihr. Sie nannte ihn Schnurrli. Sie liebte ihn innig. Als er 18 Jahre alt war, wurde er im Sommer von einem Hagelwetter überrascht und rannte nach Hause. Er erlitt auf seiner Flucht einen Herzinfarkt und jammerte herzerweichend. Anna, selber schon sehr krank, verabreichte ihm eine Spritze, die zu einer kurzen Besserung führte. Ich fand ihn jedoch eines Morgens auf dem

Feld vor einem Mauseloch tot auf. Er war offenbar in der Aufregung seiner Jagd einem Herzschlag erlegen. Ich brachte es beinahe nicht übers Herz, die Mitteilung weiterzugeben. Es flossen Tränen. Dass sie die Katze verloren hatte, spürte Christa erst so richtig, nachdem auch ihre Mutter gestorben war. Sie fühlte sich jetzt ganz allein. Wir sprachen öfter über ihren Wunsch, die Einsamkeit, mit der sie jetzt in ihrer Wohnung lebte, mit einem Katzenvieh zu teilen. Es gab Vor- und reichlich Nachteile zu berücksichtigen. Christa war sehr traurig über den Verlust ihrer Mutter. Die Not verleitete sie zu einer Beziehung zu einem Mann, die für sie zukunftslos und deshalb sehr schmerzlich war. Der doppelte seelische Schmerz zermürbte und erschöpfte sie. Ihre Konzertreifeprüfung als Pianistin stand zudem unmittelbar bevor. Eine außerordentlich schwierige Zeit, von der sie nicht wusste, wie sie sie überstehen sollte.

Ich schaute mir meistens die Beiträge aus der damaligen deutschen Fernsehreihe »Unglaublich« an. Es handelte sich um nachgespielte Erlebnisse, die sich tatsächlich zugetragen hatten. Der letzte Film spielte in Amerika. Es ging dabei um eine Mutter und ihre etwa 16-jährige Tochter, die man miteinander vergnügt an der Frühlingssonne die Bettdecken ausschütteln sah. Unvermittelt unterbrach das Mädchen das lustige Treiben und sagte zu seiner Mutter: »Mama, ich könnte nicht mehr weiterleben, wenn Du sterben würdest.« Beide lachten über die seltsame Bemerkung, und die Mutter meinte, dass sie sich doch darüber keine Sorgen zu machen brauche. Nach drei Wochen war jedoch die Mutter an einer plötzlich aufgetretenen Krankheit gestorben. Das Mädchen war untröstlich. Jahre vergingen. Die Tochter heiratete und wurde schwanger. Zur selben Zeit wurde ihr Mann zum Irakfeldzug eingezogen. Sie wurde depressiv und musste in eine Klinik eingeliefert werden, wo sie das Kind gebar. Kurz nach der Geburt, benachrichtigte man sie, die Kompanie ihres Mannes sei bei einem Truppeneinsatz durch einen Raketenangriff aufgerieben worden. Die Not war grausam. In der darauf folgenden Nacht beobachtete die Zimmernachbarin, wie eine Frau ins Zimmer trat und die schlafende Mitpatientin besuchte. Sie verweilte längere Zeit bei ihr. Sie streichelte sie zärtlich und sprach leise mit ihr. Sie flüsterte ihr zu, dass alles gut werde und verließ das Zimmer. Die junge Frau hatte den Besuch nicht bemerkt. Aus der Schilderung der Nachbarin konnte es, so unsinnig es erscheinen mochte, nur ihre Mutter gewesen sein. Die Zimmernachbarin identifizierte sie in der Tat auf einer Fotografie. Von da an ging es der Kranken zusehends besser. Sie wurde von ihrer Depression geheilt. Ihr Mann erschien wenige Tage später bei ihr. Er war als einziger seiner Kompagnie ebenfalls durch das Eingreifen einer unbekannten Frau gerettet worden. Eine unglaubliche Geschichte! Ich erzählte sie anderntags Christa, als sie bei mir frühstückte, um ihr darzulegen, dass in jedem Menschen eben unerwartet Wunderbares geschehen kann. Die Erzählung bewirkte leider das Gegenteil von dem, was ich mir erwünscht hatte. Christa begann bitterlich zu weinen und bat, ihr keine solch frustrierenden Geschichten zu erzählen, die sie ohnehin nicht erleben dürfte und ihre Trauer nur vertieften.

Es vergingen drei Wochen. Eines Tages rief sie mich an. Bekannte ihrer Freundin müssten ihre Katze veräußern, weil sie ins Ausland gingen. Man hätte sie gebeten, sie bei sich aufzunehmen. Sie konnte sich zunächst nicht entscheiden und ging hin, um sich das Tier anzuschauen. Sogleich rief sie mich nochmals an. Diesmal außer sich vor Freude. »Du glaubst es nicht, Papa,« rief sie aus. »Es ist eine junge weiße Perserkatze mit blauen Augen!« Ich war sprachlos. Es war klar, dieses Geschenk musste sie entgegennehmen. Minouche wurde sogleich zum Mittelpunkt ihres Alltags. Sie verscheuchte ihr Sorgen und Trauer. Innerhalb weniger Wochen konnte Christa ihre schmerzliche Beziehung zu jenem Mann auflösen. Die Prüfung für das Konzertdiplom bestand sie bravourös. Sie erholte sich von ihrer Depression und wurde gesund. Die beiden leben nun schon zwei Jahre in seliger Partnerschaft glücklich miteinander. Die Bekannten hatten übrigens, was ich noch beifügen muss, das Kätzchen während einer Auslandreise in einem Schaufenster entdeckt. Gibt es Zufälle, die mehr als Zufall sind?

Wenn ich selber traurig bin, denke ich an diese und ähnliche Ereignisse und lasse mich von ihnen trösten. Denn sie bestätigen meine Hoffnung, dass die Liebe eine wirkliche Brücke zwischen den zwei Wirklichkeiten und den darin lebenden Menschen bildet. Auch Träume bestätigen mich in dieser hoffnungsvollen Annahme. Ich möchte zwei von ihnen erzählen. Der erste stammt aus dem ersten Jahr nach dem Tod meiner Frau. Ich muss ihm zwei Bemerkungen voranstellen. Sein erster Teil spielt in meiner Praxis. Dort haben wir am Anfang unserer Ehe gewohnt und auch unsere Kinder bekommen. Wo jetzt meine Patienten warten und wo auch die Gruppentherapiestunden stattfinden, war früher die Stube. Von dort führt eine Türe in das ehemalige kleine Kinderzimmer. Mein gegenwärtiges Bureau war schon immer mein Arbeitsraum. Eine zweite Vorbemerkung bezieht sich auf eine gute Bekannte, die sich mit Buddhismus befasst und uns schon immer zum Glauben an die Reinkarnation bekehren wollte. Sie meinte schließlich, dass wir, sollten wir uns noch entwickeln, schon noch zur richtigen Erkenntnis der Wahrheit gelangten. Für uns war die Reinkarnation nie aktuell. Wir mochten sie auch nicht bestreiten, waren jedoch der Meinung, dass uns Christus vom Kreislauf des endlosen Selbsterlösungszwangs befreit hat. Und zwar nicht nur Christen, sondern alle, die Gott ehrlich suchen. Es war ja gerade das christliche Menschenbild, das uns faszinierte, dass wir nämlich als Menschen in Christus die Vollendung unserer Individualität erlangen und nicht deren Vernichtung im Nirwana erleiden müssen. Ich träumte, ich unterhalte mich in meinem Bureau mit jener

Bekannten über die Reinkarnation. Es läutete an der Praxistüre. Ich dachte, die bestellte Person gehe unaufgefordert ins Wartezimmer und setzte das Gespräch fort, um dann doch nachzusehen, wer eingetreten war. Ich erschrak sehr, als meine Frau im Türrahmen stand. Ich vermochte es kaum für möglich zu halten. Ich war außer mir. Sie trug ein langes, weißes Gewand, wie ein Hochzeitskleid, und war ganz jung in ihrer vollen Schönheit. Sie schaute mich liebevoll an und winkte mir, ihr zu folgen. Sie ging durch die Stube ins Kinderzimmer. Als ich dort anlangte, war sie verschwunden. Ich betrachte diese Sequenz als eine Art Vortraum, zu dem was nachher folgte. Mir scheint von Bedeutung, dass sie während des Gesprächs mit der Bekannten über die Wiedergeburtslehre sozusagen als Bestätigung unserer gemeinsamen Ansicht aus der Unsichtbarkeit heraustrat und sich in der ganzen Fülle ihrer Indivdualität darstellte. Ich erwachte und freute mich ungemein an dieser Begegnung. Im Morgengrauen erschien mir meine Frau noch intensiver und lebendiger in einer zweiten Szene. Sie trat zu mir ans Bett. Sie trug ihr schönstes Kleid. Sie war wiederum jung, etwa 26 Jahre alt und noch schöner als vorher. In ihrem Gesicht spiegelte sich ihr ganzes ausgereiftes Wesen. Sie lächelte mich an und beugte sich über mich, dass sie mir ganz nahe war. Sie nahm meinen Kopf zärtlich in ihre Hände. Während sie mich streichelte, erwachte ich und spürte, erwachend, noch ihre warmen Finger über meine Wangen streichen. Meine Haare sträubten sich, und Gänsehaut überzog meinen Körper vom Kopf bis zu den Füßen. Dann übergoss mich ein unbeschreibliches, warmes Glücksgefühl. Es vergeht nahezu kein Tag, an dem ich mich nicht mit großer Dankbarkeit an diese wunderbare Begegnung erinnere.

Etwa vor zwei Jahren träumte ich: Ich pflegte im Dämmerlicht des Abends zwischen Tag und Nacht Annas Grab und lockerte die Erde um die Pflanzen, als sich zwischen den Blumen zu meinem Erstaunen auf einmal ihre Umrisse immer deutlicher abzuzeichnen begannen, bis sie schließlich ganz klar und deutlich vor mir lag. Unwahrscheinliche Freude bewegte mich, als sie die Augen öffnete. Ich fasste Mut und stellte ihr Fragen, über deren Inhalt und Folgerichtigkeit ich mich nachträglich ebenso sehr wundere wie über deren Beantwortung. Ich fragte sie zuerst: »Bist du bei Gott?« Sie nickte und lächelte mir mit ihrem unverwechselbaren Lächeln zu, das mir so vertraut ist und aus dem ich sie aus ihrem Innersten heraus erkannte. »Bist du glücklich?« fragte ich sie weiter. Sie bejahte. Ich fragte sie zögernd und mit klopfendem Herzen: »Liebst du mich noch?« Ihr Mienenspiel ließ keinen Zweifel offen. »So willst du«, fragte ich sie schließlich freudig, »wieder mit mir nach Hause kommen?« Sie legte als Antwort beide Arme um meinen Hals, dass ich sie hochziehen und auf die Arme nehmen konnte. Sie war federleicht. Nach kurzer Zeit des Weges entglitt sie mir und löste sich ins Unsichtbare auf. Als ich erwachte, hatte ich die Arme noch ausgestreckt, aus denen sie mir soeben entschwunden war. Es tat mir weh, sie nochmals verloren zu haben. Ich bin jedoch überzeugt, dass sie mich und unsere Kinder in ihrer neuen Existenz ebenso unsichtbar wie liebevoll begleitet. Natürlich könnte ich diese Träume als missglückten Versuch deuten, das verlorene Objekt meiner Libido wieder in Besitz nehmen zu wollen, oder als Warnung, meine Anima nicht länger an eine Verstorbene zu binden. Sie haben jedoch eine andere Botschaft für mich. Sie sind im Zusammenhang mit anderen Erlebnissen ein Geschenk vom Himmel. Sie haben mir etwas von unserem gemeinsamen Glück zurückgebracht: Heimat, ein Licht, Antwort, einen Duft von Liebe, Begegnung und die Ahnung unzerstörbarer Identität.

Zu diesem Buch

Ich zögere, dieses Manuskript aus der Hand zu geben. Entblöße ich mich nicht zu sehr, wenn ich erzähle, wie traurig, verletzt, konfliktbehaftet, einsam und weglos ich bin? Warum soll ich beschreiben, wie mich Heimweh quält und Zorn verzehrt oder wie ich mit Gott im Streit lebe? Wozu mich in meinem Selbstmitleid so schwach und hilflos zeigen, und dass ich mich seit dem Tod meiner Frau nur mehr um mich selbst drehte? Ich schäme mich meiner Egozentrizität, auch wenn ich weiß, dass sie naturgegebener Bestandteil der Trauer ist, in der ich mich neu selber finden musste. Der Verlust hat mich auf mich selber zurückgeworfen. Es gab nur einen Weg, mich wieder von mir zu lösen, indem ich mich mit mir selber auseinandersetzte. Wäre meine Frau einverstanden, wenn ich durch unsere Briefe ihre Beziehung zu mir offen lege? Überschreite ich die zulässige Grenze nicht, wenn ich die Türe zu unserem Familienleben so weit öffne? Wiegt der Nutzen dieses Buches für andere die Aufhebung unserer Intimität auf? Hilft es jemandem in seiner Trauer, wenn ich unsere Liebe bis ins Letzte veräußere? Diese Fragen bedrängen mich jetzt. Ich kann sie nur aus der Absicht, über meine Trauer zu schreiben, positiv beantworten. Denn wie sollte ich diese Absicht verwirklichen, ohne zu meinen Gefühlen zu stehen? Wie sollte ich über Trauer schreiben, wenn ich unsere Liebe verschwiege, meine Frau ausklammerte und unsere Kinder überginge?

Es kann mir jemand vorwerfen, ich sei ein egoistischer Heilsindividualist, weil ich den Glauben auf ein Happy End meines Lebens reduziere. Zu glauben, dass Jesus Christus von den Toten auferstanden ist, weckt in mir in der Tat eine Hoffnung, die meinen Verlust wenigstens zeitweilig aufhebt und aus der Liebe zu meiner Frau und unseren Kindern ein unverlierbares Glück macht. Denn erst die Erfahrung meines persönlichen Heils und Heilwerdens gibt mir wieder den Blick frei für das ganze Leben und die Kraft, es zu gestalten.

Eine liebe Bekannte schenkte mir vor kurzem Henri J. M. Nouwens Buch, *Nimm sein Bild in dein Herz*. Nouwen kommentiert und meditiert das Gemälde Rembrandts, das die Heimkehr des verlorenen Sohnes zu seinem Vater darstellt. Einige Seiten beeindruckten mich ganz besonders. Sie berühren meine eigene Gottesbeziehung, die während der letzten Jahre so schwankend, zwiespältig und aggressiv geworden ist. Die Mitte des Rembrandtbildes sind die Hände des Vaters, die auf den Schultern des zurückgekehrten Sohnes ruhen. Auf sie ist alles Licht gebündelt; auf sie sind die Augen der Umstehenden gerichtet; in ihnen ist das Erbarmen verkörpert; in ihnen kommen Vergebung, Versöhnung und Heilung zusammen. Als ich sie lange Zeit betrachtete, war mir, als ob sie auf meinen eigenen Schultern ruhten. Es wurde mir dabei auf einmal bewusst, wie sehr ich mich durch die Auseinandersetzung mit Gott während der letzten Monate und Jahre selber mit ihm versöhnt hatte und wieder zu ihm heimgekehrt war, weil er auf meinem Weg immer wieder seine Hände nach mir ausstreckte, mir Hilfe anbot oder mir Einblick in seine Geheimnisse gewährte, die meine Schwermut erleichterten. Nein, das waren nicht mehr die Hände, die uns damals schlugen und misshandelten. Ich erfuhr sie jetzt als ganz andere. Mir ergeht es wie Nouwen, der beschreibt, dass er sich, seitdem er sie zum ersten Mal gesehen hatte, unwiderstehlich von ihnen angezogen fühlte, ohne zu wissen warum. »Aber allmählich, im Laufe der Jahre, habe ich diese Hände kennen gelernt« schreibt er und drückt damit meine eigenen Empfindungen aus: »Sie hielten mich seit der Stunde meiner Empfängnis, sie hießen mich bei meiner Geburt willkommen, hielten mich an die Brust meiner Mutter gedrückt, sie gaben mir Nahrung und deckten mich zu. Sie schützten mich in Zeiten der Gefahr und trösteten mich in Tagen des Kummers. Sie winkten mir beim Abschied und begrüßten mich stets beim Wiederkommen. Es sind Gottes Hände. Es sind auch die Hände meiner Eltern, Lehrer, Freunde, Helfer und all derer, die Gott mir gab, um mich daran zu erinnern, wie sicher gehalten und geborgen ich bin«[42].

Mit diesen Worten Henri Nouwens möchte ich allen danken, die mir in meinem Leben und ganz besonders in diesem bisher schwierigsten Abschnitt helfend ihre Hände reichten. Nicht zuletzt unseren Kindern, Peter und Christa, dass sie bereit waren, Hand in Hand mit mir durch die Schatten der gemeinsamen Trauer hindurch das Licht einer neuen Hoffnung zu suchen.

Im September 1997

Karl Guido Rey-Hess / CH-5625 Oberniesenberg

Anhang

Ich liebe Dich so wie Du mich

Briefe von Anna

Anna schreibt in ihrer Biografie recht distanziert über mich, sodass man meinen könnte, sie habe mich nicht besonders innig geliebt, und ihr Verhältnis zu mir sei eher kühl und rational gewesen. Sie scheute sich, ihre Gefühle zu zeigen. Ihre Lebensbeschreibung sollte deshalb sachlich und nüchtern ausfallen. Um ein echtes und wirklichkeitsgetreueres Bild unserer Beziehung zu ermöglichen und um ihr Wesen noch deutlicher werden zu lassen, möchte ich einige Stellen aus Briefen herausgreifen, die sie mir bis kurz vor ihrem Tod schrieb. Wir haben uns viele Briefe geschrieben, weil wir manches schriftlich besser auszudrücken vermochten als im Gespräch oder gar am Telefon.

Briefe am Morgen

Ich kann mich für einen Sonnenuntergang und für helle Vollmondnächte begeistern, die die Welt in Silber tauchen und heftige Gewitter und für alles Große, das die Menschen nicht machen können...

Am liebsten möchte ich Weihnachten auf dem Friedhof bei meinem Bruder feiern. Wenn es ganz ruhig wird auf den Straßen. Wenn alle Leute zu Hause um den Christbaum sitzen, möchte ich auf seinem Grab eine Kerze anzünden und still bei ihm sein. Nichts reden, nichts denken, einfach sein und zusehen, wie die Kerze kleiner wird...

Findest Du es unanständig, wenn ich im Pyjama vor Deinem Foto sitze und Dir schreibe? Ich habe zwar einen dicken Winterpullover darüber angezogen und meine Füße auf eine heiße Bettflasche gestellt. Es ist schon bald elf Uhr, und die Heizung ist nur noch ganz wenig warm. Das Heizkissen steckt im Bett... Damit Du nicht aufwachst, wünsche ich Dir leise und zärtlich eine gute Nacht...

Ich bin glücklich, dass Du gestern Abend zu mir gekommen bist und dass ich mit Dir das neue Jahr beginnen durfte. Ich habe bisher noch kein Jahr mit soviel Vertrauen und Freude angefangen...

Wir kennen uns noch nicht lange Zeit. Und ich weiß nicht, wie sehr Du Kinder liebst. Dass ich keine bekommen kann, tut mir so leid. Und ich vermute, dass dies ein großes Problem für Dich darstellt. Keine Kinder zu bekommen, ist nicht das Schlimmste für mich. Kinder zu bekommen, ist schließlich nicht die einzige Lebensaufgabe einer Frau. Aber dass ich deswegen vielleicht allein und ohne Liebe durchs Leben gehen muss, ist nicht leicht. Ich würde es sicher schaffen. Aber ich weiß, dass ich mit einem lieben Menschen zusammen glücklicher wäre. Nun kenne ich einige Männer, die mich trotzdem oder vielleicht sogar gerade deshalb heiraten würden. Aber nur heiraten, weil dann jemand für mich sorgt, das möchte ich nicht...

Ist es wirklich die einzig mögliche Lebensaufgabe, eigene Kinder groß zu ziehen? Beschreiten diesen Weg nicht Millionen von Menschen? Ist es vielleicht eine Auszeichnung, einen anderen Weg gehen zu müssen? Ich mag das allzu Alltäglich-Schema-

tische nicht. Ich schwimme nicht gern im Strom der Masse. Langsam ringe ich mich zur Erkenntnis durch: Wenn ich einen Mann finde, der es wagt, mit mir elternlosen Kindern ein Heim zu geben, muss er mich sehr, sehr gern haben, und dann haben wir vielleicht die größere Chance, einmal glücklich zu werden, als unzählige andere. Wenn eigene Kinder im späteren Leben versagen oder es ihnen durch irgendein Unglück schlecht geht, müsste ich denken, es wäre für sie besser gewesen, sie wären nicht geboren. Bei so einem armen, elternlosen Geschöpf, das nun einmal schon geboren ist, kann ich doch immer denken: durch uns wird ihm vieles erspart, was es sonst ertragen müsste. Ich hatte Kinder schon immer gern und ich weiß, dass ich ein fremdes genau so lieben kann wie ein eigenes. Aber ich stelle mir vor, dass es für einen Mann schwerer ist. An der Tatsache, dass ich keine eigenen Kinder haben werde, lässt sich nichts ändern. Du musst Dich für Dein Leben entscheiden. Seit ich Dich kenne, fühle ich jeden Tag meine Liebe zu Dir wachsen. Wie immer Deine Entscheidung ausfallen wird, ich wünsche Dir, dass Du glücklich wirst...
Ich kann mich oft auf etwas unbändig freuen. Aber ich kann es einfach nicht so richtig zeigen. Nicht, dass ich Hemmungen hätte, Gefühle zu zeigen oder sie als Weichheit betrachte. Ich bin einfach so. Oft geht es mit Worten erst recht nicht. Wenn ich einmal sage, es freut mich sehr, dann freue ich mich sogar riesig. Wenn ich sage, es geht mir gut, geht es mir blendend. Ich sage Dir, manchmal kann ich so glücklich sein, dass ich die ganze Welt umarmen könnte...

Ich begab mich gestern nach unserem Telefongespräch gleich ins Bett. Das Bett ist und wird immer mein bester Kamerad bleiben. Bin ich traurig, lässt es mich geduldig ausweinen, bis ich wieder ruhiger werde, und tröstet mich mit seiner Wärme. Bin ich glücklich, umfängt es mich zärtlich und teilt mit mir die schönsten Träume. Es ist immer ohne Falschheit für mich da...

Bin ich kindisch, wenn ich den toten Dingen Leben und Charakter gebe? Mein Wecker ist ein energischer kleiner Kerl, der laut und bestimmt befiehlt, aufzustehen. Der Hausschlüssel ist ein mutwilliger Lausbub, der immer wieder versucht, mich zu ärgern, weil er meist nicht dort ist, wo ich ihn vermute. So ist für mich jedes Ding jemand. Das Haus, der See, die Berge, der Mond, der Regenwurm... Was meinst Du, ist das bedenklich?

Zuerst suchte ich Liebe ohne Sexualität. Denn ich betrachtete alles Körperliche vor der Ehe als Sünde und glaubte, jeden Kuss beichten zu müssen. Dann verfiel ich der Leidenschaft. Sie machte mich blind. Nicht Liebe, sondern Leidenschaft macht blind. Ich musste beides erfahren, um zu erkennen, dass das eine nicht ohne das andere bestehen kann. Sexualität nicht ohne Liebe, nicht ohne den anderen; es gilt den anderen nicht nur als Geschlechtspartner, sondern als Mensch zu lieben. Liebe will sich doch leidenschaftlich in der Sexualität ausdrücken und mitteilen... Ich versuche mir die Menschen, mit denen ich in Berührung komme, in verschiedensten Situationen vorzustellen. Am Morgen, wenn sie aufstehen, in ihren Familien, bei einem Unfall, wenn spontane Hilfe nötig ist, wenn ihnen öffentlich etwas Unangenehmes passiert, wenn sie selber in Not geraten; wie sie sich in der Liebe verhalten, wie sie aussehen, wenn sie sich unbeobachtet fühlen, ob sie ein Nachthemd tragen oder einen Pyjama. Es ist meine Art, mich mit anderen auseinanderzusetzen. Ich muss oft dabei lachen. Oder ist es nicht lustig, sich einen würdigen Doktor barfuß im Nachthemd vorzustellen oder eine gepflegte, aber etwas dicke Frau Direktor mit ihrem Mann im Bett oder mit einem anderen? Viele würden es sicher komisch finden, wenn ich in Gedanken mit Deinem Foto rede. Oder die Art, wie ich mit Gott rede. Ich spreche auch mit den Verstorbenen. Sie sind mir besonders liebe Freunde. Wahrscheinlich, weil ich finde, dass ich auch einmal dort landen werde, wo sie sind. Oft unterhalte ich mich auch mit meinem Schutzengel, weil ich ihn besonders nötig habe. Ich spreche oft mit Gott. Er ist für mich nicht ein Herrscher, sondern ein Freund und guter Berater...

Es gab eine Zeit, in der ich sehr unglücklich war. Seither kann ich aber Glück oft doppelt empfinden. Ich glaube jetzt, Glück wird nicht geschenkt, dass wir auch Leid ertragen können. Eher müssen wir Leid erfahren, um wirkliches Glück erleben zu dürfen. Ich freue mich so, weil ich Dich kenne, auf den Frühling, auf alles Schöne, das in meinem Leben noch auf mich wartet!

Wenn ich mehr Zeit hätte, würde ich versuchen Geschichten zu schreiben, die mir einfallen. Wenn ich mir Mühe gäbe und mit der Zeit etwas Übung bekäme, würden es die Leute vielleicht sogar lesen...

Heute Morgen kam ich nicht dazu, Dir zu schreiben, weil ich in die Kirche ging. Ich gehe aber nicht in die Kirche, weil ich muss. Du weißt ja, dass ich sehr freiheitsliebend bin und finde, dass es überhaupt nichts gibt, was man wirklich muss. Doch, etwas gibt es, was man muss: sterben. Das anerkenne ich und alle dürfen wir nach dem Tod hinter das ganze Geheimnis sehen? Andere Gebote versuche ich immer freiwillig und aus innerer Überzeugung zu halten, weil es ja gute Gebote sind, und ich möchte auch freiwillig besser werden. Ich gehe in die Kirche, weil ich an Gott glaube. Was steht denn am Anfang der ganzen Weltgeschichte? Was steht am Anfang unseres Sonnensystems? Am Anfang des unermesslichen Sternenhimmels? Kann ein Mensch dies ermessen? Muss es nicht ein höhers Wesen geben, das dies alles überblicken kann? Existieren wir überhaupt wirklich oder sind wir nur Traumgestalten dieses Wesens? Wir dürfen noch nicht versuchen, das Geheimnis zu enträtseln, sondern wir müssen jetzt einfach unsere Rolle gut spielen...

Du hast mich gestern sehr sehr glücklich gemacht. Ach, könnte ich nur schreiben, was ich fühle! Mein Herz ist so voll Glück,

dass es beinahe zerplatzt. Du bist mir in Gedanken so nahe, dass ich Dich körperlich spüre...
Ich habe heute eine halbtote Hummel mit Zuckerwasser gefüttert. Sie wurde ganz lebendig und flog munter davon. Beim Salatwaschen lese ich alle Schnecken heraus und lege sie draußen ins frische Gras. Das macht mich glücklich...

Gestern war ich glücklich, mit dir durch den Zoo gehen zu dürfen, mit Dir zu essen, bei Dir zu sein. Deine Nähe, Deine Liebe zu spüren. Stark und mächtig drängt es mich dann zu Dir hin. Ganz nahe, noch näher. Zeit, Raum und Körper entschwinden, sinken, sinken... Ein reines, mächtiges Gefühl steigt auf, wird groß, immer größer, noch größer, will das andere Sein ganz in sich aufnehmen und doch hinwieder sich selbst darin versenken. Ganz tief, tiefer, fester, tiefer... Ich kann nur staunen, staunen. So schön, so mächtig...! Und ausgerechnet mit Dir, mit Dir mein Liebster, darf ich das erleben! Und dann gingen wir in die Oper. Gute Musik lässt mich immer Raum und Zeit vergessen. Es gibt dann kein Theater, es gibt keine Zuschauer, sondern nur noch Musik, die mich ganz erfüllt...
Heute während der Nachtwache habe ich alle Deine Briefe gelesen, die Du mir seit dem 30. Dezember geschrieben hast. Sie enthalten Freud und Leid eines ganzen Jahres. Sie sind ganz Du. Sie enthalten Dein ganzes Wesen in allen Höhen und Tiefen. Es ist gut, dass ich einmal alles zusammenhängend in mich aufnahm. Es ist mir wie eine Offenbarung. Ich glaube, ich war Deinem Wesen noch nie so nahe. Könnte ich jetzt bei Dir sein und mit Dir über alles sprechen!

Ach, ich könnte mein Herz ausreißen und es Dir in die Hände legen, dass Du es immer bei Dir behalten könntest und Gewissheit hättest, dass es immer bei Dir ist. Vor Monaten führten unsere Wege zusammen und seither gehen wir miteinander weiter. Und seit Monaten führst Du mich immer tiefer in ein Märchenland. Mein Leben ist ganz anders, meine

Gedanken, Gefühle, Einstellungen, alles. Noch kann ich fast nicht fassen, dass es so tiefes Glück gibt, wenn wir uns ganz nahe sind und das Herz fast schmerzt, weil es so weit wird. Aber auch, wenn ich auf unser nächstes Wiedersehen warte. Es ist so schön, jede Minute an Dich zu denken, am Morgen, am Mittag, am Abend...

Jedes Leben ist eine Wanderung durch unerforschtes Gebiet. Vielen ist es leicht gemacht. Alles Ebene. Langweilig. Andere haben durch abwechslungsreiches Land zu gehen, über Berg und Tal, nach Mühe Erholung. Manche können nie ausruhen, müssen immer weiterwandern, wenn sie nicht in unfruchtbaren Gegenden verhungern wollen. Nach einem erklommenen Gipfel kommt schon der nächste. Dazwischen Einsamkeit. Wieder hinunter und los auf den nächsten. Weiter, weiter! Nebel, Verirrungen, endlose Umwege. Mir ist jetzt dieser Weg beschieden. Ich bin müde. Ich möchte aufgeben. Aber ich darf nicht aufgeben. Ich steige stumpfsinnig Schritt für Schritt höher. Ich achte nicht mehr darauf, wenn Dornen kratzen, wenn mir Zweige ins Gesicht schlagen, Hände und Füße wund sind. Ich weiß nur noch das Eine: ich muss auf den Gipfel. Aber was, wenn es wieder kein Ziel ist, das ein wenig Ruhe bietet? Ich habe Angst, dass Du mich einmal verlassen wirst. Dass ich nach meiner Ausbildung als Krankenschwester allein gelassen werde. Angst macht mich manchmal aggressiv und hässlich. Verzeih mir meine Launen. Hilf mir, neu Vertrauen in Dich und mich zu finden.

So grau sind die Probleme gar nicht, wie es gestern Abend schien. Wir sind doch beide jung. Noch sind wir es. Wir müssen trotz allen Beschwernissen einfach jeden Tag als Geschenk ganz bewusst erleben. Wie sollten wir schlimmere Tage ertragen können, wenn wir nicht fähig sind, unsere gegenwärtige gesegnete Zeit zu genießen? Grübeln wir nicht im Vergangenen. Ist es nicht klüger, mit der Gegenwart für später eine bessere Zukunft zu schaffen? Du sagtest, dass Du Geheimnisse mit Dir herumträgst. Das betrübt mich. Es zeigt mir, dass Du zu wenig Vertrauen zu mir hast. Ob ich wohl zu engherzig bin, um alles richtig zu verstehen? Oder ist es der Altersunterschied, der Dich davon abhält, über alles mit mir zu sprechen? Schreibe doch alles auf einen Zettel, verbrenne ihn und betrachte das Problem als erledigt. Bitte, lass nicht etwas zwischen uns geistern, das uns so viel Freude vergessen lassen könnte!

Ich bin keine verliebte Maikäferfrau, die auf die Sonne wartet, um sich mit ihrem Käfermann zu tummeln. Ich bin eine Frau mit einem Beruf, mit einer warmen, tiefen Liebe im Herzen, die nicht frei von Leiden ist. Sie lässt mich nicht in den Wolken schweben. Vielleicht bringen mir die Patienten deshalb grenzenloses Vertrauen entgegen. Sie verwöhnen und lieben mich. Ich liebe Dich, Liebster, als das, was Du bist. Als Gefährtin, Verbündete, als Geliebte möchte ich für Dich da sein. Aber ich kann nicht über meinen Schatten springen, wenn ich nicht das bin, was Du brauchst...

Ich will zuversichtlich in die Zukunft schauen und dankbar sein für die Gegenwart, die mich die Liebe in allen Höhen und Tiefen erleben lässt. Was kann einem Menschen Schöneres begegnen? Was ist ein Leben ohne das Wunder der Liebe?

Mein Herz ist übervoll von Gedanken und Gefühlen. Ich möchte ich es Dir in die Hände geben, damit Du darin lesen könntest. Nun habe ich mich Dir in der Verlobung ganz geschenkt, mit Leib und Seele. Nimm meine Hand, führe mich! Ich werde Dir immer ganz Frau sein. Ich werde Dich verwöhnen. Du sollst immer stolz sein können auf mich. Andere sollen Dich beneiden. Ich möchte Dir nie mehr wehtun. Ich liebe Dich. Ich will diese Liebe pflegen und hegen, statt sie aus Angst vor Enttäuschung unterdrücken...

Nun geht es nicht mehr lange bis Du mich zu Dir nimmst – zu Dir als Deine Frau. Wir sind durch harte Zeiten gegangen.

Zuerst fand ich keinen unguten Faden an Dir. Dann habe ich vieles an Deinem Wesen nicht verstanden. Es musste so sein. Wir hätten sonst nicht vom Ich weg zum richtigen Wir gefunden. Gestern hat Iwan im Film gesagt: »Ich weiß vieles, ich weiß alles.« Das kann ich von mir nicht behaupten. Aber ich weiß, dass ich mich von Dir ganz verstanden fühle. Ich bin glücklich, dass ich Dir begegnen durfte. Meine Seele war ein Irrgarten. Dein Verstehen ließ mich darin langsam zurechtfinden, wies mir den Weg zu mir selber und dadurch auch zu Dir. Zuerst warst Du mir Obdach. Jetzt bist Du mir Heimat. Ich bin müde und gehe schlafen. Ich nehme Dich mit in meine Träume. Ich träume von unserer Hochzeit und unseren Ferien am Meer. – Ich liebe Dich!

Briefe am Mittag

Februar 1972, aus einem Brief in meine Skiferien:

Jede Faser in mir sehnt sich nach Deiner Rückkehr. Du fehlst mir. Du fehlst mir jede Minute im Tag. Du fehlst mir mehr, als wenn du in der Stadt arbeitest. Dann kann ich mir etwas vorstellen. Ich weiß, wo Du bist. Ich weiß, wie Du hinter Deinem Pult sitzest. Wie Du an die Türe gehst, wenn es läutet. Ich höre sogar den knarrenden Ton, den sie beim Öffnen jedesmal von sich gibt. Ich sehe Dich am Kiosk. Ich kann mir Dich den ganzen Tag vorstellen. Jetzt fühle ich Dich in mir, aber ich sehe Dich nicht. Ich weiß nicht, wann Du aufstehst, was Du anziehst, wie Dein Zimmer aussieht... Es ist fast, wie wenn jemand Geliebter gestorben ist. Dieser ist fortgegangen. Man liebt ihn genau gleich weiter. Man kann sich aber nichts mehr vorstellen. Natürlich gibt es einen Unterschied, weil ich weiß, dass ich Dich am Samstag wieder sehe. Weiss ich das aber wirklich? Guido, ich liebe Dich. Ich möchte deine Haut an meiner Haut spüren. Ich möchte Dein Herz schlagen hören. Ich möchte deine warmen Hände fühlen, wenn sie mich streicheln. Ich möchte Dich küssen. Überall. Deinen Mund, Deine Augen. Deine Hände... Ich möchte Dich an mir und in mir fühlen. Ich möchte mit Dir versinken in Wonne und Seligkeit!

1985:

Morgen ist Weihnachten. Darf ich Dir eine wahre Geschichte erzählen? Einst waren Hirten auf dem Feld und hüteten ihre Schafe. Plötzlich – ein Licht in der Finsternis! Sie fürchteten sich. Ein Engel trat zu ihnen und sprach: »Fürchtet euch nicht. Ich verkünde euch eine große Freude. Heute ist euch der Heiland geboren, Christus, der Herr«. Eigenartig, die meisten Menschen fürchten sich vor der Finsternis. Man kann sich also auch vor dem Licht fürchten...

1987:

Mein Lieber, Weihnachten ist ein Geheimnis – jedes Leben ist ein Geheimnis. Wir zwei sind vielleicht wie Ochs und Esel auf dem Krippenbild. Wir sehen und verstehen nicht. Wir begreifen nicht, was an uns und um uns herum geschieht. Weil wir nicht verstehen, was Gott eigentlich will, muss es uns genügen, wenn wir einen warmen Stall und zu essen haben. Danken wir für das, was wir sehen und danken wir für das, was wir nicht verstehen können, weil wir doch annehmen müssen, dass es so gut ist. In Liebe und Dankbarkeit Deine Anna.

6. Mai 1987:

Liebster, unsere Missstimmung beim heutigen Mittagessen bedrückt mich und bewegt mich, es nun einmal mit einem Brief an Dich zu versuchen. Aber wo soll ich beginnen? Es kommt mir ein Traum in den Sinn. Ich bin in einem Wald. Vielleicht zehn oder zwanzig Meter daneben gibt es auch einen

Fußweg. Dieser führt ganz versteckt durchs Gebüsch. Es reizt mich, den Fußweg zu gehen. Eine Stimme in mir sagt aber: Du musst die Straße entlang gehen, weil du die bessere Übersicht hast. Der Wald, die Bäume sind wohl meine Gefühlswelt. Auf dem Fußweg könnte ich mich zudem hinter den Bäumen vor den Menschen verstecken. Ich hätte wohl auch selber eine schlechte Sicht. Mit meiner Offenheit bei unserem Gespräch am Montag habe ich mich wohl für die Straße entschieden. Ich war ganz allein im Traum. Ich möchte aber nicht allein durch den Wald gehen. Kommst Du mit mir? Kommst Du mit mir die Straße entlang oder wählst Du den Fußweg? Einen Wald ... eine Straße... Woher kommt diese Straße und wohin führt sie? Ich bin augenblicklich intensiv damit beschäftigt, zu ergründen, woher ich komme. Woher kommst Du? Kann das unser Problem sein, dass wir gar nicht wissen, woher wir kommen? Ich denke, nur wer woher kommt, kann wohin gehen. Zwei Menschen kommen auf verschiedenen Straßen woher, treffen sich an einer Wegkreuzung und können nun allein oder gemeinsam wohin gehen... Haben wir zwei schon eine gemeinsame Straße oder hat jedes von uns daneben noch eine Privatstraße, die nur manchmal direkt nebeneinander verlaufen, sich jedoch immer wieder verzweigen, zu Irrwegen werden, ins Nichts zu verlaufen drohen, einsam durch Schluchten und an Abgründen vorbeiführen, sich in überraschenden Momenten wieder finden, sogar zu einer Straße verschmelzen und vom nächsten Felsblock gleich wieder zerrissen werden...? Ich bin es müde, immer wieder allein zu gehen. Ich möchte, wie es in der Bibel steht, mit Dir ein Fleisch sein – auf einer Straße. Hilf mir dazu, damit ich auch Dir helfen kann. Anna.

17. Oktober 1988:

Das Jahr unseres zweiundzwanzigsten Hochzeitstages ist in der Natur draußen ein außerordentlich fruchtbares Jahr. Kann es ein Sinnbild unserer Ehejahre sein? Welches sind die guten Früchte dieser Jahre? Kaum Geld und Besitz. Es müssen lebendige Früchte sein, die in sich den Keim tragen, auch wieder Früchte hervorzubringen. Das sind sicher unsere Kinder. Auch Markus, Agnes und Mathilda sind irgendwie unsere Kinder. Du hast in Deiner Praxis eine große Zahl Söhne und Töchter. Für mich sind diese eine Art Stiefkinder. Ich kenne sie mehr oder weniger indirekt durch Dich. Alles waren sie größere und kleinere Kinder, und Du hast sie in ein verantwortliches Erwachsenenalter begleitet. Alle waren auf ihre Art anstrengend, widerspenstig, Kräfte verschleißend. Nicht alle sind voll ausgereift. Es gab immer auch wurmstichige dabei. Wir zwei sind inzwischen älter geworden, nicht immer von Kälte und Sturm verschont. Da und dort sind Äste abgedorrt. Schmarotzer wohnten in unseren Zweigen und stahlen Früchte. An den Wurzeln nagten oft die Mäuse. Trotz alldem glaube ich nicht, dass wir so bald umgehauen werden. Wir können durchaus neue Äste treiben und neue Früchte bringen. Wenn ich gestern auch von Resignation sprach, ich habe immer noch eine Menge Hoffnung in mir. Was ich mir für die nächsten 22 Jahre wünsche? Dass wir etwas mehr Zeit füreinander haben – nur wir zwei. Als wir uns kennen lernten, waren wir arm, aber größtenteils glücklich. Im Lauf der Jahre haben wir einige materielle Dinge angesammelt. Was davon hat uns glücklicher gemacht? Ich möchte zusammen mit Dir herausfinden, was das Wesentliche für unsere Zukunft sein soll...

Ich danke Dir für Deine Liebe, für das Leben mit Dir bis hierher, dass Du mit mir weitergehst. Du verwöhnst mich, Du beschenkst mich. Ich danke Dir...

Spätherbst 1990:

Das Leben wird mir in den letzten Monaten immer unerträglicher. Ich möchte sterben. Es gibt keine Sündenböcke für diese Entwicklung. Ich hätte nach meiner Operation nicht heiraten sollen. Ich konnte ein Leben mit den Verantwortungen für eine Familie viel zu oft einfach physisch nicht meistern. Dazu kommt, dass wir immer ein Leben mit abnormen Belastungen führten. Kaum verheiratet, kam die Fürsorge für Mark. Dann bauten wir ein Haus. Wir bekamen unsere Kinder. Dann erkrankten wir an der Gelbsucht. Umweltschutz hier und Umweltschutz dort. Probleme mit der Schule brachten mit sich, dass ich einen großen Teil der Tage über Jahre im Auto verbrachte. Dann die Krankheiten unserer Mütter. Deine eigene schwere Krankheit ... das alles brachte mich an den Rand der Erschöpfung und Verzweiflung. Im Lauf unserer Beziehung sprachen wir immer seltener über uns. Wir sprachen über die Kinder und über das, was aktuell war in unserem Leben. Und wenn etwas zusätzlich unser Leben zerstört, ist es Dein überrissener Ehrgeiz. Du möchtest immer noch mehr und noch mehr. Ich gönne Dir Anerkennung und Berühmtheit. Aber ich kann nicht mehr. Wenn ich es könnte, würde ich auch dies noch für Dich tun. Aber ich bin ausgebrannt und leer. Ich fühle mich allein gelassen in meiner Verzweiflung darüber, dass ich die äußeren Dinge des Lebens oft fast nicht mehr schaffe. Ich betrachte es nicht als Gleichgültigkeit, dass mir das niemand glaubt. Es kann von Euch einfach niemand den Gedanken ertragen, es könnte etwas geschehen, was Euer Leben einschneidend verändern würde. Darum sucht ihr alle krampfhaft nach Lösungen für mich. Ihr denkt, ich sei unzufrieden, weil ich ein zu eintöniges Leben führen müsse. Dabei gibt es nichts, wonach ich mich mehr sehnte. Einzig ein wenig mehr Wärme und Menschlichkeit würde ich mir wünschen... Ich weiss nicht, wie es weitergehen soll. Ich bin weglos und aussichtslos. Ich habe Dich immer geliebt, sonst hätte ich es kaum bis hierher geschafft. Jetzt stehe ich an einem Abgrund, und mir ist, als ob Du auf der anderen Seite des Abgrundes stehen würdest...

Anfang Februar 1991:

Guido, ein Tag ohne Dich ist wie ein Tag ohne Sonne. Und das schon lange 24 Jahre. Es ist wirklich so. Ich liebe Dich...

Am 21. Februar 1991:

»Herr, wir gehen unter!« schrien die Jünger als ein Sturm aufkam. »Wo ist euer Vertrauen?« fragte Jesus und gebot den Winden. Ich will mit Dir zusammen voll Vertrauen in Dein neues Lebensjahr treten!...

Briefe am Abend

Aus der Klinik, 23. September 1991:

Nicht nur die Stunden, sogar die Minuten schleichen. Nebenbei höre ich jetzt am Rundfunk die Tierarztsprechstunde. Es geht um einen 13-jährigen Kater, der immer so ungefähr 10 Kilogramm schwer war. Jetzt isst er sehr viel, erbricht dann aber gleich wieder und nimmt ab. Frau Meier, die Besitzerin, gibt ihm Kamillentee zu trinken. Der Tierarzt rät ihr jedoch, zum Arzt zu gehen, weil sie ihn wohl kaum mit Tee heilen könne. Mein Arzt hat mir heute bei der Visite geraten, möglichst gehaltvolle Literatur zu lesen. Zum Beispiel Biografien. Soeben hat sich am Radio der Tierarzt, Kleinkunzmann, verabschiedet. Er kommt am nächsten Mittwoch wieder. Das Schleichen der Zeit ertrage ich schon etwas besser. Wenn ich mich nur ein wenig wohler fühle, bekomme ich Lust zu schreiben. Für heute melde ich mich bei Dir ab, aber nur bis abends halb neun. Dann rufst Du mich ja an. Wenn Du diese Seite zu lesen versuchst, erzählt sie Dir vielleicht ganz viel... ich liebe Dich und ich sehne mich nach Dir!

26. September 1991:

Lieber Guido, ich wünschte mir eine freudigere Gelegenheit, Dir zu schreiben. Hoffen wir, unsere Trauer werde sich bald in Freude verwandeln. Es wird hier sehr viel getan, um meinen Zustand zu verbessern. Das gibt mir Hoffnung und Zuversicht. Das autogene Training, das Du mir beibrachtest, beherrsche ich schon bald perfekt, was ich von meiner Schrift, wie Du siehst, nicht behaupten kann. Es plagt mich, wenn Du Dich mit Schuldgefühlen quälst. Wenn man alles gegeneinander abwägt, hast du mir mindestens so viel Gutes getan wie ich Dir. Du warst immer gut zu mir, immer zärtlich und geduldig... Gott weiß, wie oft das von Dir verlangt wurde. Es gibt nichts, was ich Dir nicht verzeihen kann. Das musst Du mir glauben... Jetzt bin ich sehr müde. Um vier Uhr hat vielleicht jemand Zeit, mit mir ein paar Schritte in den Park zu gehen. Ich liebe Dich, noch mehr als vor 25 Jahren. Anna.

8. Oktober 1991:

Soeben habe ich das Froschkönigmärchen gelesen. Ich wusste, dass mit den Augen des erlösten Prinzen etwas Besonderes war. Die Prinzessin warf doch den Frosch an die Wand, weil sie ihn nicht im Bett haben wollte. Als er aber herabfiel, war er kein Frosch mehr, sondern ein Königssohn mit schönen und freundlichen Augen. Mir fällt in letzter Zeit auf, je mehr Du Deine Aggressionen ablegen kannst, umso mehr hast Du »schöne und freundliche Augen«. Lass uns unser »Reich« suchen, wo wir in Harmonie und Frieden leben können! Beginnen wir schon jetzt, »unser Schloss« zu bauen. Ich liebe Dich Anna.

Am 9. Oktober 1991

mit zittriger Hand auf einem Briefumschlag mit Blumen:

Weil ich jetzt gerade so schöne Klaviermusik höre, habe ich Zeit, an Dich zu denken; mit ein wenig Heimweh. Ich liege im Bett nach einem Anfall. Ich will Dir ein Blumensträußchen schicken....

Am 14. Oktober 1991:

Lieber Guido, Du mein Einziger, Du mein alles, ich denke gerade an Dich. ..

Am 30. Oktober 1991:

Wenn ich liege, wenn ich stehe und wenn ich gehe, denke ich nur an Dich. In welchem Rahmen dies geschieht, kannst Du Dir jetzt gut vorstellen. Das möchte ich Dir im Moment sagen. Und noch etwas: Ich liebe Dich, so wie Du mich, das weiß ich jetzt ganz sicher. Und diese unsere Liebe kann das Wunder vollbringen und mich gesund machen. Wenn ich sterben muss, werden wir voneinander getrennt. Aber nur für kurze Zeit! Glaube und vertraue! Dass dieser Glaube Dein Herz ruhig werden lässt, wünscht Dir Deine Anna.

Das war der letzte Brief meiner Frau aus der Klinik. Es war überhaupt der letzte Brief, den ich von ihr erhielt. Bald danach kam sie zu uns nach Hause zurück, um sich in unserer Familie auf ihre letzte Reise vorzubereiten. Das Wunder geschah nicht. Sie starb am 18. März des darauf folgenden Jahres.

Anmerkungen

1 Vgl. Identität und Begegnung, Hrsg. von Engadiner Kollegium, Zürich 1966, 203-219
2 Freud, Sigmund: Bemerkungen über die Übertragungsliebe, Ges. Werke X, London 1949, 305-221
3 Jacobi, Jolanda: Psychologische Betrachtungen. Eine Auslese aus den Schriften C. G. Jungs, Zürich 1945, 42-55
4 Drewermann, Eugen: Die Kristallkugel, Olten 1985, 35
5 Drewermann, Eugen: a. a. O., 34
6 Freud Sigmund: Vergänglichkeit, in Ges. Werke X, Frankfurt 1963, 360
7 Freud, Sigmund: Trauer und Melancholie, in Ges. Werke X, Frankfurt 1963, 428-446
8 Handwörterbuch des deutschen Aberglaubens, Berlin/Leipzig 1925
9 Rey, Karl Guido: Das Mutterbild des Priesters, Zürich 1969
10 Zit.nach Drewermann, Eugen: Die Kristallkugel, a. a. O. 10
11 Rey, Karl Guido: Aus Angst kann Hoffnung werden, Freiburg 1988
12 Rey, Karl Guido: Licht der Hoffnung im Dunkel der Angst, Zürich 1990
13 Sogyal Rinpoche: Das Tibetische Totenbuch vom Leben und Sterben, München 1997, 46/47
14 Ritchie, G. und Sherill: Rückkehr von Morgen, Marburg 1978, 56
15 Egloff, Berchmans: Der offene Himmel, St. Gallen, Agape-Verlag, ohne Jahresangabe, 9
16 Vilar, Esther: Erziehung der Engel, Düsseldorf 1992
17 Canacakis, Jargos: Ich begleite dich durch deine Trauer, Stuttgart 1990, 41/42
18 Pannenberg, Wolfhart: Was ist der Mensch, Göttingen 1991, 36
19 Lees, Robert James: Reise in die Unsterblichkeit, München ^{7}1987
20 Schmidt, Felix: Der Eremit, St. Goar ^{3}1993
21 Schaller, Hans: Treue zum eigenen Weg, Mainz 1994
22 Sadhu Sundar Singh: Gesammelte Schriften, Stuttgart 1984/11, 301/302
23 Stein, Edith: Am Kreuz vermählt, Meditationen, Zürich 1984, 7-29
24 Augustinus: Confessiones, Paderborn 1952, Kap. 4 und 5

25 Rey, Karl Guido: Gotteserlebnis im Schnellverfahren, Charisma und Gefahr der Suggestion, München 1984
26 Drewermann, Eugen: Das Markusevangelium. Erster Teil, Olten 1993/8
27 Drewermann, Eugen: a. a. O. 445
28 Drewermann, Eugen: a. a. O. 445
29 Drewermann, Eugen: Die Kristallkugel, a.a.O. 35
30 Drewermann, Eugen: Zeiten der Liebe, Freiburg ^{6}1992, 19, 148, 185
31 Ritchie, G. und Sherill: Rückkehr von Morgen, Marburg 1978, 56
32 Zitiert nach Lohfink, Gerhard: Der Tod hat nicht das letzte Wort, Freiburg 1978, 48
33 Vgl. Lohfink, Gerhard: a. a. O. 49-51
34 Lewis, C. S.: Über die Trauer, Zürich 1989
35 Lewis, C. S: Du fragst mich wie ich bete, Einsiedeln 1985, 132
36 Vgl. Rey, Karl Guido: Neuer Mensch auf schwachen Füssen, München ^{2}1984
37 Guardini Romano: Engel. Theologische Betrachtungen, Mainz 1995, 89
38 Antoine de Saint-Exupéry: Le petit prince, Paderborn 1981
39 Grün, Anselm: Bilder von Verwandlung. Münster Schwarzach 1993, 17-20
40 Vgl. Wirz, F. und Wolff, K.: Träume, Baden 1995
41 Willi, Jürg: Was Paare zusammenhält, Hamburg 1994, 118/119
42 Kast, Verena: Sich einlassen und loslassen, Freiburg 1994, 21
43 Nouwen, J. M.: Nimm sein Bild in dein Herz. Freiburg 1991, 116/117